虚偽に満ちた金鍾奭著『統一教会の分裂』

軌を一にする郭錠煥著『事必帰正』

世界平和統一家庭連合　教理研究院著

光言社

はじめに

二〇一六年六月、金鍾奭《キムヂョンソク》氏著『統一教会の分裂』が韓国で出版されました。その日本語訳の書籍を、世界平和統一家庭連合（旧・統一教会）の創始者・文鮮明《ムンソンミョン》師（故人）の三男・文顯進《ムンヒョンヂン》様を支持するＵＣＩ（いわゆる「郭《クァク》グループ」）側の人々が、同年の秋頃から日本で集会を行いながら広めてきました。それに対して、家庭連合本部・教理研究院は、機関誌『世界家庭』の二〇一七年五月号から約二年間にわたって、『統一教会の分裂』の内容がいかに〝虚偽〟に満ちたものであるかを明らかにしてきました。本書はその内容を体系的に整理したものです。

金鍾奭氏は『統一教会の分裂』を論文形式でまとめており、まるで学術書であるかのように装っていますが、引用されている真のお父様（文鮮明師）のみ言を原典で確認すると、至る所で改竄《かいざん》されており、とても学術書とは言えません。また、み言を改竄すること自体が、金鍾奭氏が真のお父様を軽視し、不信している証拠です。そればかりか、み言の出典表記を偽っている箇所もあり、学術書とするにはあまりにもお粗末な書籍です。驚くことに、『統一教会の分裂』の日本語の翻訳者である内村鑑一氏も、お父様のみ言を意図的とも言える誤訳によってその意味を歪めています。この書は歴史に残る〝悪書〟と言わざるをえません。

本書では真の父母様のみ言や教理研究院が翻訳したみ言、家庭連合が公式発表したものは「青い字」で表記し、ＵＣＩ側の主張や『統一教会の分裂』の独自の翻訳文からの引用文（み言を含む）は「茶色の字」で表記し、区別しています。そうしなければ、どれがお父様の真実のみ言なのかが、分からなくなるためです。

事実、『統一教会の分裂』が引用したみ言は、家庭連合が正式に翻訳したものではなく、どこまでもＵＣＩ側の人々が自分たちに都合よく主張を展開するため、真のお母様（韓鶴子《ハンハクチャ》総裁）をおとしめるため、悪意のある翻訳が散見され、かつみ言を意図的に誤訳しています。ゆえに、読者の皆様は「茶色の字」で表記した文章を読むときには、よくよく注意深く読まなければなりません。本書は「真実」を検証するために、あえて彼らの悪意のある翻訳や誤訳を、そのまま引用していることに留意していただければと思います。

ＵＣＩ側が広めるこの書籍は、お母様がお父様の意向に反して、陰謀を企てて三男の顕進様を追い出したという「真のお母様陰謀論」を主張しています。二〇一九年三月二日に出版された郭錠煥《クァクチョンファン》著『事必帰正』（日本語版）もこれと軌を一にするものであり、両書籍の内容はいずれも〝虚偽のストーリー〟です。み言の原典にあたって『統一教会の分裂』が引用したみ言を検証すると、それらはことごとく改竄したものです。

真のお父様は『平和神経』の平和メッセージ十三番と十六番で、次のような内容を語っておられます。「レバレンド・ムーンは、①神様、②サタン、③人間、④霊界、⑤イエス様、⑥聖書および各宗教の経書の核心内容、⑦人類歴史などを最もよく知り、⑧真の家庭の価値、これら八つの分野でチャンピオンである」。神とサタン、および霊界の実相を誰よりも知っておられる真のお父様が、五十二年にわたって共に歩んでこられた真のお母様の「真実の姿」をご存じないはずがありません。真のお母様は、真のお父様の前に絶対信仰・絶対愛・絶対服従で歩まれ、その事実をお父様は何度も証《あか》ししておられます。それゆえ二〇一〇年に、真のお父様は「真の父母様御夫妻は最終一体を成し」と述べ、真の父母の「最終一体」を宣布されました。これらからも、真のお母様が真のお父様と心情的に一体不可分の関係にあることは紛れもない事実です。UCI側が広める真のお父様の意思、願いを無視した「真のお母様陰謀論」など、ありえないことです。真のお母様は、真のお父様に影のように従い、完全一体となって歩まれ、それゆえ真の父母様は勝利していかれたのです。真の父母様の「最終一体」の勝利の歩みがあったからこそ、サタンを屈伏させることができたのです。

最近は、UCIおよび文師の七男の文亨進《ムンヒョンジン》様のサンクチュアリ教会を支持する人々がネットを通じて、家庭連合や真のお母様に対する批判を〝無分別〟に発信しているため、その情報に触れた人たちは、家庭連合が大分裂しているかのように勘違いをしてしまうかもしれません。

しかし、UCIおよびサンクチュアリ教会を支持する人々は、家庭連合の会員数のごく一握りの少数にすぎません。家庭連合は、勝利された真の父母様を中心として一体化している堅固な組織です。

UCI側の人たちが広めている、真の父母様を不信させようとする偽りの書籍『統一教会の分裂』と『事必帰正』の〝虚偽の主張〟にだまされないよう気をつけなければなりません。

世界平和統一家庭連合　教理研究院

目次

序章

ＵＣＩ（いわゆる「郭《クァク》グループ」）を支持する人々が、二〇一六年秋頃から日本で集会を行って広めている金鍾奭《キムジョンソク》著『統一教会の分裂』（日本語訳）には、真のお母様をおとしめる〝み言改竄《かいざん》〟や〝誤訳〟が散見します。

まず、韓国語の原本では、み言を継ぎはぎすることによって〝み言改竄〟を行っており、その真意を歪曲《わいきょく》させています。それを、さらに日本語訳では、その文章を自分たちの都合の良いように悪意をもって〝誤訳〟しています。

み言の隠蔽《いんぺい》、改竄を重ねる、歴史に残る〝瀆神《とくしん》行為〟の書籍『統一教会の分裂』（日本語訳）は三四〇ページに及ぶ書籍ですが、その内容は読む者をして、真の父母様に対する信仰を失わせるように巧妙に仕組まれたものであることに注意しなければなりません。

『統一教会の分裂』の概要は、次のようになります。

統一教会の創始者（注、真のお父様）の子息のなかで、後継者に最もふさわしい人物は三男の顯進《ヒョンジン》であった。彼は、自他が公認する統一教会の後継者であり（58ページ）、外貌から見ても創始者に似ており、性格も似ている。彼の登場は、統一教会が再強化される機会であった（60ページ）。学歴など、彼の能力は、父とは異なって天の啓示にだけ依存しない合理的かつ理性的で、統一教会を復興させる希望を呼び起こすものだった（61ページ）。また、顯進を支える郭錠煥《クァクチョンファン》は、公務の処理に厳格であり、立場を与えられても清廉な生活をし、公金横領が一切なく、模範的な人格者であった（87ページ）。

一方、四男の國進《クッチン》は、郭錠煥を要注意人物と考え、不正を暴露しようと画策したが（85〜86ページ）、國進はうそつきであり、創始者は彼のうそに激怒した（90ページ）。

七男の亨進《ヒョンジン》は、宗教性はあるが、自分の宗教性に頼り統一教会の伝統を歪曲することで統一教会のアイデンティティに混沌をもたらした（104ページ）。國進や亨進は後継にふさわしくない。にもかかわらず、彼らは顯進に代わって統一教会の後継の座に登場するようになる。その過程には、「パークワン事業に対する文國進の偽りの報告」があり（91ページ）、創始者を巻き込んだ訴訟まで起こした。これらの出来事は、顯進を追い落とすための陰謀であった（95〜97ページ）。

その陰謀の背景に、「文顯進を危機として感じていた」（60ページ）第一世代（注、金孝律《キムヒョユル》氏・他）の抵抗があり（80ページ）、かつ顯進の血統問題について言及し、創始者に影響を及ぼした韓鶴子《ハンハクチャ》がいた（116ページ）。文仁進《ムンインジン》の米国総会長の就任、二〇〇九年三月の束草《ソクチョ》事件も陰謀によるものであった（120、152ページ）。（注、これを簡潔に表現すると「真のお母様陰謀論」ということになる）その策略により、三男の顯進は数々の陰謀にはめられ、後継の座から追い落とされた。

陰謀が渦巻くなか、後継者を誰にするかについて、創始者の態度はハッキリしなかった（69〜70ページ）。この創始者の態度が、統一教会に混乱を招くことになった。また、韓鶴子は創始者の血統を疑っており（110、308ページ）、創始者に対して「不従順」であった（245〜253ページ）。創始者はそのことに苦心していたというのが真相である。

創始者が他界した統一教会は危機を迎えている。創始者のアイデンティティが韓鶴子のアイデンティティによって否定されているためである（318ページ）。韓鶴子の他界後には多くの議論が予想される（319ページ）。（注、この書はお母様が亡くなられた後のことまで見据えて論じている）しかし、創始者のアイデンティティを維持しながら、それを創意的に拡大しデザインしようとしている顕進によって、統一教会人を再活性化することができるようになるであろう（323ページ）。

以上が大まかな内容です。この書籍は、「真のお母様陰謀論」を何とか裏づけようと、要所、要所でみ言の隠蔽、改竄をしており、真の父母様の実体、真のお父様のみ言と食い違っています。

また、総論的な「韓鶴子の不従順」（245ページ）という項目では、真のお父様のみ言を十八個も引用していますが、『文鮮明先生マルスム選集』（以下マルスム選集）の原典に当たってそれらを検証すると、全てのみ言が改竄されていることがわかります。この改竄行為は、真の父母様をおとしめるものであり、多くの人々の判断を誤らせる、歴史に残る〝瀆神行為〟と言わざるをえません。

お父様の〝後継の秩序〟は明確である

『統一教会の分裂』には、「後継者を誰にするかについて、創始者の態度はハッキリしなかった」(69～70ページ)と書かれていますが、しかし、これは事実と違っており、真のお父様の後継に関する秩序は明確なものでした。

二〇〇〇年三月十日、真のお父様は八十歳のときのみ言で「先生が霊界に行くようになればお母様が責任を持つのです。その次には息子・娘です。息子がしなければなりません。息子がいなければ、娘がしなければなりません。後継する者が誰だということは既に伝統的に全て(準備が)なされています」(マルスム選集318巻-260ページ。以下巻とページは省略)と語っておられます。

このように、まず、「先生が霊界に行くようになればお母様が責任を持つ」ということであり、次に「息子・娘」ということです。そして、注目すべき点は「息子がいなければ、娘がしなければなりません」と語っておられる点です。このように、真のお父様は、相続者としての〝後継〟の秩序について明確にしておられます。

また、真のお父様は七十歳の古希のとき、「私(注、お父様)がいなくても、お母様の前に一番近い息子・娘が第三の教主になるのです」(同、202-83～84)と明言され、さらに「先生が一人でいても真の父母様の代身であり、お母様が一人でいても真の父母様の代身です。『レバレンド・ムーンが古希を過ぎて七十を超えたので後継者が現れないのか?』そんな言葉はやめなさい。……先生が第一教主、その次に、お母様は第二教主だということです」（同、２０１－１２６）と語っておられます。

このように七十歳や八十歳の節目のときに明確に後継の秩序を述べておられるというのが真相です。

そして、九十歳のときに真のお母様との「最終一体」を宣言しておられます。

ところで、二〇〇〇年三月三十一日、顯進様が世界大学連合原理研究会の世界会長に就任しました。

その頃から、その関係者が顯進様を真のお父様よりも前面に押し立てて報告するようになっていきました。それを受けて、お父様は同年五月三十一日、顯進様に対し「警告」のみ言を語っておられます。

「父の伝統に従って、母の伝統に従って、三番目に息子である。それを知っているの？……母の伝統を立てる前に息子の伝統を立てることができないことを知っているの？」（同、３２３－83）

このように語られ、まず父、そして母であり、息子は三番目である、と念を押されたうえで、「顯進は私が前に立たせているのです。立たせることで、先生より前面に押し立てて報告するなというのです。分かりますか。何のことか？　統一教会から党派をつくる輩《やから》（分派）になります。……恐ろしく、とんでもないことです。ですから、転換時代に精神を引き締めなければなりません」（同、３２３－91～92）

と語っておられます。

重要なこととして、まず父、そして母、それから、真のお母様に一番近い息子・娘というのが、真のお父様が明確に指導しておられる〝秩序〟ということになります。お父様は、父と母が立てた伝統に従って息子が伝統を立てるように忠告しておられるのです。

さらに、真のお父様は、世界平和統一家庭連合時代とは何かについて、「長子と次子は母親の名のもとに絶対服従しなければならないのです。服従するようになれば父と連結します」（『主要儀式と宣布式Ⅲ』151ページ）と語られ、母を通じて父に連結するように指導しておられます。したがって、後継の問題に関して、お父様の態度が曖昧であったなどというのは虚偽の主張です。

反対牧師らの言説と酷似

ところで、『統一教会の分裂』を読んで懸念することは、その主張が、いわゆる反対派の、「真の父母」を不信させようとする統一教会批判と驚くほど酷似しているという点です。

日本統一教会は長年にわたり、信者に対する拉致監禁を伴った強制的脱会説得事件の被害に遭ってきました。その際、反対牧師、脱会屋、反対弁護士、ジャーナリストらがその背後にあって父母たちを教唆するなどし、脱会説得に関わってきました。一九九三年三月六日の山崎浩子さん失踪事件の背後には、有田芳生《よしふ》氏や石井謙一郎氏らジャーナリストによる山崎さん入信スクープがあり、強制的な脱会説得事件の一翼を担った立場で報道がなされました（参考、太田朝久・三笘義雄共著『有田芳生の偏向報道まっしぐら』賢仁舎）。

『統一教会の分裂』に書かれている〝ストーリー〟は、反対派の一翼を担う報道をした石井謙一郎氏による〝統一教会批判〟の内容に酷似しており、石井氏の批判記事をわざわざ135ページで紹介しています。有田芳生氏も、この石井氏の批判記事に寄稿をしており、「日本の幹部の中には、三男の顯進氏についていきたいという動きがあるんです。（顯進氏は）もともと人望が高かった」と述べて、思い切り顯進様を持ち上げています。

これらの事実を踏まえて感じるのは、拉致監禁による強制脱会の道が困難になった反対派が、家庭連合と別行動を取っているUCIに擦り寄り、今やその背後から「家庭連合潰し」を画策している可能性が高いのではないかということです。

一九九三年三月の山崎浩子さん失踪事件を前後し、反対派は〝統一教会潰し〟を画策してさまざまな統一教会批判を展開しました。山崎浩子さんを脱会説得した一人である浅見定雄氏は、その著書で、真のお父様に兄や姉妹がいることを根拠に、お父様は「無原罪」ではありえないと批判して教会員を脱会説得していました。

ところで、顯進様は、後述するように二〇〇九年九月以降、真のお父様の前に姿を見せなくなり、たもとを分かちました。それから七年が過ぎて、『統一教会の分裂』の書籍が出版され、UCI側はそれを広めました。この書籍の内容は、「真のお母様陰謀論」であり、特に「韓鶴子は創始者の血統を疑っている」という点に中心テーマを置いています。その『統一教会の分裂』が広く行き渡った二〇一六年暮れ、UCI側の人物によって、まるで真のお母様がお父様の血統を疑っているかのような情報が世界を駆け巡りました。偶然にしては〝できすぎ〟という思いを持たざるをえません。

ちなみに、真のお母様は五十七周年「聖婚記念式」の公式の場で、「原罪なく生まれた独り子、独り娘が、天の願いに従って小羊の婚宴を挙げた日です」（『世界家庭』二〇一七年五月号、６ページ）と、真のお父様もお母様も共に無原罪で生まれたことを語っておられます。

ＵＣＩ（いわゆる「郭グループ」）問題の経緯

一九九八年七月十九日、顯進様が「世界平和統一家庭連合」の世界副会長に就任したことで、信徒の中には、顯進様が真のお父様の〝後継者〟であると考える人もいました。しかしながら、家庭連合の教えは、「真の父母というのは一組しかいないのです」（八大教材・教本『天聖経』２４００ページ）というように、人類の真の父母は〝永遠に一組〟であるというものであり、人類の真の父母に後継者は存在しません。キリスト教が二千年間イエス様と聖霊を中心に歩んだように、天一国も、文鮮明・韓鶴子ご夫妻が、永遠に唯一なる人類の真の父母であられるのであり、そういう意味で「真の父母」に後継者は存在しないのです。

ところで、二〇〇八年四月十八日、亨進様が家庭連合の世界会長に就任した頃から、顯進様は真の父母様の指導や指示に従わず、別の動きをすることが顕在化するようになりました。二〇〇九年三月八日、韓国・束草《ソクチョ》で、真のお父様は顯進様に対し「全ての公職から退き、父母と共に生活しながら『原理』を学ぶように」「ＧＰＦから一年間、休むように」と指示されましたが、顯進様は従わず、同年九月十日を最後に、真の父母様の前に姿を見せなくなったのです。また、郭錠煥氏も同年十二月を最後に、真の父母様の前に姿を見せなくなりました。

二〇一〇年二月、顯進様はGPF大会を開催し、それに対して真のお父様は再度、「GPF大会をしてはならない」と指示されましたが、その後も大会を強行していきました。

顯進様は、同年四月二十七日、家庭連合およびその関連団体の資産を管理するUCI（国際統一教会、Unification Church International）の理事会を乗っ取り、真の父母様の指導や許可を得ずに公的資産を売却し、定款も改定し、「国際統一教会、Unification Church International」の名称を、単にUCIに変えて統一教会および真の父母様との関係を断絶させ、それを運営するようになりました。

そうした状況の中、二〇一一年五月二十五日、真の父母様は「真の父母様宣布文」を発表され、その中で、顯進様をはじめUCI理事陣（顯進様を中心とするグループ）に対し「即刻現職から退くこと。許諾なく公的資産を処分して得た全財産を返還せよ」と指示されたのでした。しかし、顯進様はその指示を完全に無視し、今なお別行動を続けています。

なお、顯進様らの財源であった家庭連合およびその関連団体の資産について、米国の裁判所が二〇一六年十二月二十三日、「GPFおよびその他の世界平和統一家庭連合と無関係のいかなる存在・組織へのどんな種類のどんな寄附をも禁じる」との仮差し止め命令を下し、UCI側の資産処分に歯止めをかけています。

ちなみに、『統一教会の分裂』は、「（顯進は）創始者のアイデンティティを維持しながら、それを創意的に拡大しデザインしようとしている」（323ページ）と述べていますが、顯進様の説くアイデンティティは、真のお父様の語られるアイデンティティとことごとく食い違ったものになっています。

そのような中において、故・神山威《たける》氏が顯進様に従おうとしたときには、真のお父様は神山氏を呼ばれ、二〇一〇年七月十六日の、いわゆる「ボート会議」で次のように語られました。

「(顯進は)もう、ずっと前に離れたんだよ、十年前に」「顯進は先生と同じ方向に向いていない。逃げ回っている。顯進が先生の方向に来なければならないんだよ」「なぜ先生に質問しないで顯進のほうに行くのか」「顯進は先生と同等の立場を取っている。他の子は先生を重要視している」

顯進様のアイデンティティがことごとく真のお父様のみ言と食い違っている事実を考えたとき、お父様は何とかして、み言と食い違ったアイデンティティを主張している顯進様を教育しようとしておられたに違いありません。事実、二〇〇九年三月八日、韓国・東草で、お父様は顯進様に対して「顯進、おまえも別の所に行かず、父の所に来て、父に付いて回りなさい」(マルスム選集609－133)と直接、命じておられます。そして、特別に顯進様に、真の父母様に対する学習をしなさい、カイン・アベルの関係を勉強しなさいと指示されました。

しかし、その真のお父様の指導にも従わず、前述したように、同年九月以降、真の父母様の前に姿を見せなくなってしまったのです。そして、今やお父様のアイデンティティと異なることを平然と述べる非原理集団化してしまったことに対して、深く心を痛めざるをえません。

二〇一七年十二月二日、顯進様は「家庭平和協会（ＦＰＡ）」という組織を立ち上げ、「ＦＰＡは、創始者が世界平和統一家庭連合を通して実現しようとしていたものを目標としている」（『統一教会の分裂』３１４ページ）と平然と述べるなどし、組織を分裂させる動きをさらに強めています。

以上の経緯を踏まえて考えてみると、事の真相は『統一教会の分裂』が述べているような「真のお母様の陰謀」によって顯進様が追い出されたというのではなく、真のお父様のみ言と食い違うことを主張し、顯進様がお父様の願いに従わずに別行動を取り続けたということによるのです。その結果が、今のような状況を招いているのです。

〝天地人真の父母定着完了〟の宣布を完全に無視

真のお父様は、二〇一〇年六月十九日と同年六月二十六日、米国・ラスベガスで「最終一体」を宣言してこられ、その後、世界を巡回されながら「天地人真の父母定着実体み言宣布天宙大会」を挙行していかれました。そして二〇一二年の年頭標語で「天地人真の父母勝利解放完成時代」を発表され、同年三月には日本で「天地人真の父母様勝利解放完成時代宣布大会」を開催されたうえで、第五十三回「真の父母の日」に、「『天地人真の父母定着』……さえ成れば、全てが終わる」と語られました。そして、同年四月十四日、米国の天和宮《チョヌァグン》で「天地人真の父母定着実体み言宣布天宙大会を最終完成・完結する」と宣布され、その七日後の四月二十一日、韓国の清心《チョンシム》平和ワールドセンターで「天地人真の父母様特別集会」を開催されました。その大会で、真のお父様は「天地人真の父母定着完了」という講演文を発表され、「栄光の宝座に座る人は、億千万代においてただ一つの夫婦（文鮮明《ムンソンミョン》・韓鶴子ご夫妻）であって……万王の王はお一方です」と明確に発表しておられます。これは、「真の父母」の完全勝利の宣言と言いうるものです。

ところが、『統一教会の分裂』では、〝韓鶴子はお父様の血統を疑っており、お父様に不従順であった。その韓鶴子の不従順に対し、お父様は苦心しておられたのが真相だった〟として、お父様と真のお母様は一体化できていないと述べています。

結局のところ、『統一教会の分裂』の内容は、これら一連の真のお父様ご自身によるみ言宣布を完全に無視して論じている〝虚偽のストーリー〟にほかなりません。

特に、この書の総論的な「韓鶴子の不従順」（２４５ページ）という項目では、すでに述べたように、真のお母様の不従順を何とかして裏づけようと、真のお父様のみ言を十八個も引用していますが、マルスム選集の原典に当たってそれらを検証すると、全てのみ言が改竄されたものになっています。そのような意味から、『統一教会の分裂』という書籍は、歴史的な瀆神の書であると言わざるをえないものです。

このような『統一教会の分裂』を広めるＵＣＩを支持する人々は、真のお母様に対する信仰が崩壊した人であり、また、真のお父様に対する信仰についても同様であると言わざるをえません。なぜなら、お父様を心から信じ、敬い、侍る気持ちに満ちた人が、このように平然と〝み言改竄〟や〝誤訳〟をするなどということはありえないからです。

この歴史に残る最悪の書籍とも言える『統一教会の分裂』に、くれぐれもだまされないよう気をつけなければなりません

第一章　ＵＣＩの誤った原理観

第一節　文顯進様の〝統一教会の伝統〟に関するアイデンティティの誤り

㈠「復帰摂理の中心が創始者ではない」の誤り

最初に、顯進様《ヒョンジン》が主張する言説の基本となるアイデンティティの問題点を取り上げます。顯進様の主張するアイデンティティは、ことごとく真のお父様のみ言や思想と食い違っています。金鍾奭《キムヂョンソク》氏は、〝統一教会の伝統〟に関する顯進様のアイデンティティを次のように述べます。まず、『統一教会の分裂』から、顯進様のアイデンティティを引用します。

「第一に彼（注、文顯進様）は、復帰摂理の中心が創始者（注、真のお父様）ではなく、創造主である神様であることを主張する」（63ページ）

また、郭錠煥《クァクチョンファン》著『事必帰正』も次のように述べます。

「『摂理の中心は誰か』という質問では、顯進様は神様が中心であることを明らかにされました。……祝福家庭が摂理の中心が真の父母様であると間違って理解し、さらに神様さえも忘れて生きているから

です」（５１１ページ）

はたして、これらの主張は正しいのでしょうか。『原理講論』およびお父様のみ言を、以下引用します。

「もしユダヤ民族が、イエスを信じかつ侍り奉って……いたならば、そのときにおいても彼らが立てた『メシヤのための民族的基台』の上に来られた**メシヤを中心として、復帰摂理は完成される**ことになっていたのである」（『原理講論』２８２ページ）

「**再臨主は**イエス様が果たせなかった**神様の復帰摂理の根本を完成するために来られます**。すなわち、創造理想を完成すべき真なる本然の赤ん坊の種として来て、神様の真の愛、真の生命、真の血統の根源になる真の父母の理想を完成するために来られます」（『祝福家庭と理想天国Ⅰ』43ページ）

「**救いの摂理の中心は神様ではありません**。創造の時は神様が中心でしたが、堕落は人間がなしたために、人間に責任が伴うようになるのです。罪を犯したならば、刑務所に行くのは……罪を犯した本人なのです。それと同じく、堕落は人間がなしたために、人間を中心として再創造過程を経て、堕落しなかった、それ以上の峠を越えてのみ人類の解放と平和の世界が訪れることを、誰よりもよく知っておられるのが神様なのです」（『祝福』一九九二年夏季号16ページ）

以上、『原理講論』やみ言と比較すると、金鍾奭氏や郭錠煥氏が述べる顯進様のアイデンティティとお父様のみ言の間には、明確な〝食い違い〟があることが分かります。

もちろん、復帰摂理は、堕落した人間を創造本然の人間に復帰していく神様の摂理であるため、そのような観点から見るとき、摂理の中心は神様であると言うことができます。しかし、注目すべき点は、金鍾奭氏が「復帰摂理の中心が創始者ではな（い）」と否定しており、さらには、郭錠煥氏も「祝福家庭が摂理の中心が真の父母様であると間違って理解」して、と述べている部分です。

前述したように、『原理講論』は、「メシヤを中心として、復帰摂理は完成される」としており、み言にも「再臨主はイエス様が果たせなかった神様の復帰摂理の根本を完成するために来られます」や「救いの摂理の中心は神様ではありません」とあります。すなわち、人間始祖アダムとエバの堕落で失った「真の父母」を取り戻すために、「真の父母」ご自身が責任を果たし、勝利しなければならないという観点から見るとき、復帰摂理の中心は「真の父母」であると言えるのです。

事実、『原理講論』は、「人間始祖がその責任分担を全うすることができなかったために、逆にサタンの主管を受けなければならない立場に陥ってしまった。それゆえに、人間がサタンの主管を脱して、逆にサタンを主管し得る立場に復帰するためには、人間の責任分担としてそれに必要な蕩減条件を、**あくまでも人間自身が立てなければならない**のである」（276～277ページ）と論述しています。それゆえ、人間始祖の立場で来られた「真の父母」の使命が極めて重要であるということは言うまでもありません。

ところが、金鍾奭氏や郭錠煥氏は、顯進様のアイデンティティについて「復帰摂理の中心が創始者ではな（い）」と否定します。彼らの述べる〝顯進様のアイデンティティ〟の主張は、真のお父様の目指す理想世界と異なる〝真の父母の必要ない世界〟をつくろうとするものであり、真の父母様の原理とみ言の内容と異なった主張を述べていると言わざるをえません。

㈡「創始者を神様の実体として崇拝」と批判する誤り

『統一教会の分裂』は、「第二に文顯進は……宗教的救援論の限界の中に創始者を閉じ込めてしまう統一教会の宗派的教理とアイデンティティを批判した。統一教会が創始者を創造主・神様と一体を成した存在、神様の実体として崇拝してきたのと違い、文顯進は創始者を創造主・神様の理想を実現する為に一生を捧げた『息子』として認識し、創始者をこうした次元のメシヤとして定義している」（63ページ）さらに、「彼（注、顯進様）の認識は、復帰された人間と創造主である神様との関係を明らかにすることによって、創始者と韓鶴子《ハンハクチャ》を神格化しようとする既存の統一教会神学を批判する」（63ページ）と述べ、統一教会が「創始者を創造主・神様と一体を成した存在、神様の実体として崇拝」（同）していると論じています。

また、郭錠煥著『事必帰正』は、「私たちはメシヤも『人』であるという原理を学びながら、いざ実生活では、しばしばメシヤを神格化し、またこの誤った信仰をそれとなく誇示する間違いを犯したりします」（65ページ）と述べています。

これらの言説を真のお父様のみ言と比較し検証してみます。

「神様がアダムとエバを造った目的は、どこにあるのでしょうか。私たち人間の形状を見てください。体をもっています。しかし、無形の神様には体がありません。体をもたなければ、霊界の世界や地上世界を治めることができないのです。ですから、神様がいらっしゃるにしても、神様が人間の父母として現れるためには体をまとわなければならないのですが、その体をもった代表が誰かというと、アダムとエバなのです。堕落していないアダムとエバの体をもって現れるのです。それゆえ**アダムとエバは、人類の始祖であると同時に、天地を主宰する神様となるのです。実体をもった神様、すなわち永遠の無形世界の神様の形状を代わりにもって現れた立場**で、父母の立場で世界を統治する責任がアダムとエバにあったのです」（八大教材・教本『天聖経』１２４ページ）

「アダムとエバが、心の中に神様をお迎えし、一体となって完成した上で、結婚して子女を生んで家庭を築いたならば……**神様は**、真の愛を中心としてアダムとエバに臨在されることにより、**人類の真の父母、実体の父母としておられ**、アダムとエバが地上の生涯を終えて霊界に行けば、そこでもアダムとエバの形状で、**彼らの体を使って（神様は）真の父母の姿で顕現される**ようになるのです」（『平和神経』54～55ページ）

以上のみ言から見るとき、アダムとエバが完成し、真の父母となったなら、神様はアダムとエバに臨在され、真の父母は〝実体の神様〟の立場になるというのです。

ところが、金鍾奭氏は、「文顯進は創始者を創造主・神様の理想を実現する為に一生を捧げた『息子』として認識し、創始者をこうした次元のメシヤとして定義している」と述べており、その主張は、「アダムとエバは、人類の始祖であると同時に、天地を主宰する神様となる」という真のお父様のみ言と食い違っています。

また、金鍾奭氏は、「統一教会が創始者を創造主・神様と一体を成した存在、神様の実体として崇拝してきた」と批判的に述べ、郭錠煥氏も「メシヤを神格化し、……誤った信仰をそれとなく誇示する間違い」を犯すと述べています。しかし、『原理講論』は次のように論じます。

「再臨主は、旧約と新約のみ言を完成するための、新しいみ言をもってこられる方である。ゆえに、完成復活摂理は、新旧約を完成するために下さる新しいみ言（成約のみ言）……を、人間たちが信じ、**直接、主に侍って**その責任分担を完遂し、義を立てるように摂理なさるのである。それゆえに、この時代を侍義時代ともいう」（２１９ページ）

金鍾奭氏は、真の父母様を「崇拝してきた」と論じますが、『原理講論』の記述のように、完成復活摂理とは**直接メシヤ（真の父母）に侍って義とされる侍義時代**であり、侍ることで救いを完成させる時代です。それを、より的確に表現するなら、統一教会（家庭連合）は真の父母に〝侍っている〟のであって、金鍾奭氏が述べるように、ただ単に〝崇拝している〟のではありません。我々は「メシヤを神格化」しているのではなく、真の父母であるメシヤこそが「実体をもった神様」なのです。

『統一教会の分裂』や『事必帰正』を検証すると、UCIを支持する人々は統一教会の〝アイデンティティ〟を間違って理解している事実が明白になります。そして、これらの〝統一教会のアイデンティティ〟が、顯進様の理解する〝統一教会のアイデンティティ〟に基づいて構成されていることからすれば、顯進様が理解する〝統一教会のアイデンティティ〟は間違った主張であるという事実が明らかになります。

また、メシヤについても、「創始者を創造主・神様の理想を実現する為に一生を捧げた『息子』」であると定義します。しかし、『原理講論』や み言は次のようになっています。

「元来、神がアダムとエバを創造された目的は、彼らを人類の真の父母に立て、合性一体化させて、神を中心とした四位基台（注、自同的四位基台）をつくり、三位一体をなさしめるところにあった。もし、彼らが堕落しないで完成し、神を中心として、真の父母としての三位一体をつくり、善の子女を生み殖やしたならば……神の三大祝福完成による地上天国は、そのとき、既に完成されたことであろう」（267ページ）

「皆さん各自の血統的内容が違い、背後が違っているとしても、父母と似るためには接ぎ木する役事を行わなければなりません。……接ぎ木しようとすれば、皆さん自身が残された蕩減路程をすべて清算しなければなりません。それは、父母から始めたので、父母を通して清算されなければなりません。ですから、真の父母に接ぎ木しなければならないのです。アダムは、真の父母になることができず、偽りの父母となったので、今まで神様は、真の父母を探し求めてこられたのです」（八大教材・教本『天聖経』１７４２ページ）

「この世の中に一つの真のオリーブの木の標本を送ろうというのが、メシヤ思想です。ところで、真のオリーブであるメシヤ一人が来てはいけません。サタン世界が夫婦を中心として社会を形成し、国家を形成したので、メシヤが一人で来ては、真のオリーブの木になりません。メシヤとしての真のオリーブの木と、メシヤの相対となる真のオリーブの木を中心として、これが一つになってこそ、真のオリーブの木として実を結ぶことができます」（天一国経典『天聖経』１８３～１８４ページ）

上記のみ言を要約すると、メシヤは〝神の創造目的〟を完成するために来られるのであり、その三大祝福を完成するには、真のお父様お一人では成しえないのです。すなわち、再臨主は〝小羊の婚宴〟を成して「真の父母」にならずして、創造目的を成就できません。

金鍾奭氏は、「文顯進は創始者を創造主・神様の理想を実現する為に一生を捧げた『息子』として認識し、創始者をこうした次元のメシヤとして定義している」と主張し、また郭錠煥著『事必帰正』も「私たちはメシヤも『人』であるという原理を学びながら……」と述べますが、それらの主張は、神のみ旨を成就される「真の父母」という観点から見れば、根本的に誤った言説であると言わざるをえません。

前述したみ言に、「神様と真の父母に侍らなければなりません。神様は縦的な父母であり、完成したアダムとエバは横的な父母であって、この**二つの父母が一つになったその上で統一が成され、天国と神様が連結される**のです。ですから、神様と真の父母に侍らなくては何もできません」（八大教材・教本『天聖経』2316ページ）とあるように、理想世界を実現するには、神様だけを中心とするのでは天国（天一国）は連結されず、どこまでも「二つの父母が一つになったその上で統一が成され、天国と神様が連結される」ということを知らなければなりません。

したがって、真のお母様も真のお父様と共に「真の父母」として神様の創造理想を実現するために一生をささげてこられ、今なお歩んでおられるのです。このような事実を踏まえると、『統一教会の分裂』や『事必帰正』は意図的にみ言を操作し、お父様やお母様の位相をおとしめようとしているものと言わざるをえません。

以上、これらの書籍が述べる〝統一教会のアイデンティティ〟が、顯進様の主張に基づいて構成され、UCIを支持する人々がこの書籍を積極的に広めていることを見ると、これらの書籍の内容は、顯進様の主張を〝代弁〟していることは明らかです。しかし、その内容は、真のお父様の思想とことごとく異なったものとなっています。

(三)「真の家庭のアイデンティティ」の誤り

(1) 真の家庭を、真の子女様家庭とする誤り

まず、問題となる『統一教会の分裂』の部分を引用します。

「文顯進は『真の家庭』の価値と役割を明らかにしている。真の家庭を統一教会創始者（注、真のお父様）の直系の家庭と定義しながらも、『拡大された真の家庭』という用語を使って真の家庭の意味を拡大している。『神様→真の父母→**真の家庭**→拡大された真の家庭』に連結される絶対者の血統の拡大過程において創始者の**真の家庭**（**直系家庭**）の責任を強調した。彼にとって『真の家庭』は、完成すべき復帰摂理の一次目的であり、真の父母出現の理由であり、人類全体が志向すべき神様の第一の理想である。……**真の家庭**は人類を代表する家庭であると同時に人類のモデル的家庭であり、復帰摂理の為に全ての犠牲を甘受しなければならず、神様の理想実現の為の実体的生き方を生きなければならないと彼は主張する」（64ページ。太字は教理研究院による。以下同じ）

「現在、文顯進は、前に言及した通り、『神様→**真の父母**→真の家庭→拡大された真の家庭（祝福家庭）』と繋がる血統復帰の価値を固守しており、超宗教的な奉仕と理想家庭実現の為の平和理想世界実現運動

を「One Family Under God」の名前で展開している。ところが、文顯進も**真の家庭**（**創始者の直系家庭**）の血統が全人類に伝授される（何らかの）儀礼としての手段が必要だったものと見られる。それ故か、二〇一五年六月に米国シアトルで祝福結婚式を主管したという。推測すると彼は、創始者が今まで示してきた血統復帰の為の伝統や儀礼を、普遍的で世界化された儀礼にデザインし直して引き継いでいくように見られる」（66ページ）

「『神様の血統』が『神様→真のお父様（創始者）→**真の家庭**（**文顯進家庭**）→統一教会の祝福家庭→人類』につながる『血統復帰信仰』も強く要求しているという事実に注目しなければならない」（315ページ）

次は、『事必帰正』の部分を引用します。

「完成したアダムの資格をもって来られるメシヤは、堕落した世界において復帰されたエバを探し立て、結婚を通して、真の夫婦の位置まで進まなければなりません。しかし、メシヤの使命はそこで終わるのではありません。真の子女を生み、真の父母の位置まで進んで、真の家庭を立てなければならないのです。堕落した人類を**この真の家庭**に接ぎ木して救うだけでなく、**真の家庭を拡大**して、神主権の国家と世界を建設することにより、地上天国と天上天国を創建しなければならないのです」（101ページ）

彼らは〝真の家庭のアイデンティティ〟を「直系家庭」と定義しており、この「真の家庭＝直系家庭」こそが「復帰摂理の一次目的」「真の父母出現の理由」「神様の第一の理想」「人類を代表する家庭」「モデル的家庭」「堕落した人類をこの真の家庭に接ぎ木して救う」家庭であると主張します。彼らが主張する〝真の家庭のアイデンティティ〟は、真の父母様が絶対中心ではなく、神、父母、子女の三代目である**真の子女様家庭**をして「真の家庭＝直系家庭」であると定義するのです。

顯進様は、その著書『神様の夢の実現』でも「祝福家庭として皆さんのアイデンティティは神様、真の父母様、そして**真の家庭**の縦的な軸に連結されることによって始まる」（『統一教会の分裂』65ページ。注、『神様の夢の実現』の日本語訳は261ページ）と述べ、ここでも〝真の父母様〟と〝真の家庭〟とを分けて語っていることからその事実が理解できます。さらに顯進様は、二〇一一年十二月一日の韓国ＧＰＣでも、「真の父母と**真の家庭**の出現は、アダム・エバ家庭が成し遂げられなかった神様本然の真の愛のモデル家庭を回復し、地上に天国を成すためにある」（『統一教会の分裂』302ページ）と述べ、〝真の父母〟と〝真の家庭の出現〟とを分けて語っています。彼らが言う「真の家庭」とは「直系家庭＝文顯進家庭」を指しているのです（同、315ページ）。

ところで、真のお父様は、真の家庭とは何かについて「真の家庭とは何ですか。そこには真の父、真の母、真の夫、真の妻、真の子女がいるのです。それが真の愛の家庭基盤です」（八大教材・教本『天聖経』2153ページ）と語っておられます。真の家庭と言うとき、必ずそこに「真の父」「真の母」が入らなければなりません。真の父母を絶対中心にしていない「真の家庭＝文題進家庭」の主張は誤りです。

(2) 〝三代圏〟の中心は真の父母様である
――真の子女様が中心ではない

ここで明確にしておかなければならないことは、真の家庭の〝三代圏〟の中心は、人類の真の父母であられるという点です。三代圏の中心は子女様でも、お孫様（四代目）でもありません。【図１】を見れば分かるように、神から始まる三大王権が、真の父母を中心として展開されていく〝三代圏〟に対して、真のお父様は次のように語っておられます。

「おじいさん、父、自分たち夫婦が、三大王権を象徴します。おじいさんは過去を象徴し、父母は現在を象徴し、自分たち夫婦は未来を象徴します。そして、おじいさんは霊界の特権大使として自分の家庭に送られた方なので、おじいさんの言葉に絶対服従する家庭は繁栄します」（八大教材・教本『天聖経』２３４８ページ）

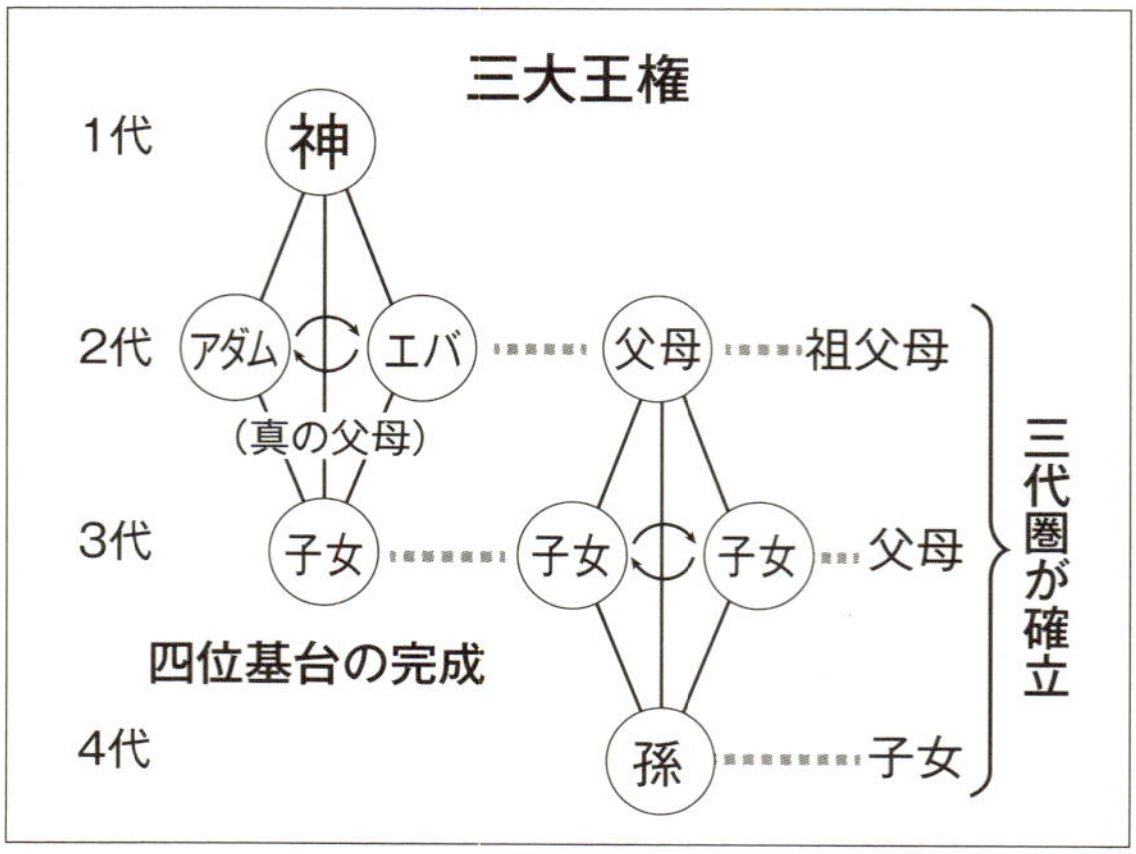

【図１】「三大王権」および真の家庭の「三代圏」

「神様は祖父母の位置であり、アダムは父母の位置であり、子女は息子、娘の位置です。同じように、皆様の家庭でも三代が一つの家庭に安着すれば、祖父母は、天上天国の神様の位置であり……」（『平和神経』３１４ページ）

さらに『原理講論』は、神様の創造理想が完成した天国について、「天国においては、神の命令が**人類の真の父母**を通して、すべての子女たちに伝達されることにより、みな一つの目的に向かって動じ静ずるようになる」（69ページ）と論じています。

創造理想を完成した世界（天一国）における永遠の中心は、神様と完全一体になった人類の真の父母様であって、その真の父母を中心に「一つの目的に向かって動じ静ずる」世界こそが理想世界です。その中心は真の父母であって、真の子女様ではありません【図２】。

顯進様は、本然の血統であり、〝真の家庭〟の一員ではありますが、み旨の中心ではありません。人類の罪悪歴史の蕩減復帰も、人類の救済も、天宙の再創造も、人間始祖の立場である真の父母様によってなされ、完成、完結、完了するのです。

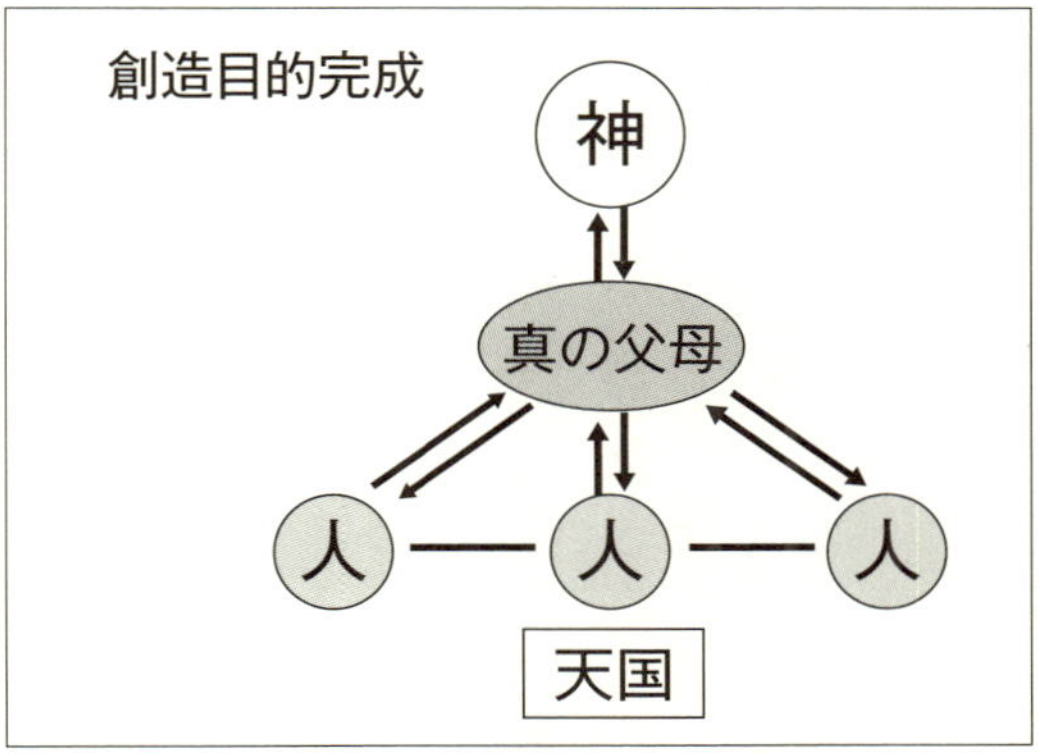

【図２】創造目的を完成した世界

それを神学的に表現すれば、キリストを抜きにして完全な神認識も救いもないということになります。天宙の永遠の中心は、どこまでも神様と完全一体となられた真の父母様（天地人真の父母様）です。したがって、真の家庭の三代圏（三大王権）は、真の父母様に直結してこそ意味があるのであり、神の創造理想を成し遂げることができるのです。

ところが、『統一教会の分裂』では、「真の家庭の中でこそ、真の愛、真の生命、真の血統を実体化することができる」（78ページ）と主張し、直系家庭である〝真の家庭（文顯進様家庭）〟こそが真の愛と真の生命と真の血統を実体化した家庭であるとし、「神様の血統」は「神様→真のお父様（創始者）→真の家庭（文顯進家庭）→統一教会の祝福家庭→人類」（315ページ）としてつながっていくと主張します。『事必帰正』も「堕落した人類をこの**真の家庭**に接ぎ木して救う」と述べています。これらの主張は、「祝福」が真の父母様に〝接ぎ木〟（重生）されることで救われるのではなく、「真の家庭＝直系家庭」である子女様に〝接ぎ木〟されることで、堕落人間の血統復帰が成され、人類が救われていくかのような主張になっています。これは、真のお父様のみ言と異なる誤った言説です。

顯進様は、真の父母様の許諾を受けないで「二〇一五年六月に米国シアトルで祝福結婚式」（66ページ）を挙行しました。その言動からも、この〝真の家庭のアイデンティティ〟という誤った認識に基づいて行動している事実が分かります。

そして、この誤った〝真の家庭のアイデンティティ〟ゆえに、『統一教会の分裂』は「今のままでは、韓鶴子以降の統一教会が真の家庭（直系家庭）のない統一教会になることは明らかだ」（321ページ）

と誤った主張をしているのです。

㈣「祝福家庭を〝養子養女〟」とする誤り

まず、金鍾奭著『統一教会の分裂』（日本語訳）の問題となる部分を引用します。

「特異な事実は、文顯進の血統認識にある。……文顯進は自分を神様の血統が復帰された人類最初の真の家庭の一員として自分の血統を絶対的次元で認識しており、**祝福家庭を**真の家庭に『接木されて神様の血統』に復帰された拡大された真の家庭であり、**養子養女の家庭**であると認識する」（65ページ。注、太字は教理研究院による）

この内容によれば、「真の家庭を真の父母様の直系の家庭」と定義し、祝福家庭を「拡大された真の家庭であり、養子養女の家庭」と述べており、神の血統が「神様↓真の父母↓**真の家庭**↓拡大された真の家庭」として連結されると主張しています。

しかし、この主張は「原理」と食い違った内容となっています。『原理講論』を引用します。

「いくら信仰の篤いキリスト教信徒でも肉的に継承されてきた原罪を清算することができないままで

いるので、サタンの血統を離脱できなかったという点においては、旧約時代の信徒たちと何ら異なるところがないのである。このように、**キリスト教信徒たちは**、神と血統を異にする子女であるので、**神の前では養子とならざるを得ない**のである」（４３１ページ）

このように、霊的真の父母であるイエス様と聖霊による「霊的重生」による新約時代の救いによって、クリスチャンたちはすでに「養子」の立場になっているというのが、『原理講論』の教えです。

したがって、イエス様が果たせなかった堕落人間の「原罪清算」を成し遂げ、堕落人間に長成期完成級を越えさせて神の血統に生み変えるため、再臨主が来られることを、次のように『原理講論』は明言しています。

「神の復帰摂理の目的は、このように神との血統関係が断たれてしまった**堕落人間を復帰して、神の直系の血統的子女を立てようとする**ところにあるのである。……イエスは、原罪のない、神の血統を受けた直系のひとり子として来られ、堕落したすべての人類を彼に接がせて一体となることにより、彼らが原罪を脱いで**神の直系の血統的子女として復帰**することができるように摂理しようとしてこられたのである。……しかし、弟子たちまでが不信に陥ったために、イエスは、洗礼ヨハネの立場から、一段上がってメシヤの立場に立つことができないままに、十字架で亡くなられたのである。……それゆえに、イエスは、すべての人類を、**神の血統を受けた直系の子女として復帰**するために、再臨されなくてはな

らないのである」（４３０～４３２ページ）

このように、再臨主は、堕落人間の原罪を清算し、「神の血統を受けた直系の子女として復帰するために、再臨されなくてはならない」というのです。再臨主によってもたらされる救いとは、新約時代の「養子養女」の救いのレベルではありません。真のお父様のみ言を引用します。

「霊界にいる人々も、真の家庭が必要です。その真の家庭がなければ、神様の位置に連結されず、天国に入っていくことができません。地上天国で暮らした夫婦も、あとから天国に入っていくようになります。……その家庭は、誰によるものでしょうか。真の父母の家庭です。今まですべての家庭は、偽りの血統で連結されていました。本然の家庭ではなかったのです。**祝福家庭が現れることによって、神様の血統が連結された真の家庭が生まれるようになった**のです」（八大教材・教本『天聖経』２１７１ページ）

「『天一国主人、私たちの家庭は真の愛を中心として、**本然の血統と連結**された為に生きる生活を通して、心情文化世界を完成することをお誓い致します』……家庭盟誓の七節が重要です。簡単ではあっても重要なのです。『私たちの家庭は真の愛を中心として、**本然の血統と**』です。本然の血統です、堕落していないアダムの、堕落と全く因縁のない本然の血統を受け継いで、『**本然の血統と連結**した心情文化世界を完成することをお誓い致します』です。私たちの世界は、心情文化世界です」（同２３９１ページ）

金鍾奭氏は、顯進様の認識をもとに、真の父母様の祝福によって〝血統転換〟された祝福家庭に対して、それを「養子養女の家庭である」と主張しています。養子養女とは、血統がつながった直系ではなく血統が異なっていることを意味しています。

確かに、祝福家庭は、真の父母様の直系家庭と、生物学的な意味での血筋のつながりがないために、「養子養女の家庭」と言われると、そのように勘違いしてしまう人がいるかもしれません。しかし、『原理講論』にあるように、真の父母様から祝福を受けて〝血統転換〟された祝福家庭は、すでに**神の血統と連結**した立場なのです。

したがって、真の父母様の直系の子女様と祝福家庭とは、同じ真の父母から生まれたアベルとカインであり、同じ父母を中心とした兄弟姉妹なのです。金鍾奭氏が述べる顯進様のアイデンティティの「祝福家庭を真の家庭に『接ぎ木されて神様の血統』に復帰された拡大された真の家庭であり、養子養女の家庭であると認識する」という主張は、原理的にも、真のお父様のみ言から見ても誤っています。

祝福家庭は、「拡大された真の家庭」ではなく、〝皇族〟としての、真の父母様を中心とする真の家庭に血統的に連なっている一員なのです。

真のお父様は、「真の父母の血族にならなければなりません。血統が連結されたものは、父子関係です。**真の父母の真の子女にならなければなりません。それが祝福家庭です**。アダム家庭で堕落してこのようになったので、反対にひっくり返したのが祝福家庭です」(天一国経典『天聖経』929ページ)と語っておられ、祝福によって〝血統転換〟された祝福家庭に対して、明確に「真の父母の真の子女にならなければなりません。それが祝福家庭です」と語っておられます。金鍾奭氏が顯進様の認識として言うような、祝福家庭は真の父母様の「養子養女」ではありません。

『原理講論』には、「家庭は父母がいて初めて成り立つのであり、また、そこにおいてのみ、真の兄弟愛は生まれてくるのである。したがって、今や人類の親であるイエスだけが再臨すれば、全人類は一つの庭園において、**一つの大家族をつくり**、一家団欒《だんらん》して生活し得るようになっているのである」（１６６ページ）と論じられています。

もし、祝福家庭を真の父母様と血統がつながっていない養子養女と見るならば、それはキリスト教における〝霊的救い〟の次元にとどまっている立場であり、真の兄弟愛の関係を築くことはできません。『統一教会の分裂』は、真の父母様の思想と異なることを平然と述べており、誤った主張をしているという事実が明白となります。そして、この〝養子養女〟の主張は顯進様の認識であるということであり、顯進様の認識自体が真の父母様の思想と異なっているということが明らかなのです。

ちなみに、郭錠煥氏は「私たち養子・養女である祝福家庭は、直系の真のご子女様から認められなければ生きる道がないのです」（『祝福家庭』二〇〇〇年冬季号、１１０ページ）と語っています。このように真の子女のみを中心に考えて「生きる道がない」と述べます。しかし、真のお父様は、「先生が接ぎ木してやるのだから、先生を通して完成基準に上がる道ができるのです。……真の父母と一体となっていけば、無難にその峠は通過します。真の父母を離れた場合には、行く道がありません」（『訪韓修錬会御言集』74～75ページ）と語っておられ、どこまでも「真の父母」が中心なのであり、父母によって生かされるということを知らなければなりません。祝福家庭は血統転換されて、真の父母と血統がつながっているのです。祝福家庭を「養子養女」と述べる郭氏の言説は、真の父母様のみ言と明らかにずれています。

㈤「創始者の使命は特定の宗教の創設ではない」の欺瞞

まず、問題となる『統一教会の分裂』（日本語訳）の内容を引用します。

「第四に文顯進は、自分の父である創始者の使命を特定の宗教や特定の教派の創設ではなく、『真の父母と真の家庭の実体的な基盤を通じて、人類を天の血統に転換させることによって人類救援を実現すること』と規定する」（64ページ）

次に、郭錠煥著『事必帰正』の内容を引用します。

「お父様は、宗教または教会を建てるために来られた方ではありません。お父様は、この地に神様を中心とした家庭の根本の根を下ろすために来られました」（142ページ）

確かに、真のお父様は、次のように述べています。

「一九五四年に、私は韓国のソウルにおいて正式に統一教会を創設しました。一九五四年の五月一日に……北鶴洞《ブクカクトン》の小さな家で看板を掲げて出発したのです。**私は教派をつくろうとしませんでした。**名前は『世界基督教統一神霊協会』なのですが、それをつくろうとしたのではありません。**教派を超越した超教派的な面において運動をしようとした**のですが、受け入れなかったのです。それで仕方なく、統一教会をつくったのです」（『真の御父母様の生涯路程③』26ページ）

「私は教会という言葉が好きではありません。仕方がなく教会という看板を付けたのです。私は統一教会をつくって、『ああ、神様！　統一教会をつくったので、私は誇らしく思います』と、そのようには思いません。**統一教会という看板を掲げてはいますが、この看板をいつになったら取り外すことができるか、という考えをもっています**」（同、29～30ページ）

そのような意味から述べれば、「創始者の使命を特定の宗教や特定の教派の創設ではなく……」や「お父様は、宗教または教会を建てるために来られた方ではありません」というのは根本的な間違いではありません。しかし、真のお父様は、統一教会を創立したこと自体を否定しておられるのではありません。

もし、上記のみ言を、統一教会を否定する意味で用いているとするならば、それは正しい主張とは言えません。お父様のみ言を引用します。

「今日は協会創立二十七周年になる記念日です。……我々の団体が創立されたのはある**個人の目的を達成するために創立されたのではありません。神様のみ旨の完成のために、神様のみ旨成就のために**この団体が始まり、出発されたことは言うまでもないのです」（マルスム選集113－92）

「皆様、侍義時代とは、神様に侍って暮らす時代です。……後天時代には、神様御自身が真の父母の姿で万人の前に顕現します。したがって、**真の父母に侍る統一教会の地位は、世の中のどのような力や勢力とも比較できない天の権勢として現れるようになる**のです。生きていらっしゃる神様を皆様が直接目で確認し、感覚で体恤《たいじゅつ》できる圏内において、侍る生活を送る皆様を、誰が妨げることができるというのでしょうか」（『平和神経』２９５ページ）

『統一教会の分裂』は、顯進様が、真のお父様の使命を「特定の宗教や特定の教派を創設することではない」と主張し、郭錠煥氏も「お父様は、宗教または教会を建てるために来られた方ではありません」と、ことさらにそれを強調します。しかしながら、お父様は統一教会創立二十七周年の記念日に語られたみ言で、統一教会の創立について、上述のように、「神様のみ旨の完成のため」「神様のみ旨成就のため」

であるとはっきりと語っておられます。お父様の使命とは、神様のみ旨の完成であり、そのために統一教会は設立されたのです。前述したように、『平和神経』でも、お父様は、「真の父母に侍る統一教会の地位は、世の中のどのような力や勢力とも比較できない天の権勢として現れる」と語っておられるのです。

さらに、問題となる『統一教会の分裂』（日本語訳）の部分を引用します。

「文顯進は、……『神様→真の父母→真の家庭→拡大された真の家庭（祝福家庭）』と繋がる血統復帰の価値を固守しており、超宗教的な奉仕と理想家庭実現の為の平和理想世界実現運動を『One Family Under God』の名前で展開している。ところが、文顯進も**真の家庭（創始者の直系家庭）**の血統が全人類に伝授される（何らかの）儀礼としての手段が必要だったものと見られる。それ故か、二〇一五年六月に米国シアトルで祝福結婚式を主管したという。推測すると彼は、創始者が今まで示してきた血統復帰の為の伝統や儀礼を、普遍的で世界化された儀礼にデザインし直して引き継いでいくように見られる」（66ページ）

「文顯進は、最近ＧＰＦのほかに、ＦＰＡ（Family Peace Association・家庭平和協会）を組織し、その使命を……（……神様を中心とした家庭の実現を図り、その家庭の世界的連合活動を通じて世界平和創建に注力する国際的な組織である）と決定したと言う」（３１４ページ）

「ＦＰＡの特性を……①ＦＰＡは、創始者が世界平和統一家庭連合を通して実現しようとしていたものを目標としている」（同）

また、郭錠煥著『事必帰正』の部分を引用します。

「摂理的に責任を果たせなかった家庭連合の使命を継続するために、『家庭平和協会を創設すること』を宣言されたのです。……家庭平和協会創設大会が盛大に開催されました。この日、顯進様は亡き文鮮明《ムンソンミョン》総裁のみ旨と理想を、家庭平和協会を通して継承していかれることを宣言され、目頭を熱くされました」（５４５ページ）

ＵＣＩ側を支持する人々は、統一教会や家庭連合を設立することが目的ではないと、ことさらに強調することで、〝真の父母と真の家庭（直系家庭）の実体的基盤を通じて天の血統に転換させるためにＦＰＡ（家庭平和協会）という別の団体を設立してもいい〟という口実を得たいがために、このように強調しているものと言えるでしょう。つまり彼らは、彼らが主張する〝真の家庭のアイデンティティ〟という誤った言説によって、真の子女様家庭が、真の父母の承認を得ないで「新たな団体」を創設し、子女様による「祝福」によって血統復帰らしきことを行おうとする行為を自己正当化するために、このように語っているものと考えざるをえません。

マルスム選集３２３巻に、真のお父様が文顯進様に対して語られた「警告」のみ言があります。以下、引用します。（　）の中の文章は顯進様の言動に関する報告者の言葉です。

「（「私は今日、準備するものがあります、お父様」）準備するものを私は知らない。（「指導者会議と顯進様が今回の巡回に対して整理しなければなりません」）整理して何をするの？（「とても大きな事件ですので、我々は歴史的な記録として……」）歴史的な記録が何なの？　統一教会の歴史の中で青年が統一教会の頂上ではありません。（「知っています。ですが我々なりに……」）我々なりに？　自分なりにしては脇道に行ってしまう。（「それはとても老婆心です」）何、老婆心？　誰が老婆心か？　誰の前でそんな話をしているのだ？　自分について言っているのか、先生について言っているのか？　言葉をいいかげんに言っている。誰が老婆心を持っている、誰が？（「顯進様は、お父様に対する栄光とお父様が……」）その栄光が、父の栄光ではなく、神様の栄光となり、統一教会の栄光にならなければならないよ。伝統をどこに立てるの？　**父の伝統に従って、母の伝統に従って、三番目に息子である。**それを知っているの？　母は伝統を立てる過程です。終わっていません。母の伝統を立てる前に息子の伝統を立てることができないことを知っているの？　それを知っているの？（「はい、知っています」）それなのに、そんなことを言うの？　収拾するとすれば、お母様がなさることはなぜ収拾しないの？」（マルスム選集３２３－83、二〇〇〇年五月三十一日）

「顯進は私が前に立たせているのです。立たせることで、先生より前面に押し立てて報告するなというのです。分かりますか。何のことか？ **統一教会から党派をつくる輩《やから》（分派）になります、党派をつくる輩（分派）。党派をつくる輩（分派）です**、分かりますか？自分たち同士で策を打ち出して、そこに先生を引きずり込んでこの世をどのように作ろうとするの？ 恐ろしく、とんでもないことです。ですから、転換時代に精神を引き締めなければなりません。自分の立ち位置を知らなければなりません」（マルスム選集323－91～92、二〇〇〇年五月三十一日）

二〇〇〇年五月三十一日に語られた真のお父様のみ言では、伝統とは、**父と母が立てた伝統に従って息子が伝統を立てなければならない**と語られています。この二〇〇〇年当時の時点は、真のお母様が伝統を立てられるための過程におられ、お父様は、まだその過程は終わっていないと語っておられます。

そして、ある報告者が、「顯進様のお父様に対する栄光」と顯進様がしておられることを賛美しましたが、それに対してお父様は、「神様の栄光であり、統一教会の栄光にならなければならない」と語っておられます。このことからしても、お父様の創設された統一教会とは、「真の父母に侍る統一教会の地位は、世の中のどのような力や勢力とも比較できない天の権勢として現れる」団体であるのです。

また、二〇〇〇年三月三十一日に世界大学連合原理研究会の世界会長に文顯進様が就任されました。

しかし、同年五月三十一日のみ言で、真のお父様は、文顯進様をお父様よりも前面に押し立てて報告するようになってしまうと、「統一教会から党派をつくる輩（分派）になります」と語られて、今あるU

ＣＩの姿を予見するかのように心配しておられるのです。

実際に、真のお父様が心配されたとおり、今、「文顕進は、最近ＧＰＦのほかに、ＦＰＡ（Family Peace Association・家庭平和協会）を組織」し、「創始者が世界平和統一家庭連合を通して実現しようとしていたものを目標としている」という別行動を取っているのを見たとき、かつて真のお父様が予見しておられたように、顕進様を中心とするＵＣＩを支持する人々は、統一教会から別の党派をつくってしまう輩（分派）となり、誤った行動を執っていることを知らなければなりません。

『統一教会の分裂』が述べている〝統一教会の核心アイデンティティ〟および顕進様の数々のアイデンティティや『事必帰正』が、ことごとくみ言や『原理講論』の教えと異なっている事実を見たときに、真のお父様がご生前、「顕進について行ってはならない」と、なぜ私たちに語っておられたのか、その理由を改めて痛感せざるをえません。

私たちは二〇一一年天暦四月二十三日（陽暦五月二十五日）に「真の父母様宣布文」を公表せざるをえなかった真の父母様のつらいご心情に思いをはせ、決してＵＣＩを支持する人々が主張する〝偽りのアイデンティティ〟に惑わされないようにしなければなりません。そして、ＵＣＩを支持する人々が、真の父母のもとを離れて独自に行っている活動に与するようなことがあってはなりません。もうこれ以上、真の父母様を悲しませることがあってはならないのです。

㈥真の父母の存在しない「One Family Under God」の誤り

金鍾奭氏が『統一教会の分裂』で述べている「統一教会の核心アイデンティティ」の部分を以下、引用します。

「統一教会の核心アイデンティティは『One Family Under God、神様の下の一家族』という標語に集約される。この標語は……『**神様を父母として侍る一つの血縁関係の大家族世界**を志向する』という意味である。……文顯進は、統一教会の核心アイデンティティに対する見解を表明することによって、統一教会の伝統に対する自分のアイデンティティを明らかにした。第一に彼は、**復帰摂理の中心が創始者ではなく、創造主である神様であること**を主張する。彼の認識は、復帰された人間と創造主である神様との関係を明らかにすることによって、**創始者と韓鶴子を神格化しようとする既存の統一教会神学を批判する**」（62～63ページ。注、太字と圏点は教理研究院による）

郭錠煥氏も『事必帰正』で、次のように述べています。

「宗派や教派とは関係なく、神様を父母として認識し、真の愛を実践して真の家庭を成せば、『**神様を中心とする人類一家族**』の一員になることができる時代圏に入ったことを意味しています」（92ページ）

以上のように、『統一教会の分裂』や『事必帰正』は、統一教会の核心アイデンティティを「One Family Under God、神様の下の一家族」であると規定します。そして、その一家族世界とは「**神様を父母として侍る**一つの血縁関係の大家族世界を志向する」ことであり、「神様を父母として認識し、真の愛を実践して真の家庭を成せば、『**神様を中心とする人類一家族**』の一員になる」と意味づけをします。

この意味づけは正しいのでしょうか。以下、『原理講論』およびみ言を引用します。

「天国においては、神の命令が**人類の真の父母を通して**、すべての子女たちに伝達されることにより、**みな一つの目的に向かって動じ静ずる**ようになるのである」（69ページ）

「個性完成して、罪を犯すことができなくなった**アダムとエバが**、神の祝福なさったみ言どおり、善の子女を繁殖して、罪のない家庭と社会とをつくったならば、これがすなわち、**一つの父母を中心とした大家族**をもって建設されるところの天国であったはずである」（１３５ページ）

「**再臨の主を父母として頂く**、一つの大家族による理想世界」（６０３〜６０４ページ）

「天運は、世界が一つの垣根となり、人類が一つの地球家族になることを求めています。……全人類は、

唯一なる真の父母のもと、同じ兄弟であるという自覚をもつとき、答えが出てきます。**神様と真の父母のもと、人類が一つの大家族を築き、**互いにために生きて和合するとき、すべての問題が解けます」（『真の父母経』３０３ページ）

「『メシヤ無しに直接神に行けばいいではないか、なぜメシヤが必要なのか』と言う人がいるかもしれませんが、そうではありません。**真の父母がいなくては、地上天国の中心が定まらないのです。**地上天国ができなければ天上の天国も形成されないのです」（『ファミリー』一九八二年九月号、10ページ）

「神様と真の父母に侍らなければなりません。神様は縦的な父母であり、完成したアダムとエバは横的な父母であって、この**二つの父母が一つになったその上で統一が成され、天国と神様が連結されるのです。**ですから、**神様と真の父母**に侍らなくては何もできません」（八大教材・教本『天聖経』２３１６ページ）

「One Family Under God」、神様の下の一家族」の世界とは、上述の『原理講論』やみ言で分かるように、〝**神様と真の父母様のもとの一家族世界**〟です。

ところが、『統一教会の分裂』は、「創始者は、家庭連合創設と共に宗教時代が終わり……神様の創造目的を成していく時代になったことを宣言した。……救世主、メシヤ、真の父母の使命が完遂された状態は、救世主、メシヤ、真の父母の存在する必要がないことを意味する」（46～48ページ）とか、一家族世界とは「『神様を父母として侍る一つの血縁関係の大家族世界を志向する』という意味である」（62ページ）と述べており、その言説はみ言および『原理講論』と異なった主張となっています。『事必帰正』も「祝福中心家庭は『堕落世界と何の関係もない家庭』を意味します。したがって、メシヤも宗教も必要ない」（１２２ページ）と述べ、同様の主張をしています。

真のお父様のみ言および『原理講論』に基づいて〝統一教会の核心アイデンティティ〟を正しく表現するなら、それは〝**神様と真の父母様を父母として侍る一家族世界である**〟と言うことができます。

神様の復帰摂理が成就され、全ての人が原罪のない神様の血統へ転換されて人類一家族世界が実現されたなら、確かに〝**救い主**〟**としての**メシヤ、救世主、真の父母は必要なくなります。しかしながら、たとえ〝救い主〟の必要のない理想世界が実現したとしても、その理想世界は神様と一体となられた真の父母を礎（中心）とする世界であり、人間始祖の立場である「真の父母」は**永遠に存在し続ける**のです。このように見たとき、金鍾奭氏や郭錠煥氏の述べる顯進様の〝真の父母の存在しないOne Family Under God〟は誤りであることが明確に分かります。

以上のように、金鍾奭著『統一教会の分裂』および郭錠煥著『事必帰正』が述べる顯進様が主張しているアイデンティティは、ことごとく真のお父様のみ言や思想と食い違っています。

お父様は、「真の父母様は一組だけです。今、この時の一度だけだというのです。過去にもいなかったのであり、未来にもいません。真の父母様が肉身をもって実体で存在するのは、この時だけだというのです。永遠の中でたった一度です」（『永遠に唯一なる真の父母』97ページ）、また、「『真』という言葉は、代表的であるという意味です。ですから、真の父母というのは、二組はあり得ません。一組しかいないのです。過去には存在せず、現在に一組だけ存在し、後代にも存在しません」（同、99ページ）と語っておられるように、天一国において「真の父母」は永遠に一組しかおられません。その「真の父母」が天一国の永遠の中心です。人類歴史の中で、たった一度しか現れることのない真の父母様が立てられた伝統を、私たち天一国の民は永遠に相続していかなければなりません。

前述したように、お父様は「**父の伝統に従って、母の伝統に従って、三番目に息子である**」と語っておられます。すなわち、天一国とは、**父と母が立てた伝統を継承させていかなければならない**というのです。顕進様の主張するアイデンティティが、ことごとくお父様のみ言や思想と食い違っている事実を見たとき、たとえ真の子女様であったとしても、父母の伝統を継承しない人物に、そのみ旨を任せるわけにはいかなかったと考えざるをえないのです。

なお、〝信仰の継承〟を重んじてきたユダヤ教には、信仰の父であるアブラハムの息子イサクについて、次のようなラビの薫陶があります。

「イサクの人生は、劇的なものではなかった。ユダヤ人の伝統に対してもそんなに大きな貢献をしたようには見えない。偉大な父親を持つ息子というものは、非常にむつかしいことを示している。

ところが、イサクは非常に重要なことを一つだけ行なった。彼の父の伝統を忠実に守り、受け継ぎ、維持し、そして子供たちに与えた。彼は優秀な伝播者だった。つまり、伝統に生命の灯をともし続けた。これはユダヤ人にとって非常に重要なことである。

アブラハムのような天才には、だれもがなることはできない。しかし、イサクのような伝播者になることは可能である」（ラビ・Ｍ・トケイヤー著『ユダヤ発想の驚異』１９２ページ）

第二節　ＵＣＩの非原理的言説

㈠ ＵＣＩの「重生論」の誤り

⑴ 櫻井正実氏の「祝福家庭特別セミナー」の主張の誤り

ＵＣＩ側が開催する「祝福家庭特別セミナー」のハーフデイで、櫻井正実氏は**【図３】**を使って「祝福を通して**真の家庭**に接ぎ木する」と講義しています。

この**【図３】**で「祝福を通して**真の家庭**に接ぎ木する」と表現し

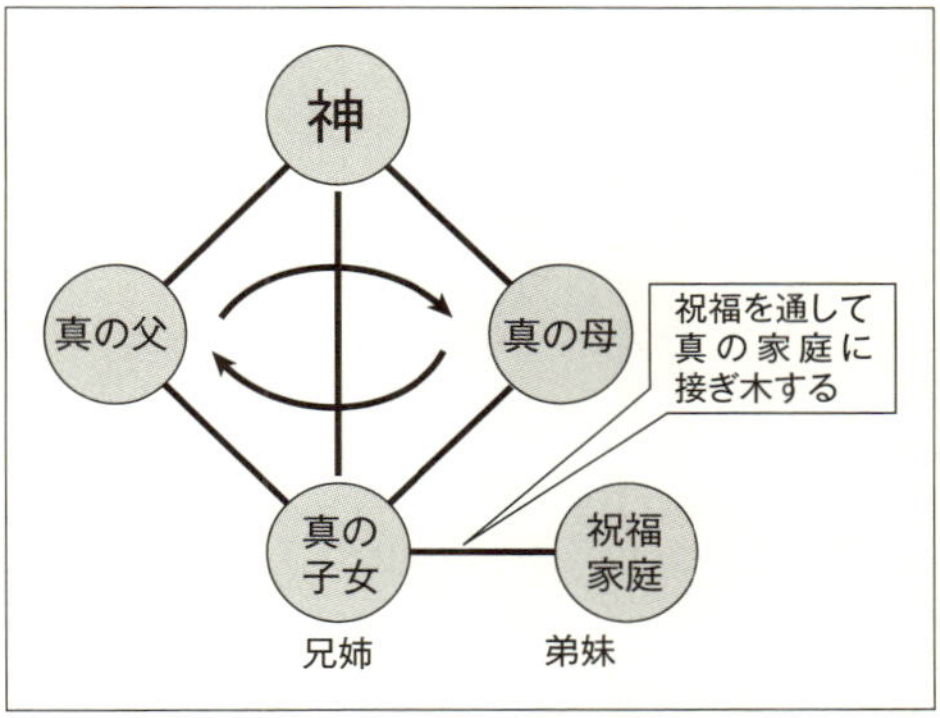

【図３】櫻井正実氏による講義の図

ている「**真の家庭**」とは、すでに前項でも述べたように、真の子女様家庭のことであり、具体的には、顯進様家庭を指しています。

櫻井正実氏のハーフデイセミナーDVDの1巻目の11分50秒あたりから、彼は次のように語っています（以下、ディクテーション）。

「真の父母様だけでは、祝福は行うことができない。真の父母様に真の子女様がいてこそ祝福を行うことができる。**真の家庭**に、祝福を通して**真の家庭**に接ぎ木されるんだということなんですね。真の父母という言葉自体も、真の子女様を前提にしている言葉であります」

櫻井正実氏はこのように説明し、次のみ言を引用します。「メシヤの使命は、そこで終わるのではありません。真の父母の位置まで進んで、絶対的真の家庭を探し立てなければなりません。この真の家庭を中心として、神様の創造理想を完成した地上天国と天上天国を創建することができるのです。この目的のために堕落の末裔である六十億人類は、その誰も例外なく、出来が良くても悪くても、黒人でも白人でも例外なく**メシヤの真の家庭に接ぎ木**されなければなりません。絶対的要件です」（マルスム選集478－285）

さらに、櫻井正実氏はDVDの1巻目の23分53秒から、「父の血統と権威を代表する長子が立つことによって、お父様一代で地上天国を成すことができなかったとしても、それを受け継ぐ**父の血統と権威**

を代表する長子が立つことによって、摂理的中心人物という求心点をもって理想世界を創るその摂理を続けていくことができるわけです」と語っています。この主張は『統一教会の分裂』と同じです。ＵＣＩ側は「祝福を通じて**真の家庭**に接ぎ木される」と主張しますが、彼らが言う**真の家庭**とは顯進様家庭であり、その子女様家庭に接ぎ木されることで〝血統復帰〟がなされると考えているのです。

ところで、櫻井正実氏が引用したマルスム選集のみ言（４７８－２８５）は、真のお父様が二〇〇四年十二月二日に語っておられる「真の父母は神様と人類の願い」の講演文を、お父様ご自身が解説しながら語られたみ言です。

櫻井正実氏はそのみ言を引用し「メシヤの真の家庭に接ぎ木」すると述べますが、その「真の家庭」が何を指すのか、真のお父様のみ言によって明確にしなければなりません。み言のもととなる「講演文」を以下、引用します。

「メシヤの使命はここで終わるのではないのです。真の父母の立場まで進んで、絶対的な真の家庭を立てなければなりません。この真の家庭を中心として、神様の創造理想を完成した地上天国と天上天国が創建できるのです。この目的のために堕落の末裔《まつえい》の六十億の人類は、誰も例外なく**メシヤの真の家庭に接ぎ木しなければなりません**。心情的な接ぎ木はもちろん、伝統的な接ぎ木をしなければなりません。

それなら、どのように接ぎ木をするのでしょうか。皆様すべては堕落性を持って生まれた野生のオリーブの木です。野生のオリーブの木は百年千年を待っても、真のオリーブの木に変わる突然変異は起きな

いのです。永遠に野生のオリーブの木として残るだけです」（二〇〇四年十二月二日の講演文）

櫻井正実氏は上述の講演文のうち、お父様が「メシヤの真の家庭に接ぎ木しなければなりません」までを解説された箇所を引用します。ところが、櫻井氏が引用していない続きの部分に、お父様が〝接ぎ木〟について解説された箇所があります。以下、その部分を引用します。（注、講演文は太字ゴシック、それに対するお父様の解説は明朝体）

「……『同じように、**堕落した人類は罪悪のサタン世界と完全に絶縁して、真のオリーブの木であられる真の父母を通して真のオリーブの芽を植える**』接ぎ木されるのです。『**結婚祝福を受けて、真なる血統を出発させなければならないのです。そのようにして出発した真の血統は、真のオリーブの実である真の子女を生産するようになるのです。堕落人間としては、この道だけが真の父母の愛を通して再び生まれ、真の生命、真の愛、真の血統を相続できる唯一の道なのです。このように、真の子女が生まれて真の父母ができれば、自動的にそこには真なる家庭が定着するのです。ここからまさに真の家庭主義が創出されます**』……」（マルスム選集478－285）

真のお父様は、「メシヤの真の家庭」に「どのように接ぎ木をするのでしょうか」と尋ねられ、その答えとして「堕落した人類は罪悪のサタン世界と完全に絶縁して、真のオリーブの木であられる**真の父**

母を通して真のオリーブの芽を植える」と講演文を読まれ、「**接ぎ木されるのです**」と解説しておられます。ここで言う「メシヤの真の家庭」とは、〝真のオリーブの木〟である「真の父母様」のことであり、子女様家庭ではありません。ゆえに、真の家庭を「直系家庭」であると定義する〝真の家庭のアイデンティティ〟は誤りであるのが分かります。

(2)「重生」は「真の父母」によってなされる

さらに、真のお父様が語られる〝真のオリーブの木〟が何を意味するのか、み言に基づいて理解しておかなければなりません。

「堕落人間が生命の木となるためには……創造理想を完成した一人の男性が、この地上に生命の木として来られ、すべての人をして彼に接がしめ、一つになるようにしなければならない。このような生命の木として来たり給うたお方が、すなわちイエスであった」（『原理講論』95ページ）

「天の真の血統をもってこられた真の父母様を通して祝福結婚を受けることが、正に真のオリーブの木に接ぎ木される恩賜です」（『平和神経』34ページ）

このみ言から分かるように、「メシヤの真の家庭」に接ぎ木されなければならないと語られるその真の家庭とは、真の子女様家庭ではなく、〝真のオリーブの木〟であられる真の父母様です。祝福は、真のオリーブの木であられる真の父母様に接ぎ木されることによって成されるのです。UCIを支持する人々は「祝福を通して真の家庭に接ぎ木される」とは「直系家庭の文顯進様家庭に接ぎ木される」ことと主張しますが、その言説は誤りであることを知らなければなりません。

「祝福」を通じた〝重生〟に関するみ言を『原理講論』および『祝福家庭と理想天国Ⅰ』から引用します。

「父は一人でどうして子女を生むことができるだろうか。堕落した子女を、善の子女として、新たに生み直してくださるためには、**真の父と共に、真の母がいなければならない**」（『原理講論』264～265ページ）

「イエスは自ら神を中心とする実体的な三位一体をつくり、**霊肉共に真の父母となることによって、堕落人間を霊肉共に重生させ**、彼らをして原罪を清算させて、神を中心とする実体的な三位一体をつくらせるために再臨されるのである」（同、268ページ）

「父母に似るためには、接ぎ木する役事をしなければなりません。ひっくり返して接ぎ木しなければなりません。……**それは父母から始まった**ので、**父母を通して清算されなければなりません**。それで、

真の父母に接ぎ木しなければならないというのです」（『祝福家庭と理想天国Ⅰ』６９７～６９８ページ）

これらのみ言は、堕落人間が「真の父母」によって重生されることを明確に述べています。『原理講論』は、重生や原罪清算について「霊肉共に真の父母となることによって、堕落人間を霊肉共に重生させ、**彼らをして**原罪を清算させて、神を中心とする実体的な三位一体をつくらせる」と論じます。この堕落人間を重生させる「霊肉共に真の父母」とは、神様を中心とした実体的三位一体であられる**真の父母様**です。『祝福家庭と理想天国Ⅰ』には「父母に似るためには、接ぎ木する役事をしなければなりません。……**真の父母に接ぎ木**しなければならない」とあります。堕落人間が重生され、原罪清算できる唯一の道は、真の父母様に接ぎ木されることです。決して、真の子女様ではありません。真の父母様こそが〝真のオリーブの木〟であり、「真の家庭」の絶対中心です。

ゆえに、今後、もし真のお母様が聖和されることがあったとしても、「祝福」の絶対中心は、永遠に神様と真の父母様であり、血統転換は真の父母を通してなされていくのです。神様と一体となられた真の父母様が天上・地上天国の永遠の中心です。したがって、『統一教会の分裂』が主張するような、「今のままでは、韓鶴子以降の統一教会が**真の家庭**のない統一教会になる」（３２１ページ）ということはありません。

ＵＣＩを支持する人々は、真の父母を絶対中心とせず、真の子女様家庭にアラインメント（方向性を合わせて一つになる）することだけを力説し、真の父母様不在の〝真の家庭のアイデンティティ〟を主張しているために、以上のような誤った言動とならざるをえないのです。

櫻井正実氏が講義で使用している図は、誤りであることを明確に理解しなければなりません。真の父母様が、絶対、唯一、不変、永遠なる存在であり、真の父母様を通じてこそ堕落人間は重生され、新たに真の子女として誕生し、真の家庭（祝福家庭）となるのです。

ところが、櫻井正実氏がUCIを支持する人々のセミナーで使用する図は、祝福家庭の位置が**真の父母様と関係を結んでいない**だけでなく、**真の子女様だけに侍る**表記になっています。そして、祝福を通じて真の子女様家庭である文顯進様家庭（真の家庭）に接ぎ木するという誤った説明がなされる始末です。

UCIを支持する人々の、真の家庭を「真の子女様家庭」とする誤った解釈による、真の父母を絶対中心としない〝真の家庭のアイデンティティ〟は、真の父母様が聖和された後の地上の〝統一家〟の在り方として、み言を正しく理解しない教会員のみならず、信仰歴の長い諸先輩さえをも信仰の混迷に陥らせる要因となりかねません。私たちは、UCIを支持する人々の主張する真の父母を絶対中心としない〝真の家庭のアイデンティティ〟の間違いをはっきり知らなければなりません。

(3) 祝福家庭がアラインメントすべきは、「天の父母様―真の父母様」

――櫻井節子氏による「信仰告白」の映像の問題点

櫻井正実氏が主張する「真の子女様家庭」に〝接ぎ木〟するという誤った理解による図を、正しく表現するとすれば【図４】のようになるでしょう。

「祝福」による〝接ぎ木（重生）〟とは、あくまでも真の父母様によってなされるのであって、真の子女様ではありません。

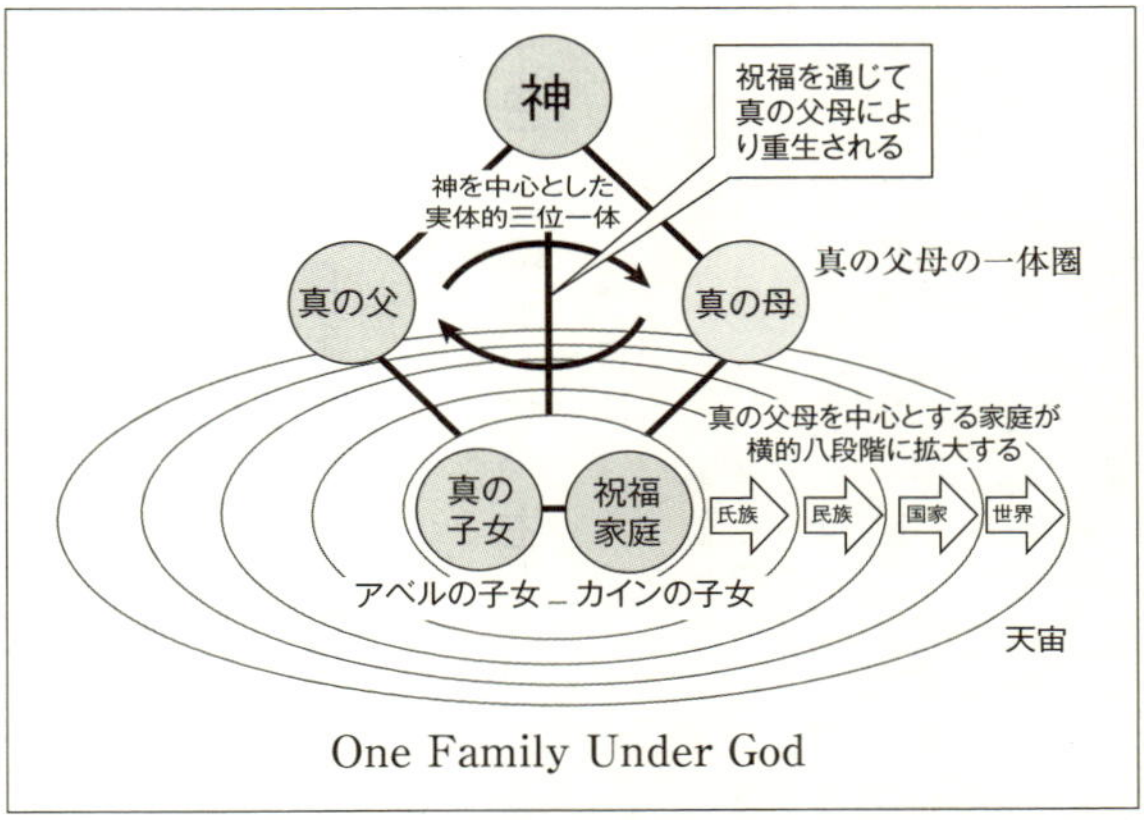

【図4】祝福を通じて「真の父母」により重生される

家庭連合から脱会した櫻井節子氏（四十三双）は、ＵＣＩが公開した映像で次のように語っています。

「息子の正実と話していたときにですね、顕進様の基盤となるべき第一の責任は、私たち四十三双にあったんではなかったかと思いました。……なぜならば、私も四十三双が祝福にあずかったとき、お母様のお腹のなかにいらした方が顕進様でございましたですから、私ども四十三双にとりましては（顕進様が）直接的なお兄様です」

櫻井節子氏が、こう述べた背景には、櫻井正実氏の講義図の「祝福を通して真の家庭（真の子女様家庭）に接ぎ木する」という誤った認識、さらには真のお父様が語られた重生（生まれ変わる）に関する次のみ言があったものと思われます。

「既に肉身をもって生まれ成長してしまった私たちは、文字どおり完成したアダムの体中の種の立場に戻ることはできません。それゆえ私たちは真の父母、およびその父母から生まれた**真の子女と一体化することによって、生まれ変わるための条件を立てていく**のです。カインがアベルに完全に屈服することによって、両者がすべて復帰されるという原理があるので、この原理により私たちカインの立場にある人間は、アベルの立場にある真の父母、罪のない真の子女と一体化しなければならないのです。彼らと一体化することによって、私たちは復帰された子女として同じ恵沢を受けることができるのです。……女性はすべて、真の父と真の母とその真の娘と一つにならないといけません。それでは男性はどうでしょうか。真の父母とその真の息子と一つにならないといけません」（『真の御父母様の生涯路程④』107〜108ページ）

櫻井節子氏は、このみ言に基づいて「顯進様の基盤となるべき第一の責任は、私たち四十三双にあった」と語っているものと思われます。しかし、祝福家庭が、真の子女様と一体化する条件を立てるのは、どこまでも**「真の母」の胎中を通過して、「真の父」の骨髄にある種の立場に入っていく**ためであり、真の子女様によって生み変えられるのではありません。

重生（接ぎ木）に関して、真のお父様が「子供はどのようにしてつくられますか。お父さんとお母さんを通してつくられます。皆さんは、**お父さんの骨の中と、お母さんの腹の中を通してつくられた**ことを知らなければなりません」（『祝福家庭と理想天国Ｉ』６８９ページ）と語っておられるように、どこまでも**「真の母」の胎中を通過して生み変えられる**のであって、真の子女様が私たちを生み変えてくれるのではありません。

事実、一九八八年の六五〇〇双の祝福、さらには、世界的祝福である三万双、三十六万双、四〇〇〇万双、およびそれ以降の祝福において、真の子女様が「真の母」の胎中に宿っておられたわけではありません。しかし、六五〇〇双以降の祝福も重生は成されているのです。

【図４】を見ると分かるように、重生（接ぎ木）は、神様を中心に実体的三位一体をなしておられる「真の父母様」によってなされ、そうして生み変えられた祝福家庭はカインの子女となり、直系のアベルの子女様と兄弟姉妹の関係なのです。

ＵＣＩを支持する人々は、真の子女様家庭とのアラインメントを力説しますが、私たちが本当にアラインメントすべき方は神様と真の父母様です。真のお父様は次のように語っておられます。

「**神様と真の父母に侍らなければなりません**。神様と真の父母が縦的な父母と横的な父母であり、二つの父母が一つになることによって、初めて私が出てくるのです。神様は縦的な父母であり、完成したアダムとエバは横的な父母であって、**この二つの父母が一つになったその上で統一が成され、天国と神**

様が連結されるのです。ですから、神様と真の父母に侍らなくては何もできません」（八大教材・教本『天聖経』２３１６ページ）

真のお父様が、「神様と真の父母に侍らなくては何もできません」と語っておられるように、神様―真の父母様―祝福家庭というように、私たちを重生（接ぎ木）してくださる真の父母様にしっかりとアラインメントしなければならないのです。

櫻井正実氏が描く【図３】は、『原理講論』の論じる「創造目的完成」を表す【図２】と一致しません。一方、神様と真の父母様を中心とする「人類一家族世界（One Family under God）」を表現する【図４】は【図２】と一致しています。

創造理想世界は、「神の命令が**人類の真の父母**を通して、すべての子女たちに伝達されることにより、みな一つの目的に向かって動じ静ずる」（『原理講論』69ページ）世界でなければなりません。しかし、櫻井正実氏が描く図は子女様を中心としているために、そのような世界になっていないのです。

子女、孫、ひ孫へと何世代を経ても、また何百年、何千年、何万年を経ても、**神様と真の父母様を絶対中心として一つになることが「統一原理」の教えであり、不変の原理原則**なのであって、世代が移るたびにその〝中心〟が真の子女様、お孫様、ひ孫様へと変わっていくのではありません。もし〝中心〟が移り変わっていくとするなら、その世界は**分裂と闘争の世界**とならざるをえません。真のお父様は次のように語っておられます。

「アダムもエバも神様をお父さんと呼びます。では、その子女たちは神様を、おじさんと呼びますか、おじいさんと呼びますか。**お父さんと呼びます**。相対というのは、平等なものです。神様の愛を横的に繁殖し、その愛の価値を完成しなければなりません。完成した愛の価値は、一つです。平等なのです」（八大教材・教本『天聖経』５５１ページ）

真のお父様が語っておられるように、私たちも、私たちの子女の世代も、さらに孫もひ孫の世代も、何世代を経ようが、永遠に変わらずに神様を「天の父母様」と呼び続けていくのです。「人類一家族世界（One Family under God）」は、神様と真の父母様を中心に、横的八段階として拡大される世界であって、私たちがアラインメントすべき〝縦的軸〟は、永遠に**神様と真の父母様だけ**であることを知らなければなりません。

櫻井正実氏の「真の子女様家庭」にアラインメントするという図【図3】は、祝福家庭の位置が、神様―真の父母様にアラインメントしていないだけでなく、真の子女様からお孫様、さらにひ孫様へ世代が移るたび、「天の祖父母様」「天の曾祖父母様」と呼び方が変わってしまい、**その〝中心〟も移り変わってしまう**図になっています。これは、「真の父母」から真の子女、真の孫へと世代が移るたび、その中心が変わることを意味する問題の多い誤った図です。そのような世界では、世代が移るたびに〝摂理の中心〟はどこなのか、絶えず探し続けていかなければならない、流浪し続ける人類となってしまいます。

櫻井節子氏は、家庭連合からの脱会を表明する映像の中で、『原理講論』の終末論から、次の部分を引用しています。

「**新しい時代**の摂理は、古い時代を完全に清算した基台の上で始まるのではなく、古い時代の終末期の環境の中で芽生えて成長するのであるから、その時代に対しては、あくまでも**対立的なものとして現れる**」（173ページ）

『原理講論』のこの記述は、旧約時代から新約時代への摂理の飛躍、そして新約時代から成約時代への摂理の飛躍について述べているのであって、人類の真の父母が現れたならば、その〝中心〟が移り変わっていくことは二度とありません。真のお父様は、次のように語っておられます。

「今日、皆さんが知るべきことは、**過去や、現在や、未来において永遠にたたえられ得るその名前とは何かということです。それは、真なる父母、『真の父母』です**。……『真の父母』という名前が出てくることによって、神様の創造理想世界、エデンの園から出発すべきだった**永遠の未来の天国**が、ここから出発するのです。その事実は歴史的であり、時代的であり、**未来的なのです**。それゆえ、過去、現在、未来の全体の歴史をひっくるめて見るとき、この地上に顕現した『真の父母』は、**宇宙の中心を決定する中心ポイントである**ということを、皆さんは知るべきです」（八大教材・教本『天聖経』227ページ）

櫻井節子氏が『原理講論』の終末論から「新しい時代の摂理は……あくまでも**対立的なもの**として現れる」という一節を引用しているのは、事実上、真の父母様から、顯進様家庭にその**〝信仰の中心〟を変えてしまった**からにほかなりません。私たちは、**神様と真の父母様**に永遠の中心を置くべきであり、それ以外のところに〝信仰の中心〟を置くべきではありません。

二〇〇九年三月八日、いわゆる「束草《ソクチョ》事件」のとき、真のお父様は顯進様に対し「顯進、おまえも別の所に行かず、父の所に来て、父に付いて回りなさい」（マルスム選集６０９－１３３）、「孝律《ヒョユル》！（「はい。」）今、処置したものは全てわかりますね。（「はい、全て書きました。」）書いたものを総括的に一度話して……（「顯進様はＵＰＦ会長とＧＰＦから一年間休み、金起勲《キムギフン》牧師が代わりにするようになりました。顯進様はその間、真の父母様に対する学習、カイン・アベルの関係を勉強しなさいと言いました。」）金起動が顯進の上にいるので長となり、顯進が侍って協助する立場に立つのです」（同、６０９－１３４）と語られました。

前項でも、顯進様のアイデンティティの誤りを指摘しましたが、真のお父様が顯進様を教育しようとしておられた内容の一つは、この誤った〝真の家庭のアイデンティティ〟に関してではなかったか、と強く感じられます。

ＵＣＩを支持する人物が定義する「重生論」には、根本的な誤りがあります。彼らは、養子養女の立場である「実子ではない祝福家庭」が「父母様の実子」の位置に帰るには、真の父母の「実子である真の子女様」と一体となることだと主張します。そして、「実子である真の子女様」と一体となることで「真のお母様の胎中」と「真のお父様の骨髄の中の種」と一つになることができるというのです。彼らは、重生で最も重要なのは「実子である真の子女様」と一体となることだと主張します。

この言説は、真の父母による重生というのではなく、〝真の子女による重生〟とも呼ぶべき誤った主張です。

彼らは、その根拠として『訪韓修練会御言集』の「真の父母と重生」のみ言から、以下の部分を引用します。

「これに、入ってくる時は左のほうから入ってくるのです。分かりましたか？　なぜ左のほうから入るかというと、お母様が左のほうだからです。入ってきてお母様の腹の中に入ったとしても、その入った子供とお母様の根っこは何かというと、渋柿の根っこから切って取り返してきたものです。分かりますか？　それが天の家庭に入るには、手続きをしないといけないのです。何の手続きかというと、愛の手続きです。だから、真のお母様の腹の中に入っていても、それは真のお父様の真の愛と真の血統にはまだつながっていないのです。お母様は真の愛と真の血統を持っていません。向こうのほうなのです。それは、新婦の立場で、新郎を迎えて一つとなるということです。分かりましたか？　分かりましたか？

（はい！）

全世界がここに入ってきて、それからどうなるかというと、真の父母の夫婦関係によって、はらんだ子供、その者を、真のお父様の真の愛を中心に、真の子供の種を持ったお父様が愛の関係を結ぶことを、実感したあとに生まれたと同じようになるのです。そのような期間を通過しながら、お母様の腹の中に入った子供たちが、真の父の子供の種が真っ赤だったとするならば、愛の関係を繰り返すことによって、色が染められていって、ピンクからだんだん深まっていくのです。ピンクからでもそうなったとすれば、真の父母の愛と真の子供の種と接ぎ木したという、つないだということになるのです。分かりますか？こっちは本物で、こっちは偽物で、（先生がしぐさされる）兄さんと弟と同じです。分かりましたか？そういうふうに一つとなった状況をもって、それはずーっとこれを回って、母の腹の中を通して、先生の体を通して、再びお母様の腹を通していくのです。右のほうを通してです」（『訪韓修練会御言集』１８５～１８６ページ。注、太字と圏点は教理研究院による。以下、同じ）

真のお父様は、真の父母による重生とは「母の腹の中を通して、先生の体を通して、再びお母様の腹を通していく」と語っておられます。ＵＣＩ側が主張するように、「実子である真の子女様」と一体となることで「真のお母様の胎中」と「真のお父様の骨髄の中の種」と一つになると語っておられるのではありません。重生とは、真の父母に接ぎ木されることです。事実、六五〇〇双以降の祝福は、真の子女が「真の母」の胎中に宿っておられたわけではありません。しかしそれ以降の祝福も重生はなされています。

真のお父様は、「真の父母の夫婦関係によって、はらんだ子供、その者を、真のお父様の真の愛を中心に、真の子供の種を持ったお父様が愛の関係を結ぶことを、実感したあとに生まれたと同じようになる」と語っておられます。どこまでも重生は**「真の父母の夫婦関係」**によって**「お母様の腹を通していく」**胎中における〝血統転換〟であって、彼らが言うような「実子でない祝福家庭」が「実子である真の子女様」と一体となって真の母の胎中を通していくという〝重生〟ではありません。

ところで、「兄さんと弟と同じです」とあるのは、み言の続きを読めば分かりますが、「ハンダ付け」として、お父様と祝福家庭の男性の関係について語っておられるもので、子女様と祝福家庭の男性の関係のことを意味するのではありません。

彼らは、祝福家庭を「実子ではない祝福家庭」であり、「養子養女」の立場と定義しますが、そこにこそ「重生論」を混乱させる要因があります。これを整理するため、前記のみ言から、彼らが引用していない続きの部分を、以下述べておきます。（注、茶色の字が、彼らが引用した部分）

「母の腹の中を通して、先生の体を通して、再びお母様の腹を通していくのです。右のほうを通してです。国家的お母様の腹、氏族的メシヤのお母様、家族的メシヤ、復帰された一六〇の家族メシヤの基台に行って再び生むことになるのだから、サタンの血統とは全然関係がないのです。別個の天的本来の真の父母から出発した子女の立場に立つのだから、天上、地上天国に、お母様と真の父母によって、入ることができるのです」（同、186ページ）

真のお父様は、ここで「再び生むことになるのだから、サタンの血統とは全然関係がない」と語られ、「真の父母から出発した子女の立場に立つ」ので、「天上、地上天国に、お母様と真の父母によって、入ることができる」と語っておられます。

このみ言から見るとき、祝福家庭は「実子ではない祝福家庭」という観点ではなく、どこまでも「真の父母から出発した子女」の立場であって、真の父母によって重生された祝福家庭は、神様の血統に転換された〝実子の立場〟であることが分かります。

ＵＣＩ側が主張する、祝福家庭を「実子ではない祝福家庭」と捉え、「養子養女」の立場だと主張するのは誤りであることを知らなければなりません。

ところで、前述のみ言から「それは真のお父様の真の愛と真の血統にはまだつながっていないのです。お母様は真の愛と真の血統を持っていません」という一部を抜き出し、「お母様は堕落人間の血統である」と批判する人物もいます。以前にも指摘したように、彼らは「血統」の概念を誤って捉える傾向があります。真のお父様が、「血統は夫婦が愛するその密室、奥の部屋で結ばれるのです。……精子と卵子が出合って生命体として結合するとき、血統が連結される」（『ファミリー』一九九五年三月号、22ページ）と語っておられるように、血統は**父と母の二人でつながる**ものです。血統の連結は、父一人でも、母一人でも生じません。そのような理解に基づき、誤解が生じないように補足すれば「お母様（お一人で）は真の愛と真の血統を持っていません」ということであって、「お母様は堕落人間の血統である」という意味ではありません。

『原理講論』「重生論」に「堕落した子女を……新たに生み直してくださるためには、**真の父と共に、真の母がいなければならない**」（２６４～２６５ページ）とあるように、血統の連結や重生には、真の父と真の母の**お二人が不可欠**なのです。もし、「お母様は堕落人間の血統である」なら、父一人でお母様を生み変えたとでも言うのでしょうか？　ＵＣＩ側の言説は、重生論と矛盾する非原理的なものです。

(4)「祝福権限の移譲」に対する歪曲したみ言解釈
――真の父母様の〝許諾〟を得ない「祝福式」は無効

ＵＣＩを支持する人物は、次のように教理研究院の見解を批判します。

「お父様は直系の長子、長孫へと祝福の権限を相続され、お父様の聖和後は、長子、長孫が真の父母様の名によって祝福を行っていくことを意図されていることが分かります。現在、お父様が祝福の権限を相続して下さった『息子』とはどなたでしょうか？」

「櫻井節子先生が顕進様を『直接的なお兄様』として大切に感じておられる」

このように、ＵＣＩ側の人物は、「お父様が祝福の権限を相続して下さった『息子』」とは「顕進様」

であると述べます。その根拠として以下のみ言を引用します。

「平面の場において、お父様の前に息子を立たせて祝福しようと、お父様が天上世界、霊界の息子の所に行って祝福しようと、同じ価値のものとして、統一された祝福家庭の意味をもたせるために、お父様が息子に祝福の権限を相続してあげるのだということを知らなければなりません」（八大教材・教本『天聖経』１３９２ページ、三時代大転換一体圏統一祝福式。注、改訂第二版では１３９４ページ）

「この祝福を、天地の平面基準で同等な価値を伝授するからには、真の父母が行ったすべてのことを長男である興進君《フンジン》が行うことができ、興進君が行うからには弟である顕進君も行うことができる、そのような時代になったのです」（二〇〇〇年九月二十四日の祝福移譲宣布式。注、これは『主要儀式と宣布式Ⅳ』日本語版４８０ページからの引用）

上記の二つのみ言を根拠に、ＵＣＩ側の人物は、顯進様に「お父様が祝福の権限を相続して下さった」と述べます。

ＵＣＩ側が根拠とするこの二つのみ言は、二〇〇〇年九月二十四日、天宙清平《チョンピョン》修錬苑（現・ＨＪ天宙天寶修錬苑）で行われた「祝福移譲宣布式」のみ言です。彼らが抜粋したみ言を読むと、「お父様が息子に祝福の権限を相続してあげるのだ」と語られ、「長男である興進君が行うことができ、興進君が行うからには弟である顕進君も行うことができる、そのような時代になった」、それゆえ二〇〇〇年九月二十四日の「祝福移譲宣布式」で「お父様が祝福の権限を相続して下さった『息子』」とは、「顯進様」であるというのです。しかし、それは誤りです。

彼らが引用したみ言の部分だけをもってしては、〝祝福の権限〟に関して正しく理解するには不十分です。これを正しく理解するには「祝福の権限」を誰に対して移譲しておられたのかを、み言で直接確認しておかなければなりません。

『主要儀式と宣布式Ⅳ』(成和出版社)にそのみ言が収録されています。UCI側を支持する人物は、このみ言集の480ページから、ある一部のみ言だけを引用していますので、彼らが引用していない部分を含めて以下、引用します。

「二〇〇〇年九月二十四日、午前十一時三十分、韓国の天宙清平修錬苑にある天城旺臨宮殿にて、第一次『三時代大転換四位基台入籍統一祝福式』に参加するために修練中であった約四千名が参加する中、**天上の興進様**に真の父母様の祝福権を移譲する『祝福移譲宣布式』を挙行なさった」(471ページ、序文)

「今後、祝福は、地上で先生がしてあげなくてもかまいません。お父様がしてあげなくてもかまわないのです。**兄さんたちがたくさんいる**ので、お父様が老いて死んだとしても、**兄さんたちが祝福してあげられる**のです。それと同じように、お父様の祝福を今後長子圏の立場にある**興進君が、地上でも祝福を行うことができ、霊界でも行うことができる**のです。

お父様も、地上でも祝福してあげることができ、霊界でも祝福してあげることができるのと同じように、同等な価値を一体化させるために、地上のお父様が**霊界の息子の前に伝授式をしてあげる**のです。霊界にいる息子は、父の家に思いどおりに行くことができ、地上の真の父母も父の家に思いどおりに行くことができるのです。……

真の父母が真の父母の立場を完成したということは、息子の立場の完成にもなるのです。霊界に行こうが、地上に行こうが、同じ価値的内容を伝授、一体化させる役事をするのです。真の父母が霊界の長子である興進君を呼んで、このように祝福を受けた家庭を立てて共に統一的宣言をすることによって、先生が祝福してあげず、**今後、興進君が祝福するのですが……**。**興進君がいなくなれば**、顯進君がお父様の代わりに祝福をしてあげることができる時代に入るのです」（474〜476ページ）

「先生が伝授式祝福をしてあげなければなりません。先生が行った権限、また興進君が行った権限、弟が行うことのできる権限も**すべて興進君を通じて**……、神様の許しを得て、真の父母の許しを得ることによって」（478ページ）

「祝福移譲宣布式」とは、『主要儀式と宣布式Ⅳ』の序文にあるように、あくまでも「**天上の興進様**に真の父母様の祝福権を移譲」された宣布式です。

真のお父様は「お父様が老いて死んだとしても、**兄さんたち**が祝福してあげられる」と語っておられるのであって、顯進様に〝祝福権を移譲した〟とは語っておられず、むしろ「**兄さんたち**」という複数形で語っておられることに注目しなければなりません。しかも、「**今後、興進君が祝福するのですが……**」。

興進君がいなくなれば、顕進君がお父様の代わりに祝福をしてあげることができる」と述べておられます。ここで「興進君がいなくなれば」そのとき「顕進君が……」と語っておられ、顕進様に対する祝福権の移譲については、まだ起こっていないことであり、しかも〝条件付き〟で述べておられます。

したがって、顕進様に対して、すでに「祝福権が移譲されたのだ」と考えて主張するのは思い込み、早とちりであり、正しい理解ではありません。

それればかりか、「先生が行った権限、また興進君が行った権限、弟が行うことのできる権限もすべて神様の許しを得て、真の父母の許しを得ることによって」と語っておられる内容から見れば、顕進様への祝福権の移譲は、どこまでも「興進君を通じて、神様の許しを得て、真の父母の許しを得ること」によってなされるというのが大前提であることが分かります。

したがって、「神様の許しを得て、真の父母の許しを得ること」という手続きをしないまま、顕進様が「二〇一五年六月に米国シアトルで祝福結婚式を主管した」（金鍾奭著『統一教会の分裂』66ページ）という祝福は、「弟（顕進様）が行うことのできる権限」自体がなく、誤ったものであり、無効です。

真のお父様が、平和メッセージで「天の真の血統をもってこられた真の父母様を通して祝福結婚を受けることが、正に真のオリーブの木に接ぎ木される恩賜です。……真の父母様が許諾された聖酒式を通して血統転換をし……真の家庭を探し立てられる道が大きく開かれました」（『平和神経』34～40ページ）と語っておられるように、真の父母様の〝許諾〟を得ない祝福式と称する儀式は意味のない儀式であり、〝無効〟であるという事実を知らなければなりません。

(5) 真のお母様に最も近い息子・娘が「第三の教主」

真のお父様は、今後における相続者としての〝後継〟の秩序について、次のように語っておられます。

「先生が霊界に行くようになればお母様が責任を持つのです。その次には息子・娘です。息子がしなければなりません。息子がいなければ、娘がしなければなりません。後継する者が誰だということは既に伝統的に全て（準備が）なされています」（マルスム選集318－260）

「私（注、お父様）がいなくても、お母様の前に一番近い息子・娘が第三の教主になるのです」（同、２０２－83～84）

以上のように、すでに後継に関する〝秩序〟が明確に語られています。まず、「先生が霊界に行くようになればお母様が責任を持つ」ということであり、その次には「息子・娘」ということです。注目すべき点は「息子がいなければ、娘がしなければなりません」と語っておられる点です。このように、お父様は相続者としての〝後継〟の秩序を、はっきり述べておられるのです。

また、世界平和統一家庭連合時代におけるカイン・アベルの問題についても、真のお父様はその原則を次のように述べておられます。

「今（世界平和統一家庭連合時代）は本然の母親が、長子権復帰と父母権復帰をして、母親復帰圏に入ったので、母親を中心として見るとき、長子と次子は母親の名のもとに絶対服従しなければならないのです。服従するようになれば父と連結します」（『主要儀式と宣布式Ⅲ』151ページ）

このように、子女であるカイン・アベルは「真の母」を通じて「真の父」に連結されなければなりません。

この原則は、祝福家庭にも当てはまるもので、真のお父様は、「お母様を中心としてカイン（祝福家庭）・アベル（真の子女）が一つにならなければなりません。**お母様と一つに**ならねばならないのです。**そうしてこそ先生と一つになる**のです。霊界もそうであり、地上もそうです。先生と、神様と、です」（マルスム選集265－310）と語っておられます。

顯進様の場合、「真の母」を通じて「真の父」に連結される原則から外れたため、真のお父様はその活動を受け容れて祝福することができませんでした。しかし、真の父母様のもとを去る前の七男の亨進《ヒョンジン》様の場合には、自分の活動を真のお母様に報告し、「真の母」を通じて「真の父」に連結されていたため、お父様はその活動を祝福しておられたのです。

そのような観点から見たとき、真のお母様は、相続者である〝後継〟の問題の候補として、真のお父様のみ言に基づいて、かつては男の子女様の中でお母様と最も近い関係にあった亨進様を考えておられたと言えます。しかし、その後、亨進様がお母様との関係において難しくなったために、お母様は、お父様のみ言に従って今度は女の子女様の中から、お母様に最も近い五女の善進《ソンジン》様を世界会長に立てておられると言えます。

前述したみ言どおり、真の父母様のご聖和以降の相続者については、「お母様の前に一番近い息子・娘が第三の教主になる」という事実を、私たちは明確に知っておかなければならないでしょう。

したがって、真の子女様の中から「第三の教主」である相続者を選んでいく権限は、どこまでも真のお母様にあるのであって、それは真のお父様のみ言どおり、お母様の前に一番近い子女様ということになります。

このように見たとき、真の父母様の「祝福権限の移譲」の問題に関しても「神様の許しを得て、真の父母の許しを得る」立場において、現時点では、文善進世界会長が立っておられるのであり、真の父母様の子供の種を持っておられる女性の真の子女様として、今後においても、真の父母様の代身として祝福式の主礼を行うことができる立場にあるというのが、真のお父様がみ言で示しておられる基準であると言えます。

したがって、「神様の許しを得て、真の父母の許しを得ること」をしない〝無許可〟の祝福式は、たとえ真の子女様によるものであったとしても全て無効であるという事実を知らなければなりません。

真のお父様、真のお母様との関係なしに、いくら自分勝手に「自分こそが第二代王である」とか、「自分こそが摂理的長子である」と主張したとしても、その言動はお父様が語られた「私がいなくても、お母様の前に一番近い息子・娘が第三の教主になるのです」というみ言から見ると、全て誤っているのは明らかです。どこまでも「第三の教主」とは、お母様との関係性によって定められていくことを、私たちははっきりと理解しなければなりません。

(二) UCIの「三位一体」に関する誤り

教理研究院が指摘した、「櫻井節子氏による『信仰告白』の映像の問題点」に対して、「顯進様を支持する有志の会」が「教理研究院への公開質問および櫻井夫人に関する公文への反論」を発表しました。以下、その反論の内容に見る、彼らの言説の問題点を指摘します。

(1) 神の創造目的の中心は「真の父母」

① UCI側の「三位一体」に対する不正確な理解

UCI側の問題点は、「実体的な三位一体」に関して〝誤った観点〟からみ言を解釈し、「真の家庭」を定義するところにあります。彼らは反論の中で、次のように述べています。

「最近の家庭連合では『三位一体』という言葉を持ち出して真の父母様の価値のみを大きく強調しますが、

『三位一体』の目的は、実体の四位基台を完成させることではないですか?そして、家庭連合では真の子女様の価値をどのように考えるのでしょうか?」

このように、ＵＣＩ側は「三位一体」の目的を「実体の四位基台を完成させること」であるとし、家庭連合は「真の父母様の価値のみを大きく強調し」ていると批判します。しかし、この批判は「三位一体」の不正確な理解から生じているものです。『原理講論』には「三位一体」について次のように記されています。

「イエスと聖霊は、神を中心として一体となるのであるが、これがすなわち**三位一体**なのである」（267ページ）

「イエスと聖霊とは、神を中心とする**霊的な三位一体**をつくることによって、**霊的真の父母**の使命を果たしただけで終わった」（268ページ）

「ゆえに、イエスは自ら神を中心とす**る実体的な三位一体**をつくり、**霊肉共に真の父母となる**ことによって、堕落人間を霊肉共に重生させ、彼らをして原罪を清算させて、神を中心とする**実体的な三位一体**をつくらせるために再臨される」（同）

『原理講論』は、霊的三位一体について「イエスと聖霊は、神を中心として一体となる」ことと定義します。すなわち、神を中心としたイエスと聖霊の一体を霊的三位一体と言うのです。ところが、霊的三位一体は「霊的真の父母の使命」を果たしただけで終わったため、「堕落人間を霊肉共に重生させるには「実体的な三位一体」である霊肉共の「真の父母」が再臨されなければならないというのです。

したがって、「実体的な三位一体」とは、イエス様の再臨として来られる「真のアダム」と聖霊の実体である「真のエバ」（真の母）が、神様を中心として一体を成すことを意味します。

以上のように、『原理講論』が定義する「実体的な三位一体」は、真の子女様の存在について述べていません。

② **「重生論」と密接に関係する「三位一体論」**

真の子女様の価値を『原理講論』の「三位一体論」から見るならば、次のようになります。

「神がアダムとエバを**創造された目的**は、彼らを**人類の真の父母に立て**……神を中心とした四位基台（注、自同的四位基台）をつくり、**三位一体をなさしめるところにあった**。もし、彼らが堕落しないで完成し、神を中心として、**真の父母としての三位一体**をつくり、善の子女を生み殖やしたならば、彼らの子孫も、やはり、神を中心とする善の夫婦となって、**各々三位一体**をなしたはずである。したがって、神の三大祝福完成による地上天国は、そのとき、既に完成されたはずであった」（267ページ）

『原理講論』は、「神がアダムとエバを**創造された目的**は、彼らを人類の真の父母に立て……神を中心とした四位基台をつくり、**三位一体をなさしめる**ところにあった」としています。その場合、アダムとエバが「神を中心として、真の父母としての三位一体」をつくり、そして「善の子女」を生み殖やしたなら、その「子孫も……神を中心とする善の夫婦」となり、「各々三位一体をなしたはず」と述べています。この三位一体論に基づいて真の子女様の価値を原理的に見れば、「神を中心とする善の夫婦となって、各々三位一体」を成す存在と言えます。

このように、「実体的な三位一体」とは「人類の真の父母」を指しており、それに続く「各々三位一体」は、真の子女様家庭および祝福家庭であることが分かります。

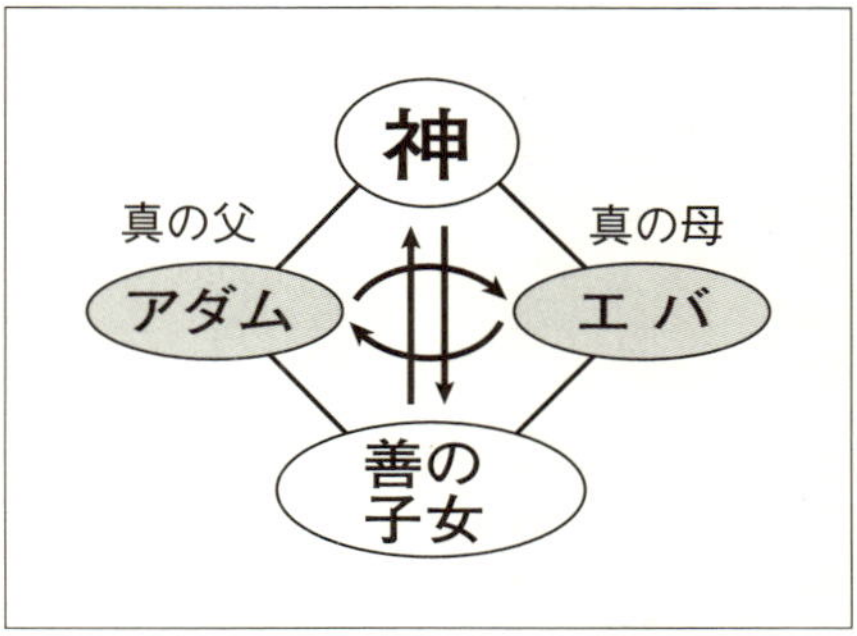

神を中心とする三位一体

ここで「**真の父母としての三位一体**をつくり、善の子女を生み殖やしたならば……」とあるように、アダムとエバは三位一体を成した上で、子女を生み殖やさなければなりません。ＵＣＩ側が述べる「『三位一体』の目的は、実体の四位基台を完成させることではないですか？」という内容も、三位一体を成した上で、そこに含まれます。

しかし、そのことは、単に子女を生み殖やすというのではありません。まず、**神様を中心とした**実体的な三位一体を成した上で、子女を生み殖やさなければなりません。「実体的な三位一体」とは、前項で述べたように、真のアダムと真のエバが**神様を中心として一体を成すこと**を意味します。それを踏まえた上で『原理講論』は次のように述べています。

「もし、彼ら（アダムとエバ）が堕落しないで完成し、**神を中心として、真の父母としての三位一体**をつくり、善の子女を生み殖やしたならば、彼らの子孫も……神を中心とする善の夫婦となって……地上天国は……完成されたはずであった。しかし、アダムとエバが堕落して、**サタンを中心として四位基台を造成**したので、**サタンを中心とする三位一体**となってしまった。ゆえに彼らの子孫も……サタンを中心として三位一体を形成して、堕落した人間社会をつくってしまった」（267ページ）

この部分は極めて重要です。人間始祖アダムとエバが、神様を中心に〝三位一体〟をつくるのか、サタンを中心に〝三位一体〟をつくるのかで、天国になるか、地獄になってしまうのかが決定されるというのです。

すなわち、アダムとエバが**神を中心に〝三位一体〟をつくれば、遺伝の法則によって**そこから生まれる子孫は〝神の血統〟になり、反対に**サタンを中心に〝三位一体〟をつくれば、遺伝の法則によって**その子孫は〝サタンの血統〟になってしまうのです。天国になるか、地獄になるかの分岐点が、人間始祖アダムとエバの〝三位一体〟の問題だったのです。そういう意味で、アダムとエバは特別な使命を持っていたのであり、彼らがどういう立場で〝三位一体〟をつくるのかで、**み旨が立ちもすれば倒れもする**のです。

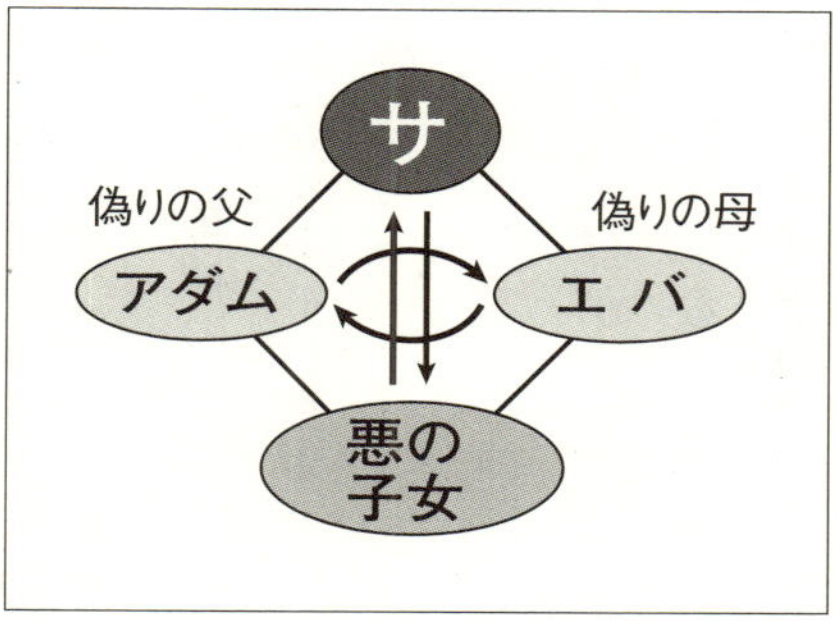

サタンを中心とする三位一体

したがって、ＵＣＩ側が述べる「最近の家庭連合では『三位一体』という言葉を持ち出して**真の父母様の価値のみを大きく強調**しますが、『三位一体』の目的は、実体の四位基台を完成させることではないですか？」との主張は、三位一体に対する表層的な理解にすぎず、人間始祖が「実体的な三位一体」をつくって人類の真の父母になる〝**事の重大性**〟が、認識できていないものと言わざるをえません。

以上の内容を踏まえて、『原理講論』は、堕落人間に対する「重生」について次のように論じています。

「イエスと聖霊とは、神を中心とする**霊的な三位一体**をつくることによって、**霊的真の父母**の使命を果たしただけで終わった。したがって……信徒たちも……**霊的子女の立場にとどまっている**のである。ゆえに、イエスは自ら神を中心とする**実体的な三位一体**をつくり、**霊肉共に真の父母**となることによって、堕落人間を**霊肉共に重生**させ、彼らをして**原罪を清算**させて、神を中心とする**実体的な三位一体をつくらせるために再臨される**」（２６８ページ）

真の父母様が、神を中心に「実体的な三位一体」をつくり、「霊肉共に真の父母」となることで、「堕落人間を霊肉共に重生させ……神を中心とする実体的な三位一体をつくらせるために再臨される」というのです。

このように、「重生論」と「三位一体論」は密接に関係しており、両者は切り離して論じることができない内容であることを知らなければなりません。『原理講論』が論じる〝三位一体の目的〟は、UCI側の述べる、ただ単に「実体の四位基台を完成させること」ではありません。

③創造目的の中心は誰なのか？

人間始祖アダムとエバが完成し、神様を中心とした「実体的な三位一体」を成して、その上で彼らは子女を繁殖し、家庭的な四位基台を築かなければなりません。真のお父様は、神のみ旨に対して次のように定義しておられます。

「私が神様のみ旨に対して定義をしてみましょう。私は、神様のみ旨とは『創造理想を完成すること』だと定義を下します。……統一教会の言葉を使って言うならば、神様のみ旨は四位基台を完成することです。

統一教会で見る神様のみ旨、すなわちレバレンド・ムーンが知っている神様のみ旨とは何でしょうか。それは神様が宇宙をつくった創造理想、すなわち創造目的を完成することです。神様はすべての被造万物を創造するとき、必ず目的をもって創造されたので、そのような**神様の創造目的を成すことが神様のみ旨です。その目的の中心は誰でしょうか。アダムとエバでした。**それゆえに私は、創造の理想を実現することすなわちアダムとエバを中心とした理想を実現することが、神様の創造目的だと見るのです。

　では、その理想実現とは何でしょうか。それはまさに四位基台を成すことです。四位基台とは、神様を中心とするアダムとエバが、神様の愛の圏で離れようとしても離れられないように完全に一つとなり、理想的な夫婦となり、彼らが子女を繁殖することによってつくられる神様中心の家庭の基台をいいます。この四位基台が造成されれば、神様を中心としてアダムとエバが夫婦の愛で一体となり、神様の愛の圏から離れられなくなります」（『祝福家庭と理想天国Ⅰ』４０２～４０３ページ）

　注視すべき点は、真のお父様が「その目的の中心は誰でしょうか」と問われ、「アダムとエバでした」と語っておられる箇所です。アダムとエバとは真の父母様のことです。お父様が「神様を中心としてアダムとエバが夫婦の愛で一体となり、神様の愛の圏から離れられなくなります」と語っておられるように、神を中心に、まず〝夫婦〟が完全一体（実体的な三位一体）とならなければなりません。

　当然、真のお父様が「神様のみ旨は四位基台を完成することです」と語っておられるように、四位基台が重要であることは言うまでもありません。しかし、神様の願う四位基台を成し遂げるには、「実体的な三位一体」が最も重要です。そして、四位基台完成における子女は、真の夫婦、真の父母である勝利されたアダムとエバの願いを完全に受けられてこそ、その価値を表すことができるのです。子女が、父母の願いを受けることができないならば、神様の願う四位基台の完成とは言えません。

　さらに、『原理講論』は、人間始祖アダムとエバが〝夫婦〟として完成したその位置について次のように論じています。

「アダムがもし完成したならば、彼は被造物のすべての存在が備えている主体的なものを総合した実体相となり、エバが完成したならば、彼女は被造物すべての存在が備えている対象的なるものを総合した実体相となるという結論を、直ちに得ることができる。……彼らが夫婦となって一体となったならば、それがまさしく、主体と対象とに構成されている**被造世界の全体を主管する中心体**となるべきであった……**アダムとエバが完成された夫婦として一体となったその位置が**、正に愛の主体であられる神と、美の対象である人間とが一体化して、**創造目的を完成した善の中心となる位置なのである**。ここにおいて、初めて父母なる神は、子女として完成された人間に臨在されて、**永遠に安息される**ようになる……ここにおいて初めて、**神のみ言が実体として完成**するので、これが正に**真理の中心**となり……人間をして創造目的を指向するように導いてくれる**本心の中心**ともなる」（60～61ページ）

以上のように、『原理講論』は、完成したアダムとエバ（夫婦）の位置は「被造世界の全体を主管する中心体」「創造目的を完成した善の中心」「（神が）永遠に安息される」「神のみ言が実体として完成」「真理の中心」「本心の中心」等々と論じます。このように、**実体的な三位一体**を完成したアダムとエバ（夫婦）の位置は、強調しても強調しすぎることがないほど、極めて〝重要な位置〟である事実を知らなければなりません。

したがって、ＵＣＩ側が述べる「最近の家庭連合では『三位一体』という言葉を持ち出して真の父母様の価値のみを大きく強調」するという批判は、「真の父母」という概念が持つ意義と価値を分からず、批判しているものと言わざるをえません。

(2) ＵＣＩ側の言説は家庭の概念に「夫婦」が欠落

①家庭とは、「子女があっての父母」なのか？

ＵＣＩ側が主張する〝家庭〟の概念には、「夫婦」というものがありません。まず、問題となる彼らの反論における〝家庭の定義〟の箇所を引用します。

「家庭と言うものは父母があっての子女であり、子女があっての父母です」

真のお父様は次のように語っておられます。

「絶対『性』を中心とするアダムとエバが、神様のみ旨のとおりに個人完成……を成し、神様の祝福の中で**夫婦関係を結び**、神様と完全一体を成し遂げていたならば、**神様が彼らの中に臨在**なさることができる因縁が**決定していた**でしょう。さらには、彼らの子女にも、神様と直接的に父子の因縁を結び得

る愛の基準が連結されていたでしょう」（『平和神経』２０３ページ）

本来、アダムとエバは、神様の祝福の中で「夫婦関係」を結び、「神様と完全一体」を成したなら、善の子女が繁殖するようになっていました。このことから見ても、ＵＣＩ側が主張する「父母があっての子女、子女があっての父母」という家庭の定義は、〝夫婦〟の重要性を欠落させているものであり、的確な表現とは言えません。

もちろん、子女が存在することで父母となることができますし、父母が存在することで子女の立場になることはできます。しかしながら、それはどこまでも、子女が誕生した結果としての家庭を定義し、説明したものにすぎません。子女が誕生する出発点やその過程は、どこまでも「**夫婦関係**」を結ぶことによってなされるのです。

ゆえに、アダムとエバが結婚し、「神様の祝福の中で**夫婦関係**を結び、神様と完全一体」を成すことが「実体的な三位一体」を完成することであり、かつ「家庭的四位基台」を成すことであると言えます。

つまり、家庭というとき、三位一体を成した〝夫婦〟こそが家庭の最小単位なのです。たとえ、子供のいない夫婦であっても、その夫婦が**神様を中心に一つとなった状態**が、すでに〝家庭である〟ということです。

「実体的な三位一体」とは、〝夫婦〟が一体となって「家庭的四位基台」（注、統一思想で言う「自同的四位基台」）を成して完成するのであり、子女が誕生して「実体的な三位一体」が完成するのではありません。どこまでも、『平和神経』にあるように、「神様の祝福の中で**夫婦関係**を結び、神様と完全一体」を成すことで「実体的な三位一体」は完成するのです。

〝夫婦〟の存在を軽視した立場から論じているＵＣＩ側の「家庭の定義」は、誤りであることが分かります。

②「真の家庭」の誤った定義

ＵＣＩ側の「真の家庭」の誤った定義の箇所を、さらに引用します。

「真の父母だけでもなく、真の子女だけでもなく、真の家庭が完成しなければみ旨は成就できないという根本的な原理」

「神様の創造目的は真の父母ではなく、真の家庭を『モデル平和理想家庭』として完成」

ＵＣＩ側は、前述したように、反論文で「父母があっての子女、子女があっての父母」であると述べます。〝真の家庭〟の定義においても、「真の父母だけでもなく、真の子女だけでもなく」と述べています。さらに、神の創造目的は「真の父母ではなく」と述べ、それを否定しながら、『真の家庭を『モデル平和理想家庭』として完成」させることと主張しています。

前項で、家庭の最小単位は「夫婦」であると指摘したように、真の家庭の定義における最小単位も「夫婦」であることを知らなければなりません。それに関するみ言を引用します。

「神様が人間を創造した究極的な目的はどこにあると思われますか。それは真の愛を中心とした理想家庭の完成を通して喜びを感じることでした。……神様が創造された最初の人間は、**男性格を代表したモデルとしてのアダムと女性格を代表したモデルとしてのエバ**でした……一言で言えば、**神様を父として侍って生きていける、父母と子女の関係**を確保するモデル平和理想家庭でした」（『平和神経』24ページ）

「アダムとエバが**完成された夫婦として一体となったその位置**が、正に愛の主体であられる神と、美の対象である人間とが一体化して、**創造目的を完成した善の中心となる位置**なのである。ここにおいて、初めて父母なる神は、子女として完成された**人間に臨在されて、永遠に安息される**」（『原理講論』61ページ）

『平和神経』のみ言で分かることは、神様の創造目的とは「男性格を代表したモデルとしてのアダム」（独り子）と「女性格を代表したモデルとしてのエバ」（独り娘）が「モデル平和理想家庭」を成すことです。『原理講論』も、男性格を代表した「アダム」と女性格を代表した「エバ」が「夫婦として一体」となった位置こそが、「創造目的を完成」した「善の中心」の位置であると述べています。

ところで、ＵＣＩ側は、その反論において「神様の創造目的は真の父母ではなく」と述べていますが、この主張は、すでに前項でも述べたように、「原理」を歪曲した誤った解釈です。

真のお父様が、「神様はすべての被造万物を創造するとき、必ず目的をもって創造されたので、そのような**神様の創造目的を成すことが神様のみ旨です。その目的の中心は誰でしょうか。アダムとエバでした。**それゆえに私（お父様）は、創造の理想を実現すること、すなわち**アダムとエバを中心とした理想を実現することが、神様の創造目的**だと見るのです」（『祝福家庭と理想天国Ⅰ』４０３ページ）と述べておられるように、「その目的の中心は……アダムとエバ（真の父母）」であり、「アダムとエバを中心とした理想を実現することが、神様の創造目的だ」というのです。

結局、神様の創造目的とは、神様の二性性相が実体的に一体となった「夫婦」によって完成していくと見ることができます。真のお父様が語っておられる「モデル平和理想家庭」とは、まず「男性格を代表したモデルとしてのアダム」と「女性格を代表したモデルとしてのエバ」が夫婦として一体となり、そして家庭を完成することです。

すなわち、神様の創造目的とは「真の家庭」（家庭的四位基台）を築くことですが、その家庭とは、まず「真の夫婦」のことであり、同時に「真の父母」のことでもあるのです。こうして、実体的な三位一体を成した上で、子女を繁殖していくということが必要なのです。真のお父様は次のように語っておられます。

「**家庭天国は、男性と女性が完全に一つとなってこそ完成する**のであり、個人天国は、体と心が完全に一つとなってこそ完成するのです。家庭天国は、**神様のみ旨を中心として夫婦が一つとなり、子女と一つとならなければなりません**。そのみ旨の目的は、万民のためのものです」（八大教材・教本『天聖経』1447ページ）

㈢ UCIの「神の血統」に関する誤り

⑴ み言の誤った解釈に基づく「種の相続」に関する主張

UCI側が、真の家庭を〝真の子女様家庭〟としている誤りについては、すでに指摘しましたが、そのような理解に基づいて、金鍾奭著『統一教会の分裂』（日本語訳）は次のように論じています。

「現在、文顯進は、前に言及した通り、『神様→真の父母→**真の家庭**→拡大された真の家庭（祝福家庭）』と繋がる血統復帰の価値を固守しており、超宗教的な奉仕と理想家庭実現の為の平和理想世界実現運動を『One Family Under God』の名前で展開している。ところが、文顯進も**真の家庭（創始者の直系家庭）**の血統が全人類に伝授される（何らかの）儀礼としての手段が必要だったものと見られる。それ故か、二〇一五年六月に米国シアトルで祝福結婚式を主管したという。推測すると彼は、創始者が今まで示してきた血統復帰の為の伝統や儀礼を、普遍的で世界化された儀礼にデザインし直して引き継いでいくように見られる」（66ページ。注、太字は教理研究院による。以下、同じ）

このように、顯進様は真の父母様の許諾を受けず、二〇一五年六月に米国シアトルで「祝福結婚式」を主管したといい、「真の家庭の中でこそ、真の愛、真の生命、真の血統を実体化することができる」（78ページ）と主張しており、その直系家庭である〝真の家庭（文顯進家庭）〟こそが真の愛と真の生命と真の血統を実体化した家庭であるとし、「神様の血統」は、「神様→真のお父様（創始者）→**真の家庭（文顯進家庭）**→統一教会の祝福家庭→人類」（３１５ページ）としてつながっていくと主張しています。

この主張に対して、教理研究院は、すでにその誤りを次のように指摘していました。

このような主張は、「祝福」が、真の父母様に〝接ぎ木〟（重生）されることで救われるのではなく、「真の家庭＝直系家庭」である**子女様に〝接ぎ木〟**されることで、堕落人間の血統復帰が成され、人類が救われていくかのような主張になっています。これは、真のお父様のみ言とは異なった、全く誤った言説です。

真の父母様の許諾を受けないまま、「２０１５年6月に米国シアトルで祝福結婚式」（66ページ）を挙行した行動を見ると、彼らは、以上のような誤った〝真の家庭のアイデンティティ〟の認識に基づいて行動しているという事実を理解することができます。

この教理研究院の指摘に対して、ＵＣＩ側の人物は、次のように反論しています。

「その種（真のお父様の骨髄の中の種）は、男性の子女様に相続されています」

「お父様は直系の長子、長孫へと祝福の権限を相続され、お父様の聖和後は、長子、長孫が真の父母様の名によって祝福を行っていくことを意図されていることが分かります。現在、お父様が祝福の権限を相続して下さった『息子』とはどなたでしょうか？」

「櫻井節子先生が顯進様を『直接的なお兄様』として大切に感じておられることは、真の父母様を無視することではなく、**実体の神の血統の種を持った男性の子女様に連結されること**を通して真の父母様によって重生されるという原理を忠実に実践されるものです」（注、太字と圏点は教理研究院による）

しかし、以下に述べるように、ＵＣＩ側を支持する人物の前記の主張は、真のお父様のみ言を誤って解釈しているものです。

(2) 男性だけでなく、女性も「種」を持っている
――重生は、「男性の子女様に連結されることでなされる」？

ＵＣＩ側は、「実体の神の血統の種を持った男性の子女様に連結されることを通して真の父母様によって重生される」とし、さらに「その種（真のお父様の骨髄の中の種）は、男性の子女様に相続されています」と主張しており、その根拠として、以下のみ言を引用します。

「何故男性が主体なのですか？　赤ちゃんの種というものが女性にありますか、男性にありますか？（「男性です。」）女性は畑です、畑。女性には生命の種がないのです。男性は神様と共に種を持っているため、神様の代身だから主体なのです、主体。これから男性たちはこれを知らなければいけません。何故男性が主体なのかと聞かれたら、男性は『男とはこうであるために主体なのだ』と主張しなければならないのです」（マルスム選集54巻、一九七二年三月二十四日）

このみ言で、真のお父様は、「赤ちゃんの種というものが女性にありますか」と尋ねられ、「女性は畑です……女性には生命の種がないのです」と語っておられます。

このみ言だけを読むと、多くの人は、真のお父様は「赤ちゃんの種」が女性にはないと考えておられるものと理解してしまうでしょう。しかしながら、それは、み言全体の文脈からくみ取った、〝種〟に対する理解ではないと言わざるをえません。

真のお父様は、「何故男性が主体なのですか？」と聞かれたら、それは「神様の代身」であり、「**神様**

と共に種をもっている」から「男性が主体」であると述べておられます。神様は、与えても、なお与えられる真の愛を持つ〝主体〟の存在です。男性は、そのような「神様と共に種」を持っており、与える側の立場にいるのであり、女性はその「種」を受ける側（畑の役目）の立場にあるというのです。ゆえに、お父様はこのみ言で「何故男性が主体なのかと聞かれたら、男性は『男とはこうであるために主体なのだ』と主張しなければならないのです」と語っておられるのです。私たちは、お父様がこのみ言を語られた〝意図〟をくみ取っておかなければならないでしょう。

結論から言うと、このみ言は、男性がなぜ主体であり、女性がなぜ対象なのかを分かりやすく教え諭してくださるために、真のお父様が、例を挙げて男性と女性はそれぞれ「種」（与える側＝主体）と「畑」（受ける側＝対象）の関係にあると語ってくださったものです。

一方で、真のお父様は、子供の「種」とは男性（お父さん）だけが持っているのではなく、女性（お母さん）も持っていることを、次のように明確に語っておられます。

「子供の種は、**お母さんの腹中にあります。お父さんにもあるでしょう。**お父さんのものは、骨の中にあります。ですから、お父さんの骨の中を通って、お母さんの腹の中を通って、子供が生まれてくるのです。では、子供はどのようにしてつくられますか。お父さんとお母さんを通してつくられます」（『祝福家庭と理想天国Ⅰ』６８９ページ。注、太字と圏点は教理研究院による）

このみ言で、真のお父様は、「子供の種は、お母さんの腹中にあります」と、はっきり語っておられます。そして、それとは別に種は「お父さん**にもある**」と語られ、「お父さんのものは、骨の中」にあると述べておられます。ここで言う、お母さんの持つ「子供の種」とは卵子のことであり、お父さんの持つ「子供の種」とは精子のことを指しています。

このように、真のお父様は、子供は「お父さんの骨の中を通って、お母さんの腹の中を通って」生まれてくるのであって、それゆえ「子供はどのようにしてつくられますか」と言えば、それは「お父さん（精子）とお母さん（卵子）を通してつくられます」と語っておられるのです。

ところで、真のお母様を批判する人々の多くは、男性だけが「神の血統」を持っていると考える傾向にあります。そこで「血統」の概念を正しく知っておかなければなりません。

真のお父様は、男性と女性の両性の〝生命〟（精子と卵子）が関わって血統が生じることについて、次のように語っておられます。

「生命を見ましたか？　生命に触ってみましたか？　生命体は見えるけど、生命は分かりません。触ってみることはできません。血統もそうです。血統は夫婦が愛するその密室、奥の部屋で結ばれるのです。そして、**精子と卵子が出合って生命体として結合するとき、血統が連結される**のです」（『ファミリー』一九九五年三月号、22ページ）

「皆さんが父母から受け継いだ命は、**父の精子と母の卵子を受け継いだところから出発**したのです。その卵子と精子が一つになったところに、愛によって根が生まれて発生したのが、皆さんの子女です」(『ファミリー』二〇〇七年三月号、7ページ)

真のお父様は、父母から子女への生命の連結、すなわち「血統」に対して、それは愛を中心として精子と卵子が一つとなることから出発したと、生理学的に述べておられます。ただし、精子と卵子の生理学的次元の指摘だけでなく、さらに深く考察され、「愛によって根が生まれて発生した」と〝愛〟を強調しておられます。

また、真のお父様は、「平和メッセージ」で「生命と愛が合わさって創造されるものが血統です」(『平和神経』28ページ)、「血統は、**父母が**子女だけに与え得る特権中の特権です」(同、39ページ)と語っておられますが、血統は男女による両性の「生命」を抜きにして生じることはありえません。すなわち、「生命がなくても、愛がなくても血統は創造されません。愛、生命、血統のうち、その実りが血統なのです」(同、28ページ)とあるとおりです。

また、真のお父様は、女性も血統を持っていることを次のように語っておられます。

「だれであっても、母親の子宮にくっついて母親の血肉を吸い取って大きくなったでしょう。……母親の血肉が必要であり、母親の骨肉が必要であり、**母親の愛**が必要であり、**生命**が必要なのです。分かりますか？　自分のゆえにではなく、**母親の愛**のゆえに、**母親の生命**のゆえに、**母親の血統のゆえに〝私〟が生まれた**ということは否定できません」（『ファミリー』一九九九年十一月号、30ページ）

このように、真のお父様は、「母親の血統のゆえに〝私〟が生まれた」と明確に語っておられます。女性も血統を持っていることを知らなければなりません。

私たちは、血統の「種」は、男性だけが持つと考えていた過去の〝男尊女卑〟的な思想から早く脱却しなければならないでしょう。確かに、「卵子」が発見されていなかった古い時代には、精子を持つ男性だけが「種」を持っており、その精子だけで子女を身ごもるかのように考えられていました。

しかしながら、十九世紀になって「卵子」が発見されたのです。ローマ教皇庁立大学のカーリ・Ｅ・ビョレセン教授は、この卵子の発見について次のように述べています。

「カール・エルンスト・リター・フォン・ベーアによる哺乳類の卵子の発見（一八二七年）により、**男性中心主義的に女性を理解**しようとするキリスト論の前提は崩れる。ここで**父と母との機能が同等のものである**としてみられる（ようになった）」（『マリアとは誰だったのか』新教出版社、１２２ページ）

このように「卵子の発見」は、女性の復権にも、また、神学界にも大きな影響を与えました。真のお父様は、「精子と卵子が出合って生命体として結合するとき、血統が連結される」と明確に語っておられ、血統について語られるとき、「精子と卵子」の両方を述べておられます。そこに、「両性の本質的平等」という原理的な神学思想を見ることができます。

真のお父様が語っておられるように、精子と卵子という二つの「種」が合わさってこそ、新たな生命体が生じ、その〝親子関係〟によって血統が連結されるのです。血統は、父一人でも、母一人でも生じることはありません。

したがって、UCI側を支持する人物が主張する「種（真のお父様の骨髄の中の種）は、男性の子女様に相続」されるという解釈は極めて偏った見方であり、非科学的な珍論にすぎません。男性の真の子女様だけでなく、女性の真の子女様にも、真のお父様と真のお母様の血統や遺伝子は相続されているのです。

真のお父様が「血統は、**父母が子女だけに与え得る特権**中の特権です」（『平和神経』39ページ）と語っておられるように、血統とは、どこまでも「父」と「母」が伝授してくださるものであって、「子女」によるものではありません。すなわち、「血統転換」（重生）や「血統の伝授」という〝特権〟をもっておられる方は、真の父母様だけであって、決して子女様ではないという事実を知らなければなりません。重生は「真の父母」によってなされるのです。UCI側の誤った血統認識に基づく〝重生論〟に惑わされないよう、十分に気をつけなければなりません。

㈣ UCI側の「長子の概念」に関する誤り

ＵＣＩ側が広める『統一教会の分裂』（金鍾奭著）から〝誤った摂理観〟を抜粋します。

「彼（注、顯進様）は一九九八年七月十九日に三十歳で世界平和統一家庭連合の世界副会長になる……この当時、統一教会の誰も創始者を引き継ぐ指導者としての文顯進を疑うものはいなかった」（59ページ）

「韓鶴子の母系血統、文善進……の母系血統による統一教会統治構想」（231ページ）

「文顯進、文國進《クッチン》、文亨進、彼らは創始者の復帰された血統に生まれた『真の家庭』の息子たちだ。……全人類に接ぎ木される血統が、この三人の息子の血統に流れている……創始者の『種』を持つ三人の息子が、真の父母（韓鶴子）によって、宗教的価値が否定され……韓鶴子は血統信仰に基づいた後継者選択を放棄した……」（239ページ）

これらの『統一教会の分裂』の主張は、真のお父様のみ言を根拠としていないばかりか、み言に反するものであり、〝誤った摂理観〟に基づくものです。

⑴〝後継〟の秩序を「息子だけ」と主張する誤り

『統一教会の分裂』の〝誤った摂理観〟を理解するために、真のお父様のみ言を引用します。

「先生が霊界に行くようになればお母様が責任を持つのです。その次には息子・娘です。息子がしなければなりません。息子がいなければ、娘がしなければなりません。後継する者が誰だということは既に伝統的に全て（準備が）なされています」（マルスム選集318－260）

「私（注、お父様）がいなくても、お母様の前に一番近い息子・娘が第三の教主になるのです」（同202－83～84）

真のお父様は、ご自分の他界後は「お母様が責任を持つのです」と明言されました。その次には「息子・娘です」と述べられ、そこに「娘」も含まれています。注目すべき点は、「息子がいなければ、娘がしなければなりません」と語っておられる点です。

ところが、『統一教会の分裂』は真のお父様のみ言を完全に無視し、〝後継〟の秩序について男の子女様だけを取り上げ、女の子女様を排除します。しかも「文顯進、文國進、文亨進……全人類に接ぎ木されるお父様の）血統が、この三人の息子の血統に流れている」と述べ、他の子女様にはお父様の血統が受け継がれていないように述べます。お父様の「血統」は、全ての子女様に受け継がれているのであって、これは他の子女様（特に女の子女様）に対する差別的発言と言いうるものです。み言によれば、直系の子女様（息子・娘）は全て〝後継〟の範囲におられ、お父様は「三人の息子」だけとは語っておられません。

また、『統一教会の分裂』は、文善進様を「韓鶴子の母系血統」と述べますが、これも誤った血統認識です。真のお父様は、男・女の〝生命〟が関わって「血統」が生じることについて次のように述べておられます。

「血統は夫婦が愛するその密室、奥の部屋で結ばれるのです。そして、精子と卵子が出合って生命体として結合するとき、血統が連結されるのです」（『ファミリー』一九九五年三月号22ページ）

「一人で血統が連結されますか？　この血統は、男性の血だけでは連結できません。男性と女性が、一つにならなければなりません」（同、二〇〇一年三月号21ページ）

このように、血統は男・女による両性の「生命」を抜きにして生じることはありません。

さらに、真のお父様は、女性も血統を持っていることを明確に述べておられます。

「**母親の愛**のゆえに、**母親の生命**のゆえに、**母親の血統のゆえに**〝**私**〟**が生まれた**ということは否定できません」（同、一九九九年十一月号30ページ）

当然ながら、女性も血統を持っている事実を知らなければなりません。

父母から生まれてくる全ての子女は、父母からそれぞれ半分ずつの遺伝子情報を受け継いで生まれており、父の「血統」は〝男の子女〟だけに受け継がれるのではありません。『統一教会の分裂』の主張は、み言に基づかず、自然界の事実とも異なる非科学的な血統認識に基づいており、〝女性差別〟的なものです。したがって、『統一教会の分裂』が述べる「韓鶴子は血統信仰に基づいた後継者選択を放棄」したという主張は誤りです。善進様は「韓鶴子の母系血統」というのではなく、真の父母様（真の父と真の母）の直系の子女様です。

真のお母様は、「**息子がいなければ、娘がしなければなりません**」「**お母様の前に一番近い息子・娘が第三の教主になる**」という真のお父様のみ言を忠実に実行しておられるのであり、「後継者選択を放棄」などしておられません。

(2) 息子だけを「長子」と主張する誤り

「長子」に関する真のお父様のみ言を引用します。

「尹《ユン》博士、統一家において長子は誰ですか。（「孝進《ヒョヂン》様です。」）孝進より**先生の息子、娘です**。十二支派（の全て）が長子なのです」（マルスム選集133-244）

一九九八年七月十九日、真の子女様の三男・顯進様が世界平和統一家庭連合の世界副会長に就任した出来事を、『統一教会の分裂』では「長子相続」（１７６ページ）と位置づけます。

真のお父様は、「長子」とは「先生の息子、娘」であると語っておられます。み言に基づけば、全ての子女様が「長子」なのです。もし、顯進様の世界副会長の就任が「長子相続」というなら、二〇〇八年四月十八日、七男の亨進様が世界会長に就任した出来事も、さらに二〇一五年三月六日、五女の善進様が世界会長に就任した出来事も「長子相続」としなければならないでしょう。お父様は、「長子」は息子だけでなく、「先生の息子、娘です。十二支派（の全て）が長子なのです」と語っておられます。ゆえに、五女の文善進様も長子なのです。

ところが、『統一教会の分裂』は、顯進様のみを「長子相続」とします。これは、真のお父様のみ言に基づかない〝偏った認識〟によるものです。

すなわち、**自分こそが長子であり、後継者なのだ**という〝恣意的な摂理観〟を持っているがゆえに、真のお父様のみ言と異なる〝誤った摂理観〟が生じたものと言えます。長子は顯進様だけではありません。

(3) 長男の文孝進様を〝無視〟する誤り
——全ての子女様は「長子」であり、かつ「長子圏」でもある

『統一教会の分裂』は「文顯進、文國進、文亨進、彼らは創始者の復帰された血統に生まれた『真の家庭』の息子たちだ……全人類に接ぎ木される血統が、この三人の息子の血統に流れている」（２３９ページ）と主張します。

真の父母様の息子は三人だけではありません。特に重要なのは長男の孝進様です。その方を意図的に排除しています。孝進様の血統が残っていることを無視してはなりません。

また、孝進様は一九八四年十一月三日、世界大学連合原理研究会の世界会長に就任されました。『統一教会の分裂』は、そのことについても触れません。

真の父母様は、孝進様を中心に統一教会の二世を一つにする運動を展開されました。特に一九八五年八月十六日に「一勝日」という重要な儀式を行いました。「一勝日」のみ言の重要な部分を抜粋します。

「父母様の息子・娘たちが長子圏となり、統一教会の二世たちが次子圏となって、長子圏と次子圏を横的に展開する時代を迎えなくては、地上天国実現出発が不可能だというのです」（『祝福』一九八五年冬季号12ページ）

「このようなことをいつ決定するのでしょうか？……入監以前に孝進君を立てて、二世たちを一つにする運動を展開させたのです。先生の長男としての立場で責任を持たせたのです。……**父母様を中心にして一つになった基準の長子圏、次子圏**が横的に設定されない限り、天国実現の出発が不可能です」（同13ページ）

「長子圏は先生の家庭で立てなくてはならないというのです。……長子圏の出現が孝進君を通して成るようになるのです」（同、16～17ページ）
「長子は父の代身として、仕事の責任を負わなくてはならないからです」（同、18ページ）
「私は孝進に尋ねるが、これからはお父さんの代わりに、この統一家のいかなる食口にも負けないように、**中心的長子の責任**を果たしていかなければなりません」（同、37ページ）

「一勝日」は、真のご家庭の長男・孝進様を通して、真の父母様の息子、娘たちが「長子圏」であり、統一教会の二世たちが「次子圏」として設定され、「天国実現の出発」となっていく歴史的時間でした。真のお父様は、孝進様に対し、「**中心的長子**の責任」を果たすよう願われたのです。

以上のみ言を整理すると、「長子」とは「先生の**息子**、**娘**」であり、また「父母様の**息子・娘たち**が長子圏」なのです。そして孝進様に対し、「中心的長子」の責任を果たすように願っておられたのです。ゆえに、一九八四年に孝進様が世界大学連合原理研究会世界会長に就任されたことは、真のお父様が「（ダンベリー）入監以前に孝進君を立てて……先生の長男としての立場で責任を持たせた」と語られたように、「長子圏」の立場において、「中心的長子」の責任を果たすよう願われたものでした。そして一九九八年の顯進様の家庭連合世界副会長就任、二〇〇八年の亨進様の家庭連合世界会長就任、および二〇一五年の善進様の家庭連合世界会長就任も、その全てが、「父母様を中心にして一つになった基準」の**息子・娘という「長子圏」の立場において**、「長子」の責任を果たすよう願われたものと理解することができます。

善進様が家庭連合世界会長に就任されたことに対し、『統一教会の分裂』では、それを「韓鶴子の母系血統による統一教会統治」だとか、「韓鶴子は血統信仰に基づいた後継者選択を放棄した」と批判していますが、それは真のお父様のみ言に対する〝不忠〟であり、真の父母様を否定する〝背信行為〟と言わざるをえません。

ＵＣＩ側の言動は、真の父母様に対する冒瀆《ぼうとく》行為であり、誤った摂理観によるもの、み言に対する〝無知〟によるものと言わざるをえません。

第二章　ＵＣＩの誤った摂理観

第一節　み言の誤った解釈や隠蔽による虚偽

(一) 虚偽の主張「お母様にはトラウマがあった」

ＵＣＩを支持する人々が広める韓国語版の『統一教会の分裂』は、み言を継ぎはぎすることによって真意を歪曲《わいきょく》させる〝み言改竄《かいざん》〟を行っており、日本語訳では、その歪曲した文章をさらに自分たちに都合の良いように悪意を持って〝誤訳〟しています。以下、同書（日本語訳）に含まれる〝み言改竄〟や〝誤訳〟の問題を暴いていきます。

(1) お父様が十七歳のお母様を利用して食べた？
――み言を誤訳し、お母様にはトラウマがあったと思わせる

『統一教会の分裂』は、真のお父様の次のみ言を取り上げています。

「統一教会は内外が一つになっていません。お母さん一人がどうしたわけか、そのことを残念に思っていません。そうであってはならないというのです。お母さん自身、今、何か先生に対し、少女の時に

何も知らないことをよいことに、利用して食べたと考えているのです。そんな考えを未だに持っています。話せば、目をこのように大きく開けます。自分の目が上に上がろうとします」（127ページ。注、これは『統一教会の分裂』の翻訳文、マルスム選集597-163、二〇〇八年九月九日）

このみ言を根拠に、金鍾奭《キムヂョンソク》氏は、「この言及により韓鶴子《ハンハクチャ》が十七歳で創始者（注、お父様）に会い、血統復帰神話とも言うべき聖婚式を行った事件を天宙史的価値ではなく**創始者に利用されたものと理解していた**ことが分かる」（127~128ページ。注、太字は教理研究院による）と主張しています。

そして、真のお母様が真のお父様から「利用されたもの」と理解していることに対して、お父様は「とがめていた」（127ページ）のだと述べます。

さらには、同書の後半部分において、「十七歳から救世主の妻として生きてきた人生そのものが彼女（注、お母様）にはトラウマであったという観点は、韓鶴子現象を正確に理解するのに必要な、失われたパズルのようなものだと筆者は見ている。韓鶴子のトラウマが本格的に現われ、創始者との葛藤として発展したのは、統一教会分裂の隠された原因であった」（282ページ）などと主張しています。

しかし、以上のような主張は〝み言改竄〟と〝誤訳〟に基づいた、真のお母様をおとしめようとするための虚偽の主張にほかなりません。

金鍾奭氏は、『統一教会の分裂』（日本語訳）127ページで、前述した真のお父様のみ言を引用しており、そのみ言を、お母様が聖婚式についてお父様に「利用されたもの」と理解していたことを裏づけるみ言であるとします。

しかし、このみ言をマルスム選集の原典で確認すると、これは、み言の前後の文章を隠して意味を誤読させ、読者を誤導しようとする悪意のあるものであることが分かります。

まず、そのみ言引用の部分とともに、以下、『統一教会の分裂』（日本語訳）から、その前後を含めて今一度、示しておきます。

「2008・9・9　モンゴル大会がまさに行われている最中のその日、創始者は意味深長な発言をした。統一教会が内外が一つになっていないと言及したのである。内とは『家庭』を指し、外とは『統一教会組織』を指していることは容易《たやす》く理解できる。創始者が誰から何を聞いたのか正確には分からないが、創始者は韓鶴子をとがめていた。

『統一教会は内外が一つになっていません。そのことを残念に思っていません。そうであってはならないというのです。お母さん一人がどうしたわけか、少女の時に何も知らないことをよいことに、利用して食べたと考えているのです。そんな考えを未だに持っていきます。話せば、目をこのように大きく開けます。自分の目が上に上がろうとします』（注、マルスム選集597－163、二〇〇八年九月九日）

この言及により韓鶴子が十七歳で創始者に会い、血統復帰神話とも言うべき聖婚式を行った事件を天宙史的価値ではなく創始者に利用されたものと理解していたことが分かる」（127～128ページ）

この『統一教会の分裂』の文章を疑わずに読めば、このみ言でいう「少女の時に何も知らないことをよいことに、利用して食べた」の部分は、真のお母様が真のお父様に対して「利用」されたという思いをもっておられ、それを、お父様が指摘しておられるかのように受け取れる内容になっています。ところが、実際のみ言を読むと、そうではありません。

また、金鍾奭氏は、真のお父様はそのことに対し真のお母様を「とがめていた」と述べますが、これもとんでもない悪意のある主張です。以下、〝虚偽〟を暴きます。

⑵ マルスム選集の原典を読んで分かる真実

① 金孝南《キムヒョナム》・訓母《フンモ》様に対する警告のみ言

金鍾奭氏の間違った主張を理解するために、『統一教会の分裂』（日本語訳）が引用していない、前の部分のみ言を含め、文脈を踏まえながら正確に訳すと次のようになります。

「今からは先生自体を守ってくれなければなりません。誰が守りますか？　お母様が守るべきです。訓母様は代理人です。そんな何か、切り盛りを考えることはできません。あるとしても、その思いは息子たち、後継者たちの前に譲り渡してあげなければなりません。そうなのです。

訓母様はそのようになれば、寂しいでしょう！　お父様の愛を夫の愛と換えるなんて……！　サタン世界の愛！　家ではお父様の愛、離れては夫の愛です。革命です。革命をしなければなりません。そのようにして、持つようになった全てのものを子孫万代、後代に先祖たちのものであるとしなければならないのです。自分のものであると考えてはいけません。……（中略）……統一教会は内外が一つになりませんでした。お母様一人をどうにかするとして、残念には思いません。そのようにしてはいけないのです。お母様自身が今、何か先生に対し、少女の時に何も知らない者をつかみ、利用し食べたと思っているというのです。そんな思いをいまだに持っています。話せば、目をこのように大きく開けます。自分の目が上がろうとします」（マルスム選集597-162~163）

真のお父様がこのみ言を語られた二〇〇八年九月当時、金孝南・訓母様が〝清平摂理《チョンピョンせつり》〟を通して築いた基盤は、天城旺臨宮殿、天正宮博物館をはじめ諸施設、そして先祖解怨、先祖祝福、霊人祝福など、実に大きなものでした。また、金孝南・訓母様は、真のお父様のすぐそばで侍ることができる立場にもおられました。

そんな金孝南・訓母様に対し、真のお父様は、その立場を「誰が守りますか？　お母様が守るべきです。訓母様は代理人です。……譲り渡してあげなければなりません」と語られました。そして、お父様のそばで「お父様の愛」を受けるのでなく、自分の夫のそばで「夫の愛」を受けなさいと語られたのであり、お父様（先生）自体は「お母様が守るべき」なのであって、「訓母様は代理人です」と指摘されたのです。

そして、お父様は、「訓母様はそのようになれば、寂しいでしょう！」とも語られ、「持つようになった全てのもの」を「自分のものであると考えてはいけません」とおっしゃったのです。

金孝南・訓母様の立場は、真のお父様の前に、言わば「愛の基」として、お父様の「愛を独占するかのような位置」におられたと見ることができます。ところが、自分が築いたと思っていた立場を手放して、お父様のそばを離れ、自分の代わりにお母様が現れたことを通じて、金孝南・訓母様は「寂しい」という思いを感じるようになるだろう、と案じておられるのです。そして、そのような思いになる可能性をお父様はご存じであられ、そうならないよう、お父様は金孝南・訓母様を真の愛をもって諭そうとして語られたみ言であると言えます。

したがって、統一教会の「内」とは真の父母様を表し、「外」とは教会員たち、特にここでは金孝南・訓母様を表しているものと考えられます。ゆえに真のお父様が「統一教会は内外が一つになりませんでした」と語られたのは、統一教会の教会員たち、特に金孝南・訓母様が、真の父母様と一つになっていないという意味であると言えるのです。

ここで踏まえておくべきことは、「お母様一人をどうにかするとして、残念には思いません」、「そのようにしてはいけないのです」という二つの文章には、主語が省略されている点です。文脈から見るとき、「お母様一人をどうにかする……」と「そのようにして……」の言葉の主語は、明らかに金孝南・訓母様であることが分かります。

すなわち、この言葉の意味は、金孝南・訓母様が、真のお母様を「どうにかする」、「そのように」するということなのです。そして、「残念には思いません」の主語は、真のお父様ということになります。

結局のところ、文章の流れ（文脈）を通してこの部分を見ると、「金孝南・訓母様がお母様に対して、嫌がるような何かを行ったとしても、お父様は残念に思いません。しかしながら、金孝南・訓母様はそのようなことをしてはいけません」という意味のみ言として、真のお父様が忠告を込めて語っておられるものであることが分かります。

以上のようなみ言であるにもかかわらず、『統一教会の分裂』の文章は、「統一教会は内外が一つになっていません。お母さん一人がどうしたわけか、そのことを残念に思っていません。そうであってはならないというのです」となっています。まるで、お母様が問題であるかのように述べることで、お母様をおとしめようとしているのです。これは、とんでもないみ言の改竄です。

②お父様は、〝誰かの報告〟に触れて語っておられる

次に、「お母様自身が今、何か先生に対し、少女の時に何も知らない者をつかみ、利用し食べたと思っているというのです。そんな思いをいまだに持っています」の部分は、誰かが報告した内容であることが分かります。

事実、著者である金鍾奭氏自身も、「創始者が誰から何を聞いたのか正確には分からないが」（127ページ）と述べていることからも、金鍾奭氏自身もこの部分が〝誰かの報告した内容〟であることを理解しているのです。

その「誰から何を聞いたのか……」とは、文脈から考えてみると金孝南・訓母様である可能性が高いものと言えます。したがって、誰か（おそらく金孝南・訓母様）が真のお父様に報告した内容を、お父様が全体の前で率直にお話をされたということになります。

したがって、この部分を分かりやすく補足を加えれば、「『お母様自身が今、何か先生に対し、少女の時に何も知らない者をつかみ、利用し食べたと思っているというのです。そんな思いをいまだに持っています』（という報告を受けたことを、お母様に）話せば……」であると言えます。

そして、そのように真のお父様が話すと、真のお母様は「目をこのように大きく開けます」と言われるのです。ここで、お母様が目を大きく開けられるのは、びっくりしたとき、驚いたときの表情なのです。これは、決して、「目をそらす」でも「目をむく」でもなく、目を「大きく開け」られるということです。すなわち、お母様は身に覚えのないことを言われて、びっくりしておられるのです。

結局、これらの文章の流れ、前後を踏まえて読んでみると、この報告内容は正しい情報ではなく、〝誤った内容〟であったことが分かるのです。それゆえ、「お母様は、身に覚えのない内容をお聞きになり、びっくりされて目を大きく開けられた」というわけです。

著者の金鍾奭氏は、この部分が誰かの報告した内容であり、真のお父様のお考えではないことを知っているはずです。だからこそ、彼は、「創始者が誰から何を聞いたのか正確には分からないが……」などと述べているのです。にもかかわらず、「この言及により韓鶴子が十七歳で創始者に会い、血統復帰神話とも言うべき聖婚式を行った事件を天宙史的価値ではなく創始者に利用されたものと理解していたことが分かる」とし、「創始者は韓鶴子をとがめていた」などと、ありもしないことを述べているのです。これは、事実をゆがめた、とんでもない記述です。そして彼は、真のお父様と真のお母様が葛藤しているかのように読者を誤導しようと、〝虚偽のストーリー〟を作文しているのです。

(3) 聖婚式はお母様の誇り

では、真のお母様ご自身は、聖婚式に対してどのように思っておられるのでしょうか。結論から述べると、お母様は、真のお父様とのご聖婚を、大変誇りに思っておられます。徳野英治会長は、お母様のみ言を次のように紹介しています。

「(二〇一七年)四月十二日(天暦三月十六日)に韓国の天正宮博物館で開催された『真の父母様ご聖婚五十七周年記念式』に参加させていただきましたので、まず、記念式やその前後に真のお母様が語られた内容を紹介します。

今回、真のお母様は、『今後、**聖誕、聖婚、聖和の三つの記念日**を柱として祝賀する』と明言なさいました。……真の父母様のご聖誕、ご聖婚、ご聖和は、全人類にとって、歴史上、どれほど大切な日か、言葉では言い尽くせないでしょう。……(略)……そのご聖婚に、ご聖誕、ご聖和を加えた三つの行事が、今後、全ての名節、記念日の中心として祝われることを覚えておいてください」(『世界家庭』二〇

一七年六月号、17～18ページ）

以上のように、真のお母様は「聖婚」を貴い日として、大切に思っておられることがよく分かります。お母様が、「聖誕、聖婚、聖和の三つの記念日を柱として祝賀する」と語っておられるように、三つの大切な柱である聖婚は、真のお母様にとって誇りなのです。

したがって、金鍾奭著『統一教会の分裂』（日本語訳）が述べる「韓鶴子が……聖婚式を行った事件を天宙史的価値ではなく**創始者に利用されたものと理解していた**」とか、「十七歳から救世主の妻として生きてきた人生そのものが彼女（注、真のお母様）にはトラウマであった」という記述は、真のお母様をおとしめるための、極めて悪意ある〝虚偽〟であることが分かります。

ちなみに、真のお母様は、ご自身が十七歳のご聖婚のときに、固く〝決心〟されたことについて、次のように語っておられます。

「私は、神様の摂理歴史を思いながら成長してきました。私が満十七歳でお父様に出会った時、『神様が大変な苦労をして歩んでこられた蕩減復帰摂理歴史を、**私の代で終わらせる。私が終わらせる**』**と自ら決心しました**」（天一国経典『真の父母経』１９２ページ）

「私は、『お父様が再臨主として使命を完成、完結したと宣言するためには、私の力が絶対的に必要だ。

私は誰にも任せることなく、私自ら責任を果たす。**私が生きている限り、このみ旨は発展し、成功する。サタンを必ず追い払う』と決心しました**」(同、193ページ)

以上のように、真のお母様は真のお父様との「聖婚式」に際し、固く決意しておられたのです。そして、御聖婚五十七周年記念日の際には、「原罪なく生まれた独り子、独り娘が、天の願いに従って小羊の婚宴を挙げた日です。天にとっては栄光、人類にとっては喜びと希望の日となったのです」と語っておられます。このような、お母様の思いと〝決心〟の強さを誰よりもご存じであられたお父様は、その点について次のように語っておられます。

「私がお母様を称賛するのではなく、お母様に良い点が本当に多いのです。素晴らしいというのです。それゆえに、そのようなものをすべて見て、お母様として選んだのではないですか。顔を見れば分かるのです。慎ましいのですが恐ろしい女性です。**一度決心すれば、最後まで自分一代でこの複雑な恨の峠をすべて清算するという決心が、私よりもお母様がもっと強いのです**。先生は、今七十を超えたので、ごみ箱の近くに行きましたが、お母様は、今ごみ箱を収拾してそれをすべて掃除することができる主人になったので、先生よりもお母様をもっと重要視することができる統一教会の教会員になれば福を受けるのです」(『真の御父母様の生涯路程⑩』351~352ページ)

このように、真のお母様は「聖婚」に際して、真のお父様の前に「お父様が再臨主として使命を完成、完結したと宣言するためには、私の力が絶対的に必要だ。私は誰にも任せることなく、私自ら責任を果たす」と固く決意しておられ、お父様もそのようなお母様をご覧になって、「お母様に良い点が本当に多いのです。素晴らしいというのです。……**一度決心すれば、最後まで自分一代でこの複雑な恨の峠をすべて清算するという決心が、私よりもお母様がもっと強いのです**」と語られ、お母様を称賛しておられるのです。

したがって、金鍾奭氏が真のお母様について述べている「少女の時に何も知らないことをよいことに、利用して食べたと考えている」、「十七歳から救世主の妻として生きてきた人生そのものが……トラウマであった」などという記述は、完全な〝作り話〟にすぎません。

このような〝み言改竄〟や意図的な〝誤訳〟が散見するこの書を広めていくＵＣＩを支持する人たちは、真のお母様に対する信仰が崩壊した人であると見ざるをえません。

また、真のお父様に対する信仰についても同様であると言わざるをえません。なぜなら、お父様を心から信じ、敬い、侍る気持ちの満ちた人には、このように平然と〝み言改竄〟や〝誤訳〟をするなどということはありえないはずだからです。

特に、問題なのは、この著者や翻訳者たちが、み言の原典（マルスム選集）に当たってみることで、その意味を知っていながらも、その意味をわざと隠したり、改竄したりしているという点です。

(二)「創始者は韓鶴子と一体になれなかった」の虚偽

真のお父様はその生涯路程において、真の父母としての使命成就を勝利的に積み重ねられ、二〇一〇年に真のお母様との「最終一体」を宣言されました。二〇一二年四月には「天地人真の父母定着」を宣布され、さらに「天地人真の父母定着完了」を成就されました。

そして、私たちは二〇一三年天暦一月十三日（陽暦二月二十二日）、歴史的な「基元節」を迎え、実体的天一国の出発をすることができました。

ところが、UCIを支持する人々が二〇一六年の秋頃から日本で集会を行って広めている金鍾奭著『統一教会の分裂』の日本語訳本は、〝天一国のない基元節を出発した〟と主張しています。

その内容は、真の父母様の「最終一体」と「天地人真の父母定着」という歴史的勝利を否定し、読む者をして、真のお父様と真のお母様の関係を疑うようにしむけ、お母様をおとしめています。

(1)「最終一体」宣言後は〝天地人真の父母定着完了〟

真のお父様は二〇一〇年六月十九日（天暦五月八日）と同年六月二十六日（天暦五月十五日）、米国・ラスベガスで真のお母様との「最終一体」を宣言されました。

真の父母様はこの「最終一体」の宣言から十二日後の同年七月八日、韓国・天正宮博物館で「天地人

「天地人真の父母様勝利解放完成時代宣布大会」
をご覧になるお父様（2012年3月、韓国・巨文島）

「天地人真の父母定着実体み言宣布大会」
（2010年7月8日、韓国・天正宮博物館）

真の父母定着実体み言宣布大会」を開催されました。

そして、翌年五月二十六日には、韓国・仁川《インチョン》で「天地人真の父母定着実体み言宣布天宙大会」を開催され、「皆様、今日、私たちが生きているこの時代は、歴史的な大天宙的革命期です。歴史を変え、霊界と地上界を一つにして、神様が太初から願ってこられた理想天国をこの地上に創建しなければなりません。これ以上、延期したり、延長する時間はありません。**天は既に、二〇一三年一月十三日を『基元節』として宣布しました。実体的天一国の始発であり、起源となる日が正にその日なのです**」（韓日対訳『天地人真の父母定着実体み言宣布天宙大会』39～41ページ）と宣布しておられます。

さらに真のお父様は世界巡回をされ、天宙大会を各地で開催していかれ、二〇一二年の「真の神の日」（天暦一月一日〈陽暦一月二十三日〉）の年頭標語を「天地人真の父母勝利解放完成時代」と発表されました。

その後、真のお父様は、同年三月に真のお母様を日本に遣わされ、「天地人真の父母様勝利解放完成時代宣布大会」を開催され、その大会のようすを巨文島《コムンド》で見守られながら、大会に同参されました。

その勝利圏の上で、第五十三回「真の父母の日」（陽暦三月二十二日）に、

「特別宣布式」(2012年4月14日、米国・天和宮)

真のお父様は「神様と人類の責任が完結される天の国の憲法が何かといえば、**『天地人真の父母定着』**です。それさえ成れば、**全てが終わるのです**。……『天地人真の父母定着』、**それで全てが終わるのです**」（『トゥデイズ・ワールド ジャパン』二〇一二年五月号、43ページ）と語っておられました。

その予告どおり、真のお父様は二〇一二年四月十四日、ラスベガスの天和《チョンファ》宮《グン》で「天地人真の父母定着実体み言宣布天宙大会を**最終完成・完結**することを、お父様の前に奉献します」という〝特別宣布式〟をされました（同、二〇一二年六月号、19ページ）。

そして、その七日後の同年四月二十一日に韓国・清心《チョンシム》平和ワールドセンターで、真のお父様は「天地人真の父母様特別集会」を開催され、次のようにみ言を語っておられます。

「**『天地人真の父母定着完了』**が、この本（講演文）の題名です。天地人が真の父母となって定着する教材・教本だというのです。……あなたがたも批評をせず、『この言葉どおりに一度生きてみたい』と考える人が、福を受けて生きることができるのです。……創造主の資格をもって、最後に万王の王と父母の先祖の中の先祖となりうる勝利の覇権の**栄光の宝座に座る人は**、**億千万代においてただ一つの夫婦であって、二つはいません**。夫婦が二つですか、一つですか。万国の王たち、偽者たちがなぜこんなに多いのですか。**万王の王はお一方です**」（「ＫＭＳ中和新聞」二〇一二年四月二十七日号）

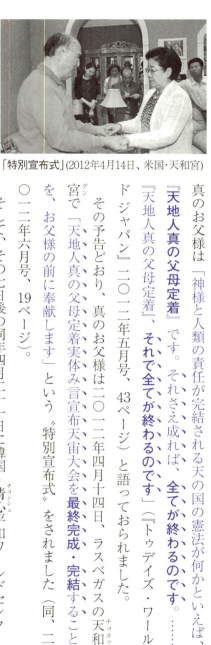

「天地人真の父母定着完了」の講演文をもって挙行されたこの大会で、真のお父様は「栄光の宝座に座る人は、億千万代においてただ一つの夫婦であって、二つはいません。……万王の王はお一方です」と語られ、天一国の「万王の王」がお一方であることを明らかにされました。しかも、「億千万代において**ただ一つの夫婦**」と述べられ、それが文鮮明先生・韓鶴子総裁ご夫妻であられることを明言されました。このように、お父様は「**天地人真の父母定着**」を発表され、〝**天地人真の父母定着完了**〟を成し遂げておられます。

以上が、真のお父様が真のお母様と共に、二〇一〇年から二〇一二年にかけて「最終一体」の摂理を歩まれながら、全人類に対して公式的に発表しておられる、文鮮明先生ご自身の〝**定着完了**〟に関する認識です。

ところが、ＵＣＩを支持する人々が広める金鍾奭著『統一教会の分裂』は、このようなお父様ご自身の認識を無視して、お父様と真のお母様は一体となっておられないという、み言と異なった〝虚偽のストーリー〟を創作しています。

(2)『統一教会の分裂』に書かれた〝秘密文書〟に関するみ言隠蔽

① 〝最終一体〟宣布後の特別宣布式の重要性

『統一教会の分裂』が述べる「創始者は韓鶴子と一体になれなかった」という主張は、文鮮明先生のみ言の〝隠蔽《いんぺい》〟に基づく策略的な言説であり、誤りです。まず、『統一教会の分裂』の問題となる箇所を以下、引用します。

「（真のお父様は）二〇一〇年二月十九日、自分の宗教的理想と統一教会の目的、そして絶対者・神様の夢が叶う『天一国』が二〇一三年陰暦一月十三日の『基元節』を期して成されなければならないと宣言した。また、全統一教会人は基元節に天一国実現の為に責任を果たさなければならないと強調した。……責任を果たせなければ、二〇一三年陰暦一月十三日は天一国のない基元節になるのである」（『統一教会の分裂』54～55ページ（　）のなかの言葉は教理研究院の補足。以下、同様）

「2009・7・12、創始者（注、真のお父様）が韓鶴子を神様の夫人の位置に立てることはできないと言及する」（同、157ページ。注、この虚偽の主張に対する反論は後述）

「二〇一〇年七月の状況で……創始者はこの日まで韓鶴子と一体になれなかったことを吐露していた。『創始者と一つになる』という言葉の意味は、韓鶴子が創始者の志に絶対服従することを言い、真の家庭の真なる母として、真のお父様の真なる妻として、人類の前に真の父母としての責任と使命を果たすこと

を言う」（同、１７８～１７９ページ）

「創始者は、韓鶴子が（真のお父様）自身と一つになるという約束を根拠に『完全に一体を成した』という宣布をした。秘密文書の約束を守らなければ、創始者のこの宣布は無効になるという意味も含まれている」（同、１８０ページ）

「創始者が韓鶴子に対する残念な感情……を集中的に表出し始めた時期は、大体二〇〇〇年度末と考えられる。摂理に対する無知、創始者を不信する韓鶴子の態度などに言及しながら、創始者に絶対服従しなければならないと教示した。……韓鶴子が完成したという趣旨の言及後にも、創始者が韓鶴子の未成熟と不信を強く叱責しながら、絶対服従することを言及しているのを考える時、私たちが知ることのできない創始者の苦心があったに間違いない」（同、２４５～２４６ページ）

この『統一教会の分裂』のストーリーは、前項で述べた真のお父様ご自身の認識とは異なっており、**〝真のお母様はお父様と一体になっていない〟というテーマで一貫しています**。これは、**〝虚偽のストーリー〟**です。

金鍾奭氏は、「真のお母様が完成した」という根拠である「最終一体」をされたというみ言についても、「秘密文書の約束を守らなければ、創始者のこの宣布は無効になるという意味も含まれている」（１８０

ページ）と、勝手に解釈しています。

真のお父様ご自身は、「最終一体」の宣布の後、天和宮で「最終完成・完結する」という〝特別宣布式〟をしておられ、さらには「天地人真の父母定着完了」を宣言しておられるにもかかわらず、金鍾奭氏は、真のお母様はお父様に絶対服従せずに歩まれたと論じており、そのことに対してお父様が「韓鶴子（真のお母様）の未成熟と不信を強く叱責しながら」（254ページ）歩んでおられたのだと、虚偽の主張をしています。

『統一教会の分裂』には〝み言隠蔽〟と、自分に都合良くみ言を解釈することによって人々を惑わそうとする〝悪意〟が込められているのです。

②み言隠蔽に基づく〝秘密文書〟の悪意の解釈

金鍾奭氏は、前述のように「二〇一〇年七月の状況で……創始者はこの日まで韓鶴子と一体になれなかったことを吐露していた」と述べます。彼は、その根拠として韓国家庭連合の機関誌『統一世界』二〇一〇年六月号の10ページから11ページのみ言を引用しています。（注、以下の訳文は『統一教会の分裂』に掲載されたもの）

「見なさい。天暦二〇一〇年五月十五日（陽暦六月二十五日）、これがナンバー1です。アリア（ホテル）から出発した最後の日に訓示したものです。……その日が重要です。それがお母さんとお父さんが最後に宣言した秘密文書です。これは昼夜の神様も知らないものです。天暦二〇一〇年五月十五日午前三時《ママ》三十五分とは何なのか。その時の出来事を中心に、その後の方針を密かにお母さんと約束しました。間違いなく、お母さんがお父さんと一体となって歩むと約束した時間です。

　それまでは、お母さんがお父さんと一つになって行くという話をしませんでした。神様と世界に公布できませんでした。それを公布した時間が、天暦二〇一〇年五月十五日午前三時二十五分でした。この三時二十五分が重要です。三時は三時代を示し、二十五分は百年を中心として四分の一年を示します。堕落した世界の終幕前においてお母様がお父様と神様を中心として約束しましたが、それが天暦二〇一〇年五月十五日午前三時二十五分の出来事でした。それが題目になっています。そうして『二十五分は一〇〇の四分の一数に該当し、三時は初不得三（精進すれば成功するの意味）の三時代を代表し、旧約・新約・成約時代の完成・完結・完了の時代を迎え、真のお父様と真のお母様の最終一体圏が完成・完了した全体・全般・全権・全能の時代を奉献することを表す！』としましたが、ここに全て入るのです。純潔・純血・純愛の完備を見るアリアスカイ（Aria Sky）スタジオで、天暦五月八日（陽暦六月十九日）二十分に発表完結される！　と言いました。全てが終わってお母様と完全に霊界に奉献することのできる祈祷を捧げた時間です。『完結される、アジュ！』となっているので終わったのです」（１７８～１７９ページ）

『統一教会の分裂』は、真のお父様が語っておられる「秘密文書」とは、二〇一〇年天暦五月十五日午前三時二十五分に、真のお母様とお父様が宣言をしたものであり、それはお母さんがお父さんと一体となって歩むと**約束した時間**であると解釈します。

金鍾奭氏の欺瞞《ぎまん》は、彼の著書に肝心の「秘密文書」の具体的な内容が記されておらず、その部分を意図的にカットしていることです。金鍾奭氏が引用した韓国機関誌『統一世界』二〇一〇年六月号の続きの部分には、真のお父様が「秘密文書」と言われる具体的内容が記されています。

「三時二十五分にオモニ（お母様）をオモニとして定めます。神様お母様（ハナニムオモニ）、実体のオモニ、真の父母のオモニ、アボジ（お父様）のオモニ、自分の妻、自分のハルモニ（祖母）……。アボジ（お父様）、自分の夫、カインとアベルの息子二人まで八代男性を踏んで越えられる**女性の権威を持たなければ**、先生に従って天国に入れないという理論的な結論です。**ここに、該当する文書が全てあります。**文書は守らなければならないというのです」（『統一世界』二〇一〇年六月号、12ページ）

二〇一〇年天暦五月十五日午前三時二十五分、文鮮明先生は**韓鶴子総裁を「お母様」として定められ、**〝最終一体〟を宣布しておられます。この部分が「秘密文書」の核心部分です。

金鍾奭氏は、秘密文書の約束を守らなければ「この宣布は無効になるという意味も含まれている」（『統一教会の分裂』180ページ）と述べますが、真のお父様はそのような言葉を一切語っておられません。

金鍾奭氏は「……八代男性を踏んで越えられる**女性の権威を持たなければ、先生に従って天国に入れな**

いという理論的な結論です。**ここに、該当する文書が全てあります。文書は守らなければならないというのです**」の部分をもって、秘密文書の約束を守らなければ「この宣布は無効になるという意味も含まれている」と主張しているのかもしれませんが、お父様が語られているのは、真のお母様が先生に従って天国に入るためには「（お母様が）八代男性を踏んで越えられる**女性の権威を持たなければ**」ならないので、「**三時二十五分にオモニ（お母様）をオモニとして定めます**」と述べておられるのであり、文書が守られることを「オモニと定める」条件などとはしていないのです。

そして、真のお父様は、真のお母様をオモニと定められただけでなく、「天地人真の父母定着完了」まで宣布しておられるのです。金鍾奭氏の問題点は、その後、お父様が〝定着完了〟を宣布しておられることを無視して論じている点です。

私たちは二〇一三年天暦一月十三日、真のお父様がすでに宣布しておられたように、神様の夢であった「基元節」を迎えることができ、実体的天一国を出発する日を迎えました。その日には、「天地人真の父母様天一国即位式」「天一国基元節入籍祝福式」が挙行され、天一国の出発が宣布され、同時に「基元節入籍祝福式」に参加した祝福家庭は、天一国に入籍したのです。そして、天一国に入籍した祝福家庭には「基元節天一国国民証」が授与されたのです。

「基元節天一国国民証」

㈢ お父様を「未完のメシヤ」におとしめるみ言解釈

(1) お父様の最後の祈祷に対する誤った解釈

UCI側は、真のお父様が最後の祈祷で「すべて成し遂げました」と祈られたことに対し、メシヤの使命を完結していないと解釈します。彼らは次のように述べます。

「教理研究院は『すべてを成し遂げました』というお父様の祈祷を……歪曲しています。……その全文を読めば、お父様が最後の祈祷の中で『すべてを成し遂げました』と祈られたのは、決してメシヤの使命すべて（創造目的完成）を成し遂げたという意味ではなかったことが分かります」

「お父様は、私たちが子女様たちを中心として氏族的メシヤの責任を果たし、世界の国々を天一国化していくことで全てが終わると祈られています。……お父様が祈祷の中で『すべてを成し遂げました』と祈られたことを、その部分だけ抽出し、すべてを成し遂げたという風に理解してはなりません」

真のお父様の〝最後の祈祷〟の全文を引用します。

「きょう、最終的な完成、完結を**成し遂げて**お父様のみ前にお返しし、今までの一生をお父様にお捧げすることを知っておりますので、そのみ旨のままに、今は、精誠を捧げてすべての生を終了する時間を迎え、堕落のなかった本然のエデンの園に帰り、エバが過ちを犯し、アダムが引っ掛かった責任分担を、すべて超越できるようになりました。

あらゆることに対する解放、釈放の権限をもち、誰であっても父母様のあとに従いさえすれば、四次元においても、十四次元においても、地獄に行く者を天国に入籍させることができ、四次元の入籍と十四人の息子、娘たちを中心として、氏族的メシヤが国家を代表する名称となって三百八十七の国々（アベル国連圏百九十四カ国、カイン国連圏百九十三カ国）さえ復帰すれば、すべてが終わることを宣布します。そのためのあらゆることを、すべて**成し遂げました**。すべて**成し遂げました**。アーヂュ」（天一国経典『天聖経』１６４５ページ。注、太字ゴシックや圏点は教理研究院による、以下同じ）

真のお父様が「成し遂げた」と祈られた部分が三カ所あります。まず、「きょう、最終的な完成、完結を成し遂げてお父様のみ前にお返しし」と祈られ、「堕落のなかった本然のエデンの園に帰り、エバが過ちを犯し、アダムが引っ掛かった責任分担」を超越したと言われました。これは堕落したアダムとエバの過ちを蕩減復帰され、その責任分担を「完成、完結」して成し遂げたという意味です。

次に、最後の部分で「成し遂げた」と祈られました。その直前で「そのためのあらゆること」と語られましたが、これは何のことでしょうか。それは「父母様のあと」に従いさえすれば、「地獄に行く者を天国に入籍」させることができ、「十四人の息子、娘たちを中心」に「氏族的メシヤ」が三百八十七の国々さえ「復帰」すれば、全てが「終わること」を宣布しておられるのです。「**そのためのあらゆること**」を「**すべて成し遂げました**」と祈祷の締めくくりをされたのです。

これは父母として果たすべき責任を全て成し遂げ、父母のあとに従いさえすれば、地獄に行く者でさえも天国に入籍させうる「そのためのあらゆること」を成し遂げているということです。真のお父様は「堕落のなかった本然のエデンの園に帰り……責任分担を、すべて超越できる」ようになったと言われました。ゆえに「**誰であっても父母様のあとに従いさえすれば**」全ての者が天国に入籍できる時を迎えているのです。

以上、最後の祈祷を整理すると、メシヤの使命は「全て成し遂げられた」と理解することができ、その勝利された**真の父母様に従い**、十四人の息子、娘たちを中心として、氏族的メシヤがアベル国連圏百九十四カ国、カイン国連圏百九十三カ国さえ復帰すれば「すべてが終わる」と宣布しておられるのです。

真のお父様がメシヤの使命・責任である天一国への道、人類が歩むべきひな型の全てを開拓し終え、「**すべて成し遂げました**」と祈っておられる内容であるにもかかわらず、UCI側は、メシヤの使命に万人救済の完結、完了という「創造目的全体の完成」までをも含め、それを成すことでメシヤの使命が「全てが終わる」と誤った理解をしているために、「お父様が最後の祈祷の中で『すべてを成し遂げました』と祈られたのは、決してメシヤの使命すべてを成し遂げたという**意味ではなかった**」と解釈する誤りを犯しているのです。

『原理講論』の予定論は、復帰摂理について次のように論じています。

「神の創造がそうであるように、神の再創造摂理である救いの摂理も、一時に成し遂げるわけにはいかない。**一つから始まって**、次第に、全体的に広められていくのである」（２４６ページ）

このように、真のお父様の「すべて成し遂げました」との祈りは、「**一つから始まって**、次第に、全体的に広められていく」復帰摂理において、その〝いしずえ〟を全て勝利されて成し遂げたこと、すなわちメシヤとしての使命、責任を完成、完結、完了したことを宣言しておられるのです。

よって、「誰であっても父母様のあとに従いさえすれば」とあるように、「次第に、全体的に広められていく」摂理ゆえに、真の父母に従うことで勝利圏が全体に広められていくということです。真のお父様が最後の祈祷に込めておられる切なる願いは、天国に入籍するために全人類が、救いの摂理の〝いしずえ〟を築かれた「真の父母」と一つとなってほしい、真の父母様が歩まれ、願っておられる道を共に歩んでほしいという〝**真の父母との一体化**〟であり、これこそがお父様の願いなのです。

(2)「先生一代」を、「父母と子女を合わせたアダム家庭一代」と解釈する誤り

櫻井節子氏が公開した「信仰告白の映像」の問題点に対し、家庭連合側は「お父様は、『歴史を一代で解決しなければなりません。一代でするのです。分かりますか？　何代ではありません。……アダム

家庭が、一代で勝利できなかったことを歴史的に総蕩減して、先生一代で整備しなければならないのです』(『ファミリー』二〇〇一年六月号、13ページ)と語っておられます」と述べました。これに対しUCI側は次のように反論しています。

「お父様は『アダム家庭が一代で勝利できなかったことを……』と語っておられるのですから、お父様が『一代』と仰っているのは、**父母と子女を合わせた『アダム家庭一代』のことであるのは明白です。**アダムがどのようにしたら勝利したアダムになるでしょうか? それは子女が完成した時です。真の父母になるべきアダムの勝利は、真の子女の勝利を抜きにしてはあり得ないことです。父母と子女は切り離して考えることができないからです」

彼らは、真のお父様のみ言の原典を確認せず、み言をゆがめて解釈しています。お父様は次のように語っておられます。

「一代でこれを合わせなければなりません。皆さん。今(二〇〇一年)から**十二年残っています**。……一代で終えなければなりません。……九十二歳までです。……九十二歳とは何かというと、八十歳から十二年です。二〇一二年までです。……**先生がいる間に、**このことをしなければならない」(同20~21ページ)

真のお父様が「今から十二年残っています。……九十二歳までです」「先生がいる間に……しなければならない」と語っておられるように、「一代で解決する」というのは、ＵＣＩ側が主張する「父母と子女を合わせた『アダム家庭一代』のこと」ではありません。お父様は二〇〇一年の時点で、残された「九十二歳まで」の十二年間で、全てを一代で終えるとの決死的覚悟を持っておられたのです。その決意を実行され、一代で成し遂げた立場で「すべて成し遂げました」と祈られたのです。

このように、真のお父様は「歴史を一代で解決しなければなりません」と語られ、最後の祈祷で「すべて成し遂げました」と宣言されました。にもかかわらず、ＵＣＩ側が「先生一代」とは「父母と子女を合わせた『アダム家庭一代』のこと」とあえて解釈するのは、お父様はいまだ歴史的使命を果たしておらず、顯進《ヒョンヂン》様がお父様の残した〝未完の使命〟を完遂する使命を持ち、メシヤの使命を受け継いでいる人物であるとの権威づけをするためなのです。お父様が**一代で全てを成しておられること**を認めると、自分の出る幕がないためだと言えるでしょう。

私たちは、〝最後の祈祷〟に対するＵＣＩ側の勝手な解釈に惑わされてはなりません。

㈣ アブラハム・イサク・ヤコブの論理の誤用
——再臨主に次の代への延長摂理はない

二〇一四年六月十八日、神山威《たける》氏（故人）は、郭《クァク》グループ側が釜山《プサン》で行った集会で、次のように語りました。

「基元節は、何をしなければならなかったのか。……神様の結婚式がなされなければならなかった。お父様が蘇生、長成、完成、最後の神様の結婚式を、真のお父様がどんなにその時を待ったと思います？……基元節は一月十三日と言いましたよ。……しかし、お父様は待ちに待ったその日を迎えられず、霊界に行かれました。どんなに無念だったと思います？……アブラハムが、縦的な歴史の失敗を象徴献祭で蕩減することにより、旧約時代の出発がなされなければならなかったが、それが失敗した。それを横的に蕩減するため、アブラハム、イサク、ヤコブと横的に（摂理が）延長された。……それと同じように、真のお父様、次のお子様、そして三代まで。一代、二代、三代で神の家庭、本当の意味での基元節を迎えなければならないと、私は考えております」

神山氏は、真のお父様は使命を全うできずに聖和されたと結論づけ、ちょうどアブラハムの象徴献祭の失敗によって、神の復帰摂理がアブラハム、イサク、ヤコブへと延長されたように、現代でも、摂理

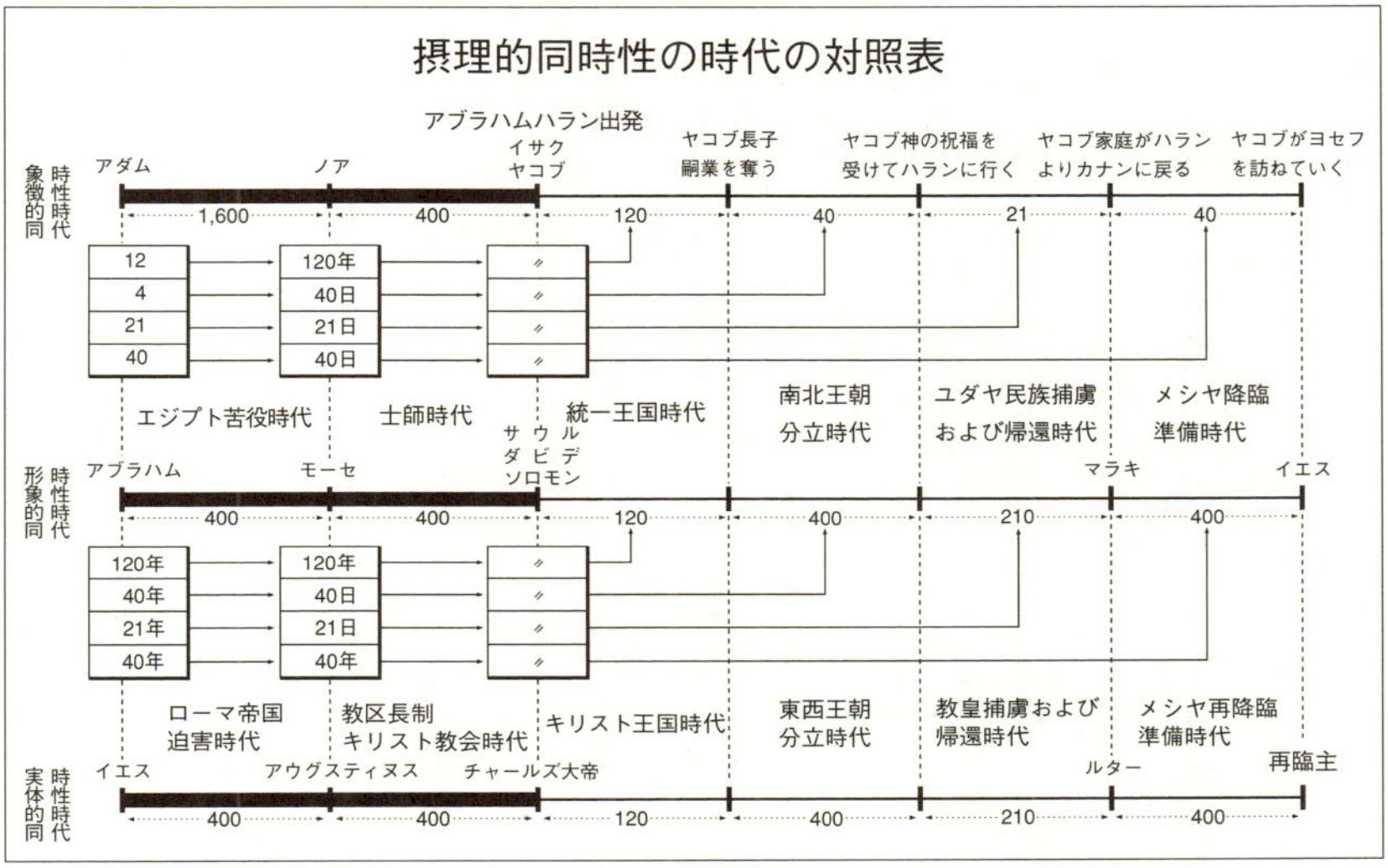

が真のお父様、子女様、お孫様へと延長されるのだと主張します。

しかし、これは、『原理講論』が論じるアブラハム、イサク、ヤコブの「縦からなる横的な蕩減復帰」（４４２ページ）の論理の誤用であり、誤った言説です。このサンクチュアリ教会およびＵＣＩを支持する人々の言説は、いずれも『原理講論』が論じている「原理」から逸脱した非原理的主張です。

「摂理的同時性の時代の対照表」（４６４ページ）を見れば分かるように、アダムから太い線で示されたアブラハムまでが本来の摂理です。しかし、アブラハムが象徴献祭に失敗したため、摂理はイサクを経てヤコブへと延長されました。『原理講論』には、「もしアブラハムが『メシヤのための家庭的基台』を、み意《こころ》にかなうように立て得たならば……その基台の上でメシヤを迎えるはずであった。……（しかし）象徴献祭に失敗することにより……挫折してしまった」（２８１〜２８２ページ）とあります。

これと同様、イスラエル史でも、サウル王のとき「イスラエルの選民たちが、サウル王を中心とするその『信仰基台』の上で、神殿を信奉していくこの国王を絶対的に信じ従ったならば、彼らは『実体基台』を造成して**『メシヤのための基台』**をつくり得たはずであった」(『原理講論』474ページ)とあるように、その基台の上でメシヤを迎えていました。しかし、サウル王の不信で「摂理は成し遂げられずに、**アブラハムのときと同じく、これらを縦からなる横的蕩減復帰期間として復帰するため、**統一王国時代一二〇年、南北王朝分立時代四〇〇年、イスラエル民族の捕虜および帰還時代二一〇年、メシヤ降臨準備時代四〇〇年を立てて、**初めてメシヤを迎えるようになった**」(457ページ)というのです。

ゆえに、イスラエル史における**サウル王以降の歴史は「縦からなる横的な蕩減復帰」の歴史**であり、これ以上、延長できない状況でイエス様を迎えている事実を知らなければなりません。そして、「ユダヤ人たちが……彼らの責任を果たさないならば、やむを得ずイエスは十字架で死なれて、第三のアダムとして再臨されなければならない……(ノアの鳩の摂理に)記録されている七日という期間は……**摂理的なある期間が過ぎたのちでなければ、メシヤの降臨はない**ということを見せてくださった」(308～309ページ)とあるように、メシヤが勝利できないときは、摂理を直ちにやり直すことはできません。

また、イスラエル史と同様に、キリスト教史でも、『原理講論』に「**チャールズ大帝が、この基台の上で、キリストのみ言を信奉し、キリスト教理想を実現**していったならば……『再臨されるメシヤのための基台』も、成就されるはずであったのである。もし、このようになったならば……**その基台の上にイエスが再び来られて、**メシヤ王国をつくることができた」(475～476ページ)とあるように、再臨主はそのときに来ていました。しかし、「国王が神のみ旨を信奉し得ず、『実体献祭』をするための位置を離れてしまったので、実体基台は造成されず、したがって、『再臨されるメシヤのための基台』もつくられ」（４７６ページ）ず、摂理はアブラハムのときと同様、延長されて現代に至ってしまったのです。

ゆえに、キリスト教史においても、**チャールズ大帝以降の歴史は「縦からなる横的な蕩減復帰」の歴史**であり、これ以上、延長できない状況で再臨主を迎えている事実を知らなければなりません。そして、仮に、真のお父様が勝利できなかった場合、その摂理を直ちにやり直すことはできないのです。すなわち、アブラハム、イサク、ヤコブの摂理のように、真のお父様、子女様、お孫様へと延長することはできません。にもかかわらず、サンクチュアリ教会やＵＣＩを支持する人々のように摂理を「延長できる」と考えることは、「原理」を理解していない非原理的言説です。

『原理講論』は、「再臨主はいくら険しい苦難の道を歩まれるといっても、初臨のときのように、復帰摂理の目的を**完遂できないで、亡くなられるということはない**。その理由は、**神が人類の真の父母を立てることによって**、創造目的を完遂なさろうとする摂理は、アダムからイエスを経て再臨主に至るまで三度を数え、……再臨のときには、**必ず、その摂理が成就される**ようになっている」（４２８ページ）と論じており、再臨主の摂理においては、これ以上、延長はありえないのです。

このような「原理」を熟知しておられる真のお父様は、「偽りの父母から血肉を受け継ぐことによって、亡国の環境となってしまったサタン世界の霊界と肉界を……修理すべき責任を持った『真の父母』という人が来て、神様のように数千年間かけて役事するのではありません。**アダムが一代で完成することが**

できなかったので、（先生）一代で解決しなければなりません。ですから、それは、どれほど途方もないことでしょうか？」（『ファミリー』二〇〇一年六月号、９ページ）、「歴史を一代で解決しなければなりません。一代でするのです。分かりますか？　何代ではありません。先生一代で解決しなければなりません。アダム家庭が、一代で勝利できなかったことを歴史的に総蕩減して、先生一代で整備しなければならないのです」（同、13ページ）と深刻に語っておられるのです。

それゆえ、真のお父様はみ旨を必ず成就しようと〝不眠不休〟で生涯を走り抜けられ、「歴史的に総蕩減」した勝利を打ち立てられたがゆえに、二〇一二年八月十三日、「すべて成し遂げました」（天一国経典『天聖経』１６４５ページ）と最後の祈祷をしておられるのです。この「すべて成し遂げました」は、ご自身の生涯と復帰歴史全体を総括する歴史的宣言であることを知らなければなりません。

にもかかわらず、真のお父様が〝未完のメシヤ〟であるかのように論じ、お父様をそのようにさせた元凶は真のお母様であるかのように批判することは、人類歴史上、かつてなかった最大・最悪の〝不信〟であると言わざるをえません。

サンクチュアリ教会やＵＣＩを支持する人々は、真のお父様が「真の父母」としての勝利基準を立てられずに聖和されたと考えています。お父様が「すべて成し遂げました」と語っておられるように、お父様は勝利して聖和されたと応答しても、それをかたくなにはねのけ、「いや、子女様はこう語っておられる」と子女様の言葉のほうを優先して、自分たちの主張を一切曲げようとはしません。

真のお父様は、世界平和統一家庭連合時代は「長子と次子は母親の名のもとに絶対服従しなければならないのです。服従するようになれば父と連結します」（『主要儀式と宣布式Ⅲ』１５１ページ）と命じておられます。

この真のお父様のみ言を軽んじられる子女様を擁護する彼らの心の根底には、意識しようがしまいが、真の父母の勝利圏を否定している子女様（ＵＣＩの場合は顯進様、サンクチュアリ教会は亨進《ヒョンヂン》様）の〝不信〟を正当化し、子女様の今の立場を擁護せんとする非原理的な動機があるからにほかなりません。私たちは、このような不信と〝不純な動機〟による非原理的な行動を、一掃しなければなりません。

㈤「お母様が顯進様を追放した」の虚偽

ＵＣＩ側を支持する人々が広めている『統一教会の分裂』に書かれている文顯進様を「追放した」という虚偽のストーリーについて、その虚偽性を明らかにします。

⑴ いわゆる「束草《ソクチョ》事件」について

『統一教会の分裂』２３９ページには、「韓鶴子と文亨進、文國進《クッチン》が共謀して文顯進を追放」したと書かれており、ＵＣＩ側が述べる「追放劇」とも呼ぶべき〝虚偽のストーリー〟が記述されています。以下、『統一教会の分裂』を引用します。

「創始者の指示に従って遂行した文顯進のGPF活動の成功が、却って文顯進反対勢力を刺激し結集させる触媒になったという事実と、GPF活動の絶頂期に文顯進が完全に追放されたという事実は、統一教会の分裂と悲劇の本質が何なのかを現わしている。文顯進反対勢力が文顯進を追い出す為に展開するドラマのような過程において特に注目すべき事件は……『東草霊界メッセージ事件』である」（107ページ）

『統一教会の分裂』の述べる「東草霊界メッセージ事件」とは、二〇〇九年三月八日、韓国・東草市の「天情苑《チョンヂョンウォン》」での訓読会で起こった出来事を指します。『統一教会の分裂』は、その頃は「GPF活動の絶頂期」であったと述べていますが、当時、真のお父様はGPF活動に対し強く懸念しておられました。

「先生が生きているのに、『先生の話を聞くべきか、聞くべきでないか？』と、そうしています。『UPFではない。GPFだ！』と（彼らは）言いますが、『GPFでもなく、GPAでなければならない』という先生のみ言を理解しません」（マルスム選集６０９－47）

「朴《パク》ジョンへ、ラスベガスでUPFとGPFの中で、どこに責任があるのか尋ねたとき、私が叱ったでしょう？　叱られたのを覚えているの？　組織が二つですか？　二つがどこにあるのですか？　朴ジョンへ！　叱られたのを覚えているの、覚えていないの？　金炳和《キムビョンファ》！　叱ったことを理解できたの、理解できなかったの？　答えてみなさい！　誰の責任だと尋ねることができますか？　先生の責任であるべきです！」（同、６０９−１２１〜１２２）
「ＧＰＦとＵＰＦを先生が右手と左手に持っているのに、誰に責任があると言うのですか」（同、６０９−１３１）

これらのみ言を要約すると、二〇〇九年当時、北米大陸会長だった金炳和氏に対し、真のお父様は「組織が二つですか？　二つがどこにあるのですか？……誰の責任だと尋ねることができますか？　先生の責任であるべきです」「ＧＰＦとＵＰＦを先生が右手と左手に持っている」と語られ、ＵＰＦとＧＰＦの組織は一つであるべきにもかかわらず、二つになっている、責任は先生が持つべきであると忠告しておられます。

また、「先生が生きているのに、『先生の話を聞くべきか、聞くべきでないか？』と、そうしています。『ＵＰＦではない。ＧＰＦだ！』と（彼らは）言いますが……」と語られた内容を見ても、真のお父様が創設されたＵＰＦと、顯進様が中心となって行うＧＰＦ活動との間に不協和音が生じていたのです。また、お父様は「『ＧＰＦでもなく、ＧＰＡでなければならない』という先生のみ言を理解しません」と語っておられ、ＧＰＦが進むべき方向性についても懸念しておられたことが分かります。

したがって、当時の真のお父様のＧＰＦ活動に対する評価は、『統一教会の分裂』が言うような「創始者の**指示に従って遂行した**文顯進のＧＰＦ活動の成功」や「ＧＰＦ活動の絶頂期」といったものとは

全く逆であり、むしろお父様は顯進様の活動の方向に対して**強く危惧しておられた**のです。

『統一教会の分裂』は、UCI側が「束草霊界メッセージ捏造《ねつぞう》事件」と呼んでいる出来事を、次のように述べています。

「創始者は『霊界の実相を背景に人事措置と、革命的提案をしなければならない』とし、『文孝進《ムンヒョジン》霊界書信』と『訓母《フンモ》様霊界報告書』を読むように催促した。金孝南《キムヒョナム》訓母の代わりに司会を務めていた梁昌植《ヤンチャンシク》が、韓鶴子から報告書を伝達されて読んだ」（149ページ）

「特に束草霊界メッセージ事件の場合、創始者を完璧に欺く為に……文顯進除去の巧妙な道具として利用したというのが正に、束草霊界メッセージ捏造事件であった」（152ページ）

そもそも、このとき、真のお父様を中心に束草での「集会」が開かれたのは、米国にいた顯進様側がお父様のご意向に反して「米国教会理事会」構成員の変更を強行しようとしたという大事件があったためです（米国教会理事会乗っ取り未遂事件）。この重大事実に触れずして、束草で読み上げられた報告書に問題があるかのごとく主張するのは〝論点のすり替え〟にほかなりません。また、報告書にまつわる彼らの前記主張自体も、以下に見るとおり偽りに満ちたものです。

彼らの主張には、大きく見て三つの誤りがあります。一つ目は「訓母様霊界報告書」という言葉、二つ目は「梁昌植が、韓鶴子から報告書を伝達されて読んだ」という説明、三つ目は「束草霊界メッセージ捏造事件」という表現です。

まず、「訓母様霊界報告書」というのは誤りであり、正しくは「訓母様の報告書」としてマルスム選集６０９巻１２３ページに記録されているものです。この「訓母様の報告書」は、誰がどのようにして作成したものか、その事実と背景について知らなければなりません。

二〇一一年当時、北米大陸会長だった梁昌植氏が、同年十一月二十日に「二〇〇九年三月八日、東草報告書」と題する文章を書いています。梁氏が書いたその「報告書」（日本語訳）の資料の一部を以下、引用します。

「二〇〇五年に真の父母様の命令によって南北米総責任者として任命を受けた文顯進様の指導下にあった米国において、二〇〇八年七月二十九日に文仁進《ムンインヂン》様が米国教会の協会長に任命となり、二者間の役割と権限に関する混沌《こんとん》があり、これを当時、北米大陸会長の金炳和会長が緊急事案として、当時、韓国協会長だった本人（注、梁会長）に、『お父様に直接問い合わせ、正確な答えを要請』してきました。

東草集会の数日前に、主要幹部が真の父母様を迎えて（ソウルの）マリオットホテルの食堂で昼食時に集まった席で、本人（注、梁会長）がお父様に米国側の質問を直接報告し、お父様から（質問に対する）明らかな答えを受けてメモしたものを整理した内容（が「訓母様の報告書」）です」（12～13ページ）

「二、三日後に父母様が……マリオットホテルの昼食時で明らかにされた内容を再整理しなさいとの命令を本人（注、梁会長）が受けて、直ちにメモしたノートを報告書形式として作成して差し上げ……

この内容をお父様が直接確認、訓読されて、翌朝（三月八日）の公開席上で発表するように命じられました」（13ページ）

「（東草で）三月八日朝……敬拝後、お父様は直ちに訓母様に、訓母様が手に持っておられた黄色い『封筒を梁昌植会長に渡して読むように』と命令されました。当時、一番前の席の右側に座っていた本人（注、梁会長）は、訓母様から渡された封筒を開いて訓読を始めました。初めのページには孝進様のメッセージがあり……同じ封筒の中に真の子女様たちの使命に対するお父様の指示事項（のメモを私がまとめた「報告書」）、この整理された内容がありました。……本人（注、梁会長）が父母様の命令によって三月六日頃に作成して報告を差し上げた内容そのままでした。孝進様のメッセージは……霊界メッセージとしなければならないでしょう。……（しかし）二番目の内容は霊界で作成したものでなく、当時、協会長として公的な命令を受けて本人（注、梁会長）が作成して父母様に差し上げた『報告書』の内容です。したがって、この内容は霊界とは全く関連がないことを（ここに）あきらかにするものです」（16ページ）

以上の報告書の内容をまとめると、真のお父様が梁氏に「読みなさい」と命じられた訓母様が手に持っていた黄色い「封筒」の中に、二つの報告書が入っていたのです。一つは「孝進様が霊界から送られた書信」と、もう一つは梁氏が作成した「報告書」（これを「訓母様の報告書」という）です。その封筒を、梁氏は訓母様から受け取って代読しました。

「孝進様が霊界から送られた書信」は、その前日の三月七日の訓読会で、訓母様が「私が昨日、孝進様から手紙を一つ簡単に受け取りましたが、読んで差し上げましょうか？」と真のお父様に尋ね、お父様が「**そうだ！　そういうものを皆、（地上と）連結しなければならない**」（マルスム選集６０９－81）と語られて、訓母様がその場で奉読しておられたものです。その孝進様の手紙（「孝進様が霊界から送られた書信」）と、梁氏がまとめた「訓母様の報告書」とが同じ封筒の中に入れられていたのです。

事件の当日、真のお父様は「決定は皆が集まった場で、霊界の実相報告を、訓母様を通して聞いて、なすのです。霊界に先生の息子が行って総司令官です。……（孝進が）地上で知らずに暮らした者たちを悔い改めさせて、こうして報告した内容が皆あります。それを読んであげなければなりません」（マルスム選集６０９－１１１～１１２）と語られ、梁氏が「封筒」を受け取ると、お父様は「**ただそのとおりに**読んであげなさいというのです。……霊界に相談して祈祷し、**訓母様が受けたもののように報告しなさい**というのです」（マルスム選集６０９－１１５）と促され、梁氏は「封筒」に入った二つの内容を訓読したのです。

『統一教会の分裂』は「訓母様霊界報告書」と書いていますが、マルスム選集にあるように、それは梁氏がまとめた「訓母様の報告書」であるにもかかわらず、「霊界」という文字を意図的に書き加えています。

さらに、梁氏がまとめた「報告書」であるにもかかわらず、「霊界メッセージ捏造」であると意図的に創作しています。この二つの文書は、真のお父様が〝承認〟しておられた内容です。特に、梁氏が書いてまとめた「報告書」とは、お父様が梁氏に語った内容を梁氏がまとめ、それを**お父様ご自身が再度**

チェックしておられた文書であり、誰かが勝手に「捏造」した文書ではありません。それは、お父様が梁氏に代筆させた「指示事項」であり、お父様のみ言です。これは「霊界メッセージ」でもなければ、「捏造」された文書でもありません。

ところが、『統一教会の分裂』は「梁昌植が、**韓鶴子から報告書を伝達されて**読んだ」としています。しかし、梁氏は、「訓母様が手に持っておられた黄色い『封筒を梁昌植会長に渡して読むように』」と真のお父様がお命じになったため、それを読んだのです。

また、『統一教会の分裂』151ページには、「金孝南（注、訓母様）は内幕を尋ねる文顯進に対し、自分は文孝進の霊界書信とは無関係」と述べています。しかし、束草《ソクチョ》事件の前日の二〇〇九年三月七日、訓母様は真のお父様に「お父様、私が昨日、孝進様から手紙を一つ簡単に受け取りましたが、読んで差し上げましょうか？」と尋ね、お父様は「**そうだ！　そういうものを皆、（地上と）連結しなければならない**。……明日の朝に私がそこで訓読会に参加するので、準備しなさい」と語られ、指示しておられたのです。ゆえに、「金孝南は……文孝進の霊界書信とは無関係」との主張も誤りです。

結局、「文顯進除去の巧妙な道具として利用したというのが正に、束草霊界メッセージ捏造事件であった」という『統一教会の分裂』の説明は〝虚偽の主張〟にほかなりません。

したがって、二〇〇九年三月八日の「束草霊界メッセージ捏造事件」が「韓鶴子と文亨進、文國進が共謀して文顯進を追放」した事件であるとの主張も〝虚偽の主張〟です。これらの記述は、顯進様を〝犠牲者〟として描くことで、その〝反逆行為〟を正当化するために書かれたものと言わざるをえません。

『統一教会の分裂』は、真のお母様ばかりでなく結果として真のお父様をもおとしめています。事実を歪曲した、〝歴史的審判〟を受けるべき書籍なのです。

(2) 天一国最高委員会は「法統」だと主張する誤り

『統一教会の分裂』は、天一国最高委員会を「法統」であると、誤った主張をします。

「韓鶴子は血統信仰に基づいた後継者選択を放棄した為、いわゆる『法統』という新しいアイデンティティをもって合理化しなければならない」（２３９ページ）

「真の家庭が意図的に排除された天一国最高委員会……」（２７４ページ）

この主張は、全て誤った主張にほかなりません。

①真のご家庭を中心とした天一国最高委員会

ＵＣＩ側は、天一国最高委員会が「真の父母様の直系子女ではなく、能力のある人」が継承し、「法を中心」とした後継構図を描いていると述べ、「真の家庭が意図的に排除された天一国最高委員会」であると批判します。

しかし、『天一国憲法（教会法）』の第三章「天一国最高委員会」には、次のように書かれています。

「第28条（最高議決機関）天一国は、最高議決機関として天一国最高委員会を置く。

第29条（構成）1．天一国最高委員会は、13名で構成される。

第30条（委員長・副委員長）1．委員長は、真の父母様の家庭の中から真の父母様が任命し、天政苑の世界会長職を兼ねる事が出来る」

二〇一四年五月十二日、真の父母様が主催された第一回「天一国最高委員会会議」が天正宮博物館の三階訓読室で開催されました。真のお母様は、天一国最高委員会の委員長に真の父母様の直系子女の善進《ソンジン》様を任命され、今日まで善進様が委員長を務めておられます。

ゆえに、天一国最高委員会は「真の家庭が意図的に排除」された組織であるというUCI側の主張は事実に反します。天一国最高委員会は、真のご家庭を中心とした最高議決機関なのです。

「天一国最高委員会」

②真の父母様のみ言の具現化が天一国最高委員会

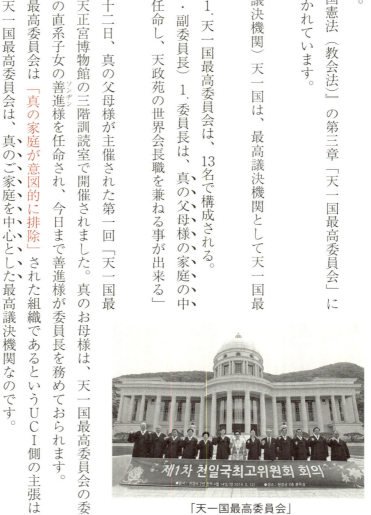

また、ＵＣＩ側は、天一国最高委員会は「真の子女様を除いて、法を中心として、最高委員会」であると主張し、批判します。しかし、真のお父様は、二〇〇九年三月十日の訓読会で、次のように語っておられます。

「五権分立として新しい世を造る憲法の条項を全て作っています。……二〇一三年一月十三日が過ぎれば、その法のとおりに生きなければなりません。たくさん話をしましたが、法のとおりに生きられない人は離れてしまいます」（マルスム選集６０９－１８６～１８７）

『天一国憲法（教会法）解説法源編』（韓国版）の第一部総論には、次のように書かれています。

「三権分立ではなく言論界と銀行界を含めた五権分立、今後、立法部・司法部・行政部と銀行・言論界」（89ページ）

「天一国最高委員会は天一国の最高議決機関であり（28条）、天政苑は天一国の行政権（37条）、天議苑は天一国の立法権（47条）、天法苑は天一国の司法権（59条）、天財苑は天一国の財政権（64条）、天公苑は民意収斂・報道・広報に関する権限（69条）を持つ」（93ページ）

「『天一国憲法（教会法）』は真の父母様のみ言に従って、天一国を実体的に定着・完成させる普遍的であり実質的な生活体制と国家の教会体制、そして世界の教会体制を備えるために制定」（4ページ）

され、「真のお父様の聖和一周年を迎え、真のお母様は『天一国憲法』を奉呈」（3ページ）されました。

以上を見ても、天一国最高委員会に対する、「真の子女様を除いて、法を中心として、最高委員会」というUCI側の批判は誤りです。天一国最高委員会とは、前項で述べた「天一国憲法（教会法）」第三章第30条にあるように「真の父母様を中心とした真のご家庭が中心の最高議決機関」であり、「『天一国憲法』を中心とした最高議決機関」です。これらは、**真の父母様のみ言に基づいてなされている**ことなのです。

③真の父母様の直系子女による「継承」のための天一国最高委員会

UCI側は、天一国最高委員会とは「真の父母様の直系子女ではなく、能力のある人が継承」する「法統継承」であると批判し、真のお母様は「『法統継承』のために長子を追放」したとまで主張します。それは「顯進様を追い出す」ためであり、「摂理的長子を潰す」ためだったと述べています。そして、「韓鶴子は血統信仰に基づいた後継者選択を放棄した」というのです。

すでに、「長子」に対する真のお父様のみ言の説明部分で述べたように、以上のUCI側の批判は、お父様の「長子」のみ言に対する無理解、〝無知〟に基づくものにすぎません。

天一国最高委員会とは「真の父母様の直系子女様」による継承であり、直系子女様を除外し、能力のある人が継承する「法統」ではありません。真のお母様が「顯進様を追放」する目的のために「天一国最高委員会」を立てられたというのは、虚偽の説明にほかなりません。

真のお父様は、一九八五年八月十六日の「一勝日」のみ言で、〝後継〟の問題について次のように述べておられます。

「これから、先生以後に、孝進の後孫たちがそうするとき、代々に亘って受け継いでいくのです。誰が継代を受け継ぐかという問題ですが、もちろん、長男が受け継ぐのが原則です。しかし、長男がすべてにおいて不足のため、伝統を受け継ぐことができない場合は、**兄弟たちを集めた公的会議の場で話し合わなければなりません**。兄自身が自己の不足を認め、『家庭の伝統を立てることができないために、誰かが私の代わりに立って欲しい』と願い出るべきです。そのような要請があれば、**公的会議または家庭会を開き**、全員が祈祷した後に選定されなければなりません。

では、どのような人を選定すべきでしょうか。より犠牲になってきた人、よりアベル的伝統歴史を受け継いだ人。命令だけするのではなく、命令を受ける人に福を与えるための道を行く人でなければなりません」（『祝福』一九八五年冬季号、20ページ）

このみ言で、真のお父様は「誰が継代を受け継ぐかという問題ですが、もちろん、長男が受け継ぐのが原則です。しかし、長男が……伝統を受け継ぐことができない場合は、**兄弟たちを集めた公的会議の場で話し合わなければなりません**」と語っておられます。

そして、真のお父様は二〇〇九年三月十日の訓読会で、「二〇一三年一月十三日が過ぎれば、その法のとおりに生きなければなりません。……法のとおりに生きられない人は離れてしまいます」と語られました。

顯進様は、二〇〇九年三月八日のいわゆる「束草事件」の後、真の父母様のもとを離れてしまいました。二〇一二年九月三日の真のお父様の聖和直後、顯進様は「韓国内の統一教会勢力と決別して世界平和運動に専念する」と語り（『月刊朝鮮』二〇一二年十二月号）、同年九月十三日には「自身の道を行く」（『統一教会の分裂』２１４ページ）と述べて、二〇一三年天暦一月十三日の「天一国基元節」以降、家庭連合と完全に決別。二〇一七年十二月二日にはＦＰＡ（家庭平和協会）という別組織を立ち上げ、非原理集団の活動をさらに強めています。

真のお父様が「二〇一三年一月十三日が過ぎれば、……法のとおりに生きられない人は離れてしまいます」と述べられたように、顯進様は、真の父母様のもとから完全に離れてしまったのです。お父様が、「兄弟たちを集めた公的会議の場で話し合わなければなりません」と語っておられるにもかかわらず、現在の顯進様は、真のお母様や他の真の子女様たちとの話し合いすらできない状況です。しかしながら、真の父母様は、顯進様が一日も早く、本来の位置と状態に戻ってこられることを切に願っておられます。

結論を述べると、『統一教会の分裂』が述べる、真のお母様が「『法統継承』のために長子を追放」したというのは虚偽の説明であり、顯進様が真のお父様のみ言に従わずに、真の父母様のもとから離れてしまったというのが真相なのです。

第二節　ＵＣＩが主張する恣意的摂理観

㈠ＦＰＡの人物による非原理的主張

二〇一七年十月一日、当時、本部の副局長であった櫻井正上氏が「全国の牧会者の皆様へ」と題する書簡を発信しました。彼は次のように述べています。

「神の摂理の終着点は〝真の家庭〟であり……〝真の父母〟の勝利圏は〝真の子女〟に相続されなければなりません。原理的に見るなら、〝父〟の伝統を受け継ぐ〝息子〟を立てることこそ〝母〟の最も本来的な使命であり、それを助けるのがカインの子女の務めではないでしょうか」

櫻井正上氏は、神の摂理の終着点は「真の家庭」であり、「〝父〟の伝統を受け継ぐ〝息子〟を立てること」が、真のお母様の「最も本来的な使命であり、それを助けるのがカインの子女」としての祝福家庭の「務め」であると主張します。それが神の摂理であるというのです。しかし、これは〝誤った摂理観〟に基づくものにほかなりません。ＵＣＩを支持する人々は、同じような主張をしています。

⑴ お母様が「中心的長子」を立てられる
――お父様の他界後は「お母様が責任を持つのです」

ＵＣＩ側が広める『統一教会の分裂』（金鍾奭著）から〝誤った摂理観〟を抜粋します。

「彼（注、顯進様）は一九九八年七月十九日に三十歳で世界平和統一家庭連合の世界副会長になる……この当時、統一教会の誰も創始者を引き継ぐ指導者としての文顯進を疑うものはいなかった」（59ページ）

「韓鶴子の母系血統、文善進……の母系血統による統一教会統治構想……」（231ページ）

「文顯進、文國進、文亨進、彼らは創始者の復帰された血統に生まれた『真の家庭』の息子たちだ。……全人類に接ぎ木される血統が、この三人の息子の血統に流れている……創始者の『種』を持つ三人の息子が、真の父母（韓鶴子）によって、宗教的価値が否定され……韓鶴子は血統信仰に基づいた後継者選択を放棄した……」（239ページ）

これらの『統一教会の分裂』の主張は、真のお父様のみ言を根拠としていないばかりか、み言に反するものであり、〝誤った摂理観〟に基づくものです。

(2)お父様のみ言を中心とした後継の秩序の原則

『統一教会の分裂』の〝誤った摂理観〟を理解するために、真のお父様のみ言を引用します。

「先生が霊界に行くようになればお母様が責任を持つのです。その次には息子・娘です。息子がしなければなりません。息子がいなければ、娘がしなければなりません。後継する者が誰だということは既に伝統的に全て（準備が）なされています」（マルスム選集３１８－２６０）

「私（注、お父様）がいなくても、お母様の前に一番近い息子・娘が第三の教主になるのです」（同２０２－83～84）

真のお父様は、ご自分の他界後は「お母様が責任を持つのです」と明言されました。その次には「息子・娘です」と述べられ、そこに「娘」も含まれています。注目すべき点は「息子がいなければ、娘がしなければなりません」と語っておられる点です。

ところが、『統一教会の分裂』は真のお父様のみ言を完全に無視し、〝後継〟の秩序について男の子女様だけを取り上げ、女の子女様を排除します。しかも「文顯進、文國進、文亨進……全人類に接ぎ木される（お父様の）血統が、この三人の息子の血統に流れている」と述べ、他の子女様にはお父様の血統が受け継がれていないように述べます。お父様の「血統」は、全ての子女様に受け継がれているのであって、これは他の子女様（特に女の子女様）に対する差別的発言と言いうるものです。み言によれば、直系の子女様（息子・娘）は全て〝後継〟の範囲におられ、お父様は「三人の息子」だけとは語っておられません。

また、『統一教会の分裂』は、文善進様を「韓鶴子の母系血統」と述べますが、これも誤った血統認識です。真のお父様は、男・女の〝生命〟が関わって「血統」が生じることについて次のように述べておられます。

「血統は夫婦が愛するその密室、奥の部屋で結ばれるのです。そして、精子と卵子が出合って生命体として結合するとき、血統が連結されるのです」（『ファミリー』一九九五年三月号22ページ）

「一人で血統が連結されますか？　この血統は、男性の血だけでは連結できません。男性と女性が、一つにならなければなりません」（同、二〇〇一年三月号21ページ）

このように、血統は男・女による両性の「生命」を抜きにして生じることはありません。

さらに、真のお父様は、女性も血統を持っていることを明確に述べておられます。

「**母親の愛**のゆえに、**母親の生命**のゆえに、**母親の血統のゆえに〝私〟が生まれた**ということは否定できません」（同、一九九九年十一月号30ページ）

当然ながら、女性も血統を持っている事実を知らなければなりません。

父母から生まれてくる全ての子女は、父母からそれぞれ半分ずつの遺伝子情報を受け継いで生まれており、父の「血統」は〝男の子女〟だけに受け継がれるのではありません。『統一教会の分裂』の主張は、み言に基づかず、自然界の事実とも異なる非科学的な血統認識に基づいており、〝女性差別〟的なものです。『統一教会の分裂』が述べる「韓鶴子は血統信仰に基づいた後継者選択を放棄」したという主張は誤りです。善進様は「韓鶴子の母系血統」というのではなく、真の父母様（真の父と真の母）の直系の子女様です。

真のお母様は「息子がいなければ、娘がしなければなりません」「お母様の前に一番近い息子・娘が第三の教主になる」という真のお父様のみ言を忠実に実行しておられるのであり、「後継者選択を放棄」などしておられません。

⑶ 長子権が付与されたという恣意的解釈

顯進様の意向によりＵＣＩが創設したＦＰＡ（家庭平和協会）の韓国会長・柳慶明《ユキョンミョン》氏は、「孝進様が生きておられた時、神によって既に顯進様に長子権が付与され、真のお父様がそれを公布された」と述べており、そのみ言の根拠として、マルスム選集３２４‐１４２、３３２‐２２９～３００、４６８‐

161、『統一世界』（韓国月刊誌）二〇〇四年十月号381ページなどを挙げています。ところが、柳慶明氏はその具体的なみ言を引用していません。

そこで、彼が根拠として挙げた文献を調べると、柳慶明氏が述べるような内容は見当たりません。これは、み言の恣意的解釈にすぎないものです。以下、検証します。

まず、柳慶明氏が根拠に挙げたマルスム選集324巻142ページのみ言は、二〇〇〇年六月十八日のみ言の一部です。お父様は、ここで「息子の中で父母様のみ旨に従って、カープに孝進兄が責任を持ちました。孝進兄がいま、責任を持てる立場としてできないので、顯進兄が行うからには、顯進兄を絶対視しなければなりません。……絶対服従しなければなりません。先生の代わりとして立てました」（翻訳は教理研究院による、以下同じ）と語っておられます。

しかしながら、このみ言は、その当時、先生の代わりとしてカープの責任者に立てられた顯進氏に対し、絶対視し、絶対服従しなければならないと語っておられるものであって、現在、カープの責任者ではなくなった顯進氏に対して、このみ言は適用されません。

次に、332巻299～300ページのみ言は、二〇〇〇年九月二十四日に語られた「祝福移譲宣布式」のみ言の一部です。お父様は「これから先生は、興進《フンジン》君を中心として父子一致理念とその兄弟を中心に、顯進君が父子一致理念を中心に、祝福行事を天地でどこでも願う通りに出来る、開放時代となります」と述べておられますが、勘違いしてはならないことは、この「祝福移譲宣布式」とは、顯進様に真の父母様の「祝福権」が委譲されたのではなく、あくまでも天上におられる興進様に委譲された宣布式であったという点です。このみ言が収録された『主要儀式と宣布式Ⅳ』の序文には、「天上の興進様に真の父母様の祝福権を移譲する『祝福移譲宣布式』を挙行なさった」（４７１ページ）と解説されています。

さらに、４６８巻１６１ページのみ言は、二〇〇五年二月五日に語られたみ言の一部です。このみ言は、お父様がアダム家庭について「堕落したその母（注、エバ）の後援を受けるのではなく、堕落し、アダム家庭で長子がアベルを殺さず、アベル以上に愛することができる父母の代身者を中心に三人の息子であれば、三人の息子たち（注、カイン・アベル・セツ）を一つにすることができる長子権の成立をすることで、家庭が完全に定着できるのです」と述べておられるものに過ぎず、真のご家庭に関して語られたみ言ではありません。

そして、柳慶明氏は『統一世界』（韓国月刊誌）二〇〇四年十月号３８１ページを挙げていますが、同誌には３８１ページは存在しません。二〇〇四年九月一日に語られたみ言は、同誌の30ページから57ページに掲載されており、柳慶明氏の引用したみ言の典拠は間違っています。

このとき、お父様は「天父主義です。天父が何ですか？　天の父なのです。父の継代を引き継ぐのは長子権しかありません。ですから、天父主義時代、この時が来たので……母子協助の蕩減救援時代は過ぎていき、父子関係の父子協助時代に越えていく！」（38ページ）と語っておられます。しかし、ここで語っておられる「父の継代」の「父」とは、誰を指しているのかが重要です。お父様は、その直前で「天父主義です。天父が何ですか？ 天の父なのです」と語っておられ、その文脈からみるとき「父の継代」の「父」とは、「真のお父様」のことではなく、「天の父」のことを指して語っておられることが分かります。したがって、続いて述べておられる「父の継代を引き継ぐのは長子権」とは、「子女様」に関することではなく、明らかに「真のお父様」のことを指して語っておられるみ言です。

以上のように一つ一つを検証すると、柳慶明氏が引用した四つのみ言は、「孝進様が生きておられた時、神によって既に顯進様に長子権が付与され、真のお父様がそれを公布された」というものはなく、彼の主張は〝決めつけ〟であり、〝恣意的解釈〟にすぎず、そのように語られたみ言は一切存在していません。

ＦＰＡ側は、彼ら独自の〝誤った摂理観〟のゆえに、二〇〇九年三月八日のいわゆる「束草事件《ソクチョ》」以降、彼らは真の父母様と袂を分かって別行動をとり続け、今日までの真の父母様を中心とする勝利的な摂理路程や、それらに関する真の父母様のみ言を受け入れることができずにいるのです。そのために、自分たちの立場を自己正当化したいがため、お母様や家庭連合に対する批判に終始しているにすぎません。

さらには、今現在において、お母様を中心とした摂理的歩みが大きく進展しているにもかかわらず、自分たちが反逆していることを正当化するために、それらの全てを否定せざるをえない境地に陥っているものと言えるでしょう。それゆえ、彼らはお母様や家庭連合に対する「批判記事」「批判的主張」をしきりに流すことを通じ、何とかして、食口たちが持っている真の父母様に対する「絶対信仰」を揺さぶり、崩壊させようと、もがき続けているのにほかなりません。

結局、柳慶明氏が流す批判一辺倒の文章は、お父様のみ言に一切根拠を持たないものであり、ＵＣＩ（いわゆる「郭グループ」）が創設したＦＰＡ（家庭平和協会）側の〝誤った摂理観〟によって生じた信仰的葛藤のゆえに、霊的な〝五里霧中〟の境地から発せられる沈痛なうめき声にすぎないのです。

㈡ 一つ目の「真の父母様の宣布文」の真実

二〇一〇年六月五日、真の父母様が作成された一つ目の「真の父母様宣布文」（以下、「最初の宣布文」）に対し、金鍾奭著『統一教会の分裂』は「創始者（注、真のお父様）の『異端者・爆破者』宣布文」と呼び、そこに込められた真の父母様の〝真意〟をゆがめています。

二〇〇八年四月、亨進様が世界会長に就任した頃から、顯進様は真の父母様の指導や指示に従わず、別の動きをすることが顕在化するようになりました。二〇〇九年三月八日、いわゆる「束草事件」のとき、真のお父様は「顯進、おまえも別の所に行かず、父の所に来て、父に付いて回りなさい」（マルスム選集609－133）と命じられましたが、顯進様は従わず、同年九月十日を最後に、真の父母様の前に姿を見せなくなりました。

そのような状況の中、二〇一〇年六月五日、真の父母様は「最初の宣布文」を作成し、その映像を公開されました。

この「最初の宣布文」を、『統一教会の分裂』は「創始者の『異端者・爆破者』宣布文」（173ページ）と呼び、それが「統一教会から文顯進を完全に除去するために作成された作品」（同）であるとし、さらに、これを「文亨進は自身が創始者の『代身者・相続者』」（同）と主張する核心的根拠としていると述べています。（注、真の父母様宣布文サイトに掲載した「真の父母様宣布文」は、二〇一一年五月二十五日、真の父母様が発表された二つ目の宣布文です）

『統一教会の分裂』は、「最初の宣布文」の作成過程における真の父母様の会話の一部を削除し、意図的に編集を加え、「最初の宣布文」に込められた真の父母様の〝真意〟（心情、事情、願い）を隠蔽しています。

(1)「最初の宣布文」の真実

①「最初の宣布文」を意図的に一部削除

『統一教会の分裂』173ページは、「最初の宣布文」を次のように引用します。

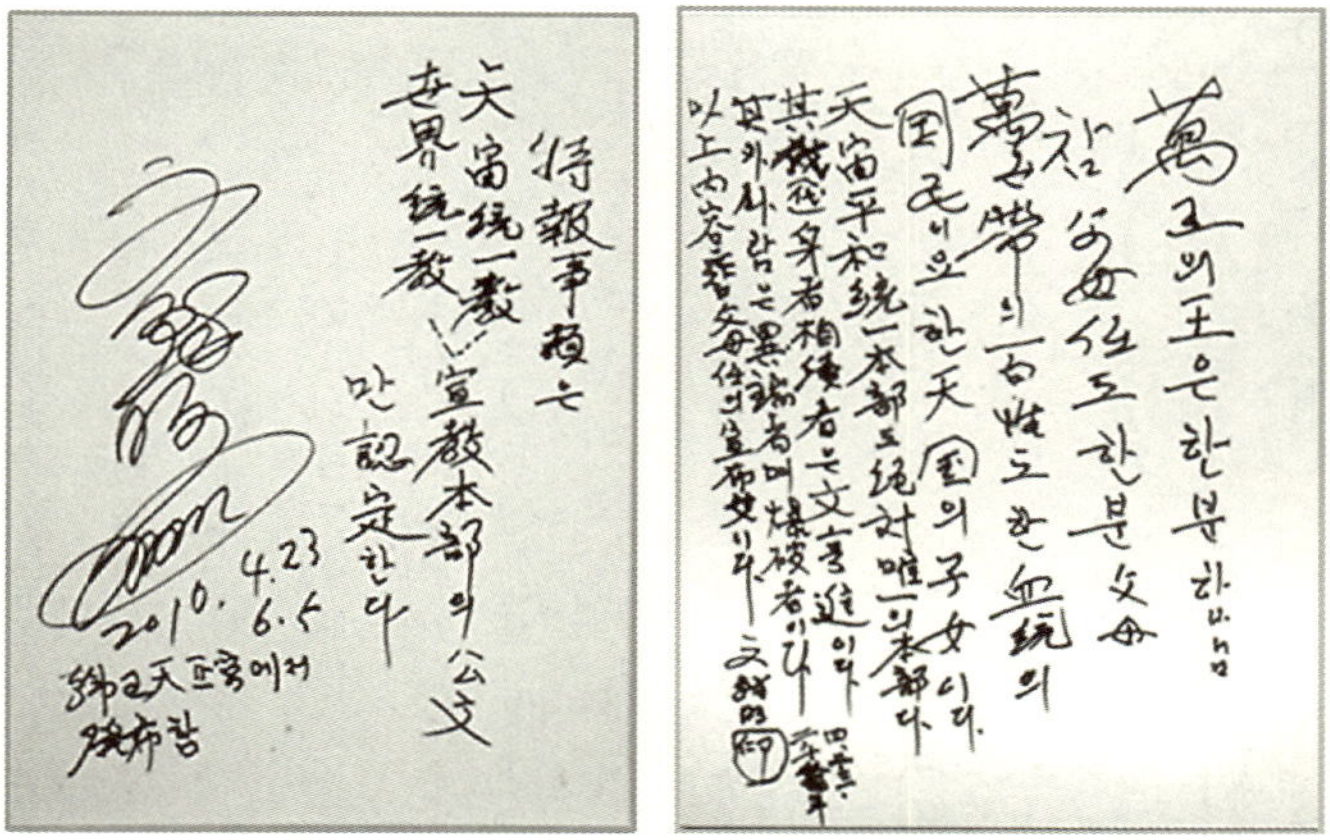

「最初の宣布文」が記された色紙の表面（右）と裏面（左）

「万王の王は一人の神様、真の父母様も一人の父母、万世代の民も一つの血統の国民であり、一つの天国の子女である。天宙平和統一本部も絶対唯一の本部である。その代身者・相続者は文亨進である。それ以外の人は異端者であり爆破者である。以上の内容は、真の父母様の宣布文である。二〇一〇年六月五日文鮮明」

『統一教会の分裂』はこの部分だけを用い、「最初の宣布文」が「創始者の『異端者・爆破者』宣布文」だと主張します。しかし「最初の宣布文」は、これだけではありません。以下、引用します。

「特報事項は天宙統一教、世界統一教宣教本部の公文のみ認定する。二〇一〇年（天暦）四月二十三日（陽暦）六月五日、韓国天正宮（博物館）で発布する。文鮮明」

『統一教会の分裂』は、色紙の裏側に書かれたこの「特報事項」を意図的に削除し、隠蔽しています。同書は「特報事項」における真の父母様と亨進様とのやり取りを部分的に記載してはいますが、核心的なみ言は全て削除しています。実は、その削除部分にこそ「最初の宣布文」における真の父母様の〝真意〟があるのです。

真のお父様が「最初の宣布文」を作成されている動画は18分10秒の映像ですが、『統一教会の分裂』は、そのうち13分03秒までの映像の会話だけを記載し、それ以降のみ言を全て削除しています。

真のお父様は「特報事項」を色紙に書かれ、「天宙統一教、世界統一教宣教本部の公文のみ認定する。文鮮明。二〇一〇年（天暦）四月二十三日。韓国天正宮（博物館）で発布する」（動画16分47秒〜17分03秒）と語っておられ、その色紙に対し、お父様は、「これとこれ二つ、表裏で一つだ。内と外。事実である」（動画17分09〜12秒）と語っておられます。この部分のみ言が『統一教会の分裂』には全く記載されていません。

「これとこれ二つ」とは、色紙の両面に書かれた内容であり、「表裏で一つ」とは、色紙の表側と裏側で一つの宣布文という意味です。色紙の表側と裏側の内容は「最初の宣布文」の「内と外」の関係であり、真のお父様が言われるとおり「事実」なのです。

ところが『統一教会の分裂』は動画の13分04秒以降のみ言を削除して「特報事項」を隠蔽し、「最初の宣布文」を表側だけで「創始者の『異端者・爆破者』宣布文」と呼ぶことで真意をゆがめているのです。

②「最初の宣布文」が、真のお父様の「宗教的生命と神性を破壊」したという〝虚偽〟

『統一教会の分裂』は、この「最初の宣布文」が、真のお父様の「宗教的生命と神性を破壊」したと述べています。

「創始者の宗教的生命はこの動画と宣布文の拡散によって殺害されたのである。……創始者のカリスマは、無能で貪欲であり、世俗的なレベルに転落した。この動画と宣布文を企画し流布した者は、創始者のカリスマを崩壊させ、彼の宗教的生命と神性を破壊した者である」（１７５～１７６ページ）

これはいつもどおり、『統一教会の分裂』の〝虚偽のストーリー〟に基づく誤った主張です。『統一教会の分裂』１６９ページには、真のお父様が色紙の表側を書かれたあと、真のお母様や亨進様と次のようなやり取りをされたと記されています。

「韓鶴子：これ、全部出してもいいですか？
文亨進：言葉がちょっと強いから……
韓鶴子：これは少し強すぎるから。
創始者：何。
韓鶴子：これ、全部インターネットに上げる？
創始者：上げなきゃ」

真のお父様が「それ以外の人は異端者であり爆破者である」と書かれたあと、真のお母様や亨進様はそれに対し「言葉がちょっと強い」と躊躇しておられます。お母様が「これ、全部インターネットに上げる?」とお父様に尋ねられると、お父様は「上げなきゃ」と語られ、その後、お母様は次のように語られたとあります。

「韓鶴子:全ての宣教国は全て、あの全ての統一の民は世界宣教本部の公文の指示事項のみ認めろということにサインするのは嫌ですか?(そのようにして)インターネットに上げれば、何の欠点もありません。顕進だけ、食口が知れば、顕進は言うことを聞きません。これ(全判、全体の内容を書かれたもの)は保管しますよ」(169ページ)

この傍線部分の翻訳は正しくありません。「食口が知れば、顕進の言うことを聞きません」が正しい翻訳です。「顕進は」ではなく「顕進の」です。すなわち、真のお母様は宣布文の裏側の「特報事項」である「世界統一教宣教本部の公文のみ認定する」を「食口が知れば、(食口は)顕進の言うことを聞きません」と語られ、「これ(色紙)は保管しますよ」と語っておられるのです。ところが『統一教会の分裂』は、表側の内容を「食口が知れば、**顕進は**言うことを聞きません」だから「これ(色紙)は保管しますよ」と語っておられるかのように改竄しています。そして、真のお父様はお母様に次のように語られたと述べています。

「創始者：保管って誰が保管するの。そうするんだよ全部」（同）

これはみ言の隠蔽による改竄です。改竄した部分を青色で表示し、正確に表記します。

「創始者：保管って、保管ではなくこれを宣布しなくては、誰が保管するの。これを宣布しなさいというのです」（動画４分28～33秒）

『統一教会の分裂』は、真のお父様が「保管って誰が保管するの。そうするんだよ全部」と語られたかのようにみ言を改竄します。つまり、お父様が「最初の宣布文」をネットに上げずに保管しておきなさいと指示されたかのように描写しているのです。

しかし、真のお父様は「保管ではなくこれを**宣布しなくては、**誰が保管するの。これを宣布しなさい」と強く命じておられます。

『統一教会の分裂』がこのように改竄するのは、真のお父様が「最初の宣布文」の内容を人々が知りえないよう保管しなさいと指示したにもかかわらず、真のお母様と亨進様が「動画と宣布文を企画し流布した者」であると描き、それによって、お母様が「創始者のカリスマを崩壊させ、彼の宗教的生命と神性を破壊した者」であるかのように印象づけ、お母様をおとしめるためです。

つまり、真のお父様ご自身が「最初の宣布文」を「保管ではなくこれを**宣布しなくては**」ならないと指示しておられたのであって、「（お父様の）宗教的生命はこの動画と宣布文の拡散によって殺害された」という事実は全くない、というのが事の真相なのです。

(2)「最初の宣布文」は、顯進様を「除去するために作成された作品」ではない

『統一教会の分裂』は、「最初の宣布文」とは、真のお母様が「統一教会から文顯進を完全に除去するために作成された作品」（173ページ）であるとします。しかし、これは〝虚偽〟の主張です。まず、「最初の宣布文」の作成に至るまでの顯進様の動きを理解しなければなりません。

①「最初の宣布文」作成に至るまでの経緯

二〇〇九年三月八日、いわゆる「束草事件」のとき、真のお父様は人事措置をされました。『統一教会の分裂』は、それを「文顯進UPF及びGPF会長停職」（150ページ）と述べていますが、実際は、真のお父様は、「金起動《キムギフン》を顯進の代身として立てるのです。顯進は勉強しなければなりません。……アベルを神様とアダム、エバよりもっと愛さなければならないのです」（マルスム選集609-131）と語られています。

真のお父様は、このとき顯進様に対し、「UPF会長とGPFを一年間休み、金起動牧師が代わりにする」

よう人事措置をされました。しかし、顯進様はそれを無視し、「フィリピンＧＰＣを二〇〇九年十二月に予定通り推進しよう」（１６２ページ）としたのです。顯進様は同年十一月二十日、お父様に宛てて次のような書信を送っています。

「私は状況がどうであれ、ここで決してあきらめて退くことはできません。……十二月十日から十四日まで、フィリピンのマニラで開催されるＧＰＣは、中断されたり延期されることはありません。……お父様が透明かつ公正に中心を掴んで導いて来られた神様の摂理を原理的でない方法で左右しようとすることには到底、従うことができません」（１６２〜１６３ページ）

顯進様は、真のお父様の人事措置を無視し、「状況がどうであれ、ここで決してあきらめて退くことはできません。……ＧＰＣは、中断されたり延期されることはありません。……到底、従うことができません」と述べています。それを『統一教会の分裂』は、「創始者の意図を守るために行くべき道を行くという文顯進の意志が表れている」と持ち上げますが、実際は、お父様の指示に対し「到底、従うことができません」と明言する〝不従順宣言〟であり、そこには「お父様の意図に反しても自分の道を行く」という、お父様が願われる原理的な〝一体化〟を無視する姿勢が表れています。お父様の本来の意図は、「顯進が（金起動氏に）侍って協助する立場に立つ」（マルスム選集６０９－１３４）ことを通して、「アベルを神様とアダム、エバよりもっと愛さなければならない」という「カイン・アベルの関係」

を学ばせるためのものでした。しかし、顯進様はそれに従わず、同年十二月十日、「フィリピンを訪問してGPCを強行」（164ページ）しました。

そして、『統一教会の分裂』は、二〇一〇年五月末、顯進様が「ブラジルを訪問し、ビショップ・フェレイラと会い、南米GPF活動の支援を得るなど、活発な活動」（165ページ）をしていたと記し、同年五月三十日、「ブラジル教会を訪問した際、責任者である申東謀《シンドンモ》が韓国本部の指示により文顯進が教会の壇上に立てないように」（同）しようとする出来事が起こったと述べます。当時、南米の大陸会長であった申東謀氏は「統一教会人たちに引き摺り下ろされ」（同）、顯進様がブラジル教会の壇上と本部を占拠し集会を行ったというのです。

『統一教会の分裂』は、「韓国本部の指示により文顯進が教会の壇上に立てないように」と述べていますが、二〇一〇年六月二日付の「世界宣教本部」（当時）の公文によれば、顯進様のブラジル教会訪問と日曜礼拝での集会の件で、申東謀大陸会長は世界宣教本部の公文を通じ、真の父母様から〝特別指示〟を受けていたのです。それは、顯進様は「真の父母様の許諾なく公式的な食口集会で説教をできない」ということでした。

さらに、翌日の早朝訓読会で、顯進様が「彼（申東謀氏）の頭を小突き、座っている申東謀の足を蹴る」（166ページ）という暴力事件を起こしました。このことで、同年六月二日付の「世界宣教本部」の公文を通じ、真の父母様の特別指示が再度あり、それは「真の父母様はこのような暴力は絶対に容認できず、今後、顯進様は真の父母様の裁可を受けずしては、絶対に公式的な集会や教会で講演や説教を行ってはならない」という内容でした。顯進様のこの暴力事件について、『統一教会の分裂』も「非統一教会人の観点からすると、文顯進の行為は非道徳的であり、暴力的であり、合理化しにくいのは事実である」（同）と認めています。

　このように顯進様の一連の行動は、真のお父様の人事措置に対する不従順、真の父母様の特別指示や「世界宣教本部」の公文に対する無視、さらには責任者に対する暴行にまでエスカレートしていきました。これが、真の父母様が「最初の宣布文」を作成するに至るまでの経緯です。

②「最初の宣布文」作成に込められた真の父母様の願い

　真のお父様が「最初の宣布文」を色紙の表側に書かれたあと、お父様と真のお母様が会話された内容が『統一教会の分裂』（１６９〜１７３ページ）に書かれています。

　真のお母様は、「全ての宣教国は全て、あの全ての統一の民は世界宣教本部の公文の指示事項のみ認めろということにサインするのは嫌ですか？」と真のお父様に何度もお願いされ、お父様が「なぜ、しきりにそうなの？」と理由を尋ねられると、お母様は「宣教本部を認めないから」「世界宣教本部から出る公文だけ、民は認めろ、これですよ。……食口を教育をしなければ」「法人を受けた名前を無視するんですよ、顯進が」「無知な食口は、これ、宣教本部から出る公文は偽者《ママ》だ。これではいけないから」等々と語っておられます。

　これは、前述したブラジル教会で起こった事件に関連している内容です。なぜなら、「（顯進様が）真の父母様の許諾なく公式的な食口集会で説教をできない」という真の父母様の指示を、「世界宣教本部」の公文を通じてブラジル本部に事前に送り、問題を解決するよう伝えたにもかかわらず、申東謀氏は「統一教会人たちに引き摺り下ろされ」、顯進様がブラジル教会の壇上と本部を占拠し集会を行ったからです。

このような事態による混乱を収拾するため、真のお母様は食口の教育のために色紙の裏側の「特報事項」の「**世界統一教宣教本部の公文のみ認定する**」という内容を書かれるよう何度もお願いされたのです。

しかし、『統一教会の分裂』は、「統一教会から文顯進を完全に除去するために作成された」という〝虚偽のストーリー〟を描くために、色紙の裏側の「特報事項」や、真のお父様とお母様の会話のやり取りの核心部分を全て削除しているのです。

真のお父様は「最初の宣布文」の裏側に「特報事項」を書き、それを真のお母様に渡されて次のように会話しておられます。

真のお母様「ありがとうございます。何度も、二度三度、申し上げて、申し訳ありません。事が、さらに広がることができないようにしようと」

真のお父様「広がれば、天が放っておかない。連れていってしまうよ。全て」

お母様「はい。その前に悔い改めていけるように」

このように、真のお母様はブラジル教会の事件によって、混乱が「さらに広がることができないようにしよう」とされ、「特報事項」の内容を真のお父様にお願いされたのです。

そして真のお父様が、このような混乱が「広がれば、天が放っておかない。連れていってしまうよ。全て」と語られたことに対して真のお母様は深刻な思いで、事件の当事者が「その前に悔い改めていけるように」との切なる心情を吐露されたのです。

このように「最初の宣布文」とは、顯進様を「除去するために作成された作品」ではなく、ブラジルで生じた混乱を収拾するためのものであり、顯進様やＵＣＩ側の人物が「悔い改めていけるように」しようとされたものです。ところが、『統一教会の分裂』は、そのような真の父母様の心情、願いを無視し、み言の隠蔽によって、そこに込められた真の父母様の真意をゆがめ、顯進様を「最初の宣布文」の犠牲者に仕立て上げようとしているのです。

⑶　亨進様が、「自身が創始者の『代身者・相続者』」と主張する誤り

『統一教会の分裂』は、「統一教会を離脱した文亨進が『代身者・相続者』」であると主張する核心的根拠は、以下の宣布文であると述べます。

「万王の王は一人の神様、真の父母様も一人の父母、万世代の民も一つの血統の国民であり、一つの天国の子女である。天宙平和統一本部も絶対唯一の本部である。その代身者・相続者は文亨進である。

それ以外の人は異端者であり爆破者である」（173ページ）

しかし、この内容は「宣布文」の**表側だけの内容**にすぎません。前述のとおり、宣布文は「表裏で一つ」であると真のお父様が語っておられるように、表側だけで判断してはなりません。

『統一教会の分裂』は、裏側を隠蔽することで、かえって亨進様に「文亨進が『代身者・相続者』」だと主張する余地を与えてしまっています。しかし、「最初の宣布文」の表側の「その代身者、相続者は文亨進」という部分だけをもって、亨進様が「自身が創始者の『代身者・相続者』」（173ページ）と主張できる核心的根拠とはなりえません。真のお父様と真のお母様、亨進様のやり取りを映した「寝室の動画はこの証拠」（同）です。

『統一教会の分裂』（168～173ページ）には、「寝室の動画」の内容を記載していますが、その主要な内容は「最初の宣布文」の裏側に書かれた「特報事項」についてのやり取りです。ところが、『統一教会の分裂』は、「最初の宣布文」が表側だけかのように描いているのです。それは、まるで「韓鶴子の強力な要求に応じて、創始者は最初の宣布文を作成した」（173ページ）かのように偽っているものにすぎません。「最初の宣布文」は色紙の「表裏で一つ」なのに、裏側の「特報事項」を隠蔽しているため、「最初の宣布文」としての内容を的確に記述していないのです。

真のお父様が「特報事項」を書き終えたあと、真のお母様はそこで初めて「ありがとうございます。何度も、二度三度、申し上げて、申し訳ありません」と語っておられますが、『統一教会の分裂』はそのお母様のみ言も削除しています。それは、〝虚偽のストーリー〟をつづるためです。「寝室の動画」の中でのお父様のみ言を次のように記載しています。

「天宙平和統一連合本部は、本部も絶対唯一本部である。この本部が二つであるわけにはいかない」（１６９ページ）

このように、真のお父様は**「本部が二つであるわけにはいかない」**と語られ、また、「最初の宣布文」は色紙の**「表裏で一つ」**だと語っておられます。そして、「最初の宣布文」の表側にある「天宙平和統一本部」とは、その裏側の「世界統一教宣教本部」のことを指しているのです。「世界統一教宣教本部」とは「世界平和統一家庭連合世界宣教本部」のことであり、その**「公文のみ認定する」**と真の父母様は宣布されたのです。「寝室の動画」の中で、真のお母様は次のように語っておられます。

「世界宣教本部会長の話だけを聞け……それがお父さんのみ言葉ではないですか？……亨進の名前立てるわけでもなく、ただ、お父さんの名前で、世界宣教本部から出る公文だけ、民は認めろ、これですよ」（１６９～１７０ページ）

このように、真のお母様は**「亨進の名前立てるわけでもなく」**と述べ、「世界宣教本部会長の話だけを聞」き、「**世界宣教本部から出る公文だけ、民は認めろ**」と語っておられるように、裏側の「特報事項」を強調しておられます。「亨進の名前立てるわけでもなく」とあるように、この宣布文は、亨進様が「創始者の『代身者・相続者』」であると宣布されたものではありません。家庭連合の〝世界会長〟というその位置こそが、真の父母様の「代身者・相続者」という立場であるということです。

今現在、亨進様は「統一教会を離脱」しており、家庭連合の世界会長の立場ではありません。現在の亨進様は、真の父母様の「代身者・相続者」という立場の〝世界会長〟という位置から完全に離脱しているのです。

さらに、亨進様は非原理集団・サンクチュアリ教会を立ち上げ、真のお母様を「堕落したエバ、バビロンの淫婦、レズビアン」（173ページ）と非難し、その後、真のお父様と故・姜賢實《カンヒョンシル》氏とを〝結婚〟させ、故・姜賢實氏が「真の母」だと偽る歴史的な重罪を犯しています。まさに、亨進様の今の姿は「異端者であり爆破者」の姿なのです。

私たちは「最初の宣布文」に込められた真の父母様の心情、事情、願いを知らなければなりません。これは、「統一教会から文顯進を完全に除去するために作成された作品」でも、亨進様が「創始者の『代身者・相続者』」であると宣布したものでもありません。「最初の宣布文」とは、真の子女様が真の父母様を否定することによって宣布せざるをえなかったものであり、真の父母様が悲痛な心情をもって作成されたものなのです。

ところが、『統一教会の分裂』は、そのような真の父母様のみ言を改竄し、顯進様を悲劇の犠牲者として祭り上げようとしています。

二〇〇九年十一月十四日、当時、世界会長であった亨進様が、真のお父様の指示により「顯進お兄さんが、真の父母様に従わなければ、統一教会の人たちは従ってはいけません。……私（亨進様）が、真の父母様を否定したり、真の父母様に従わなかったりすれば、統一教会の人たちは、私に従ってはいけません」と語っているように、私たちは天の父母様（神様）と真の父母様の願いに従ってひたすら前進すべきであり、真の父母様を否定している『統一教会の分裂』の〝虚偽のストーリー〟にだまされてはいけません。

㈢ いわゆる「文仁進様の米国総会長任命事件」の真相について

二〇〇八年七月二十九日、文仁進様は、家庭連合の「米国総会長」としての人事発令を受け、同年八月十四日に「米国総会長」就任式がニューヨークのマンハッタンセンターで行われました。これに対して、金鍾奭著『統一教会の分裂』は、「文仁進米国総会長任命事件」（１０７ページ）と呼び、次のように述べています。

「文仁進米国総会長任命事件」とは「人事権を握った文亨進が、創始者（注、お父様）の指示を無視」（１２０ページ）して、「米国総会長であった文顯進の地位を剥奪《はくだつ》し、代わりに文仁進を米国総会長に発令」（同）した事件である。この事件は「創始者と文顯進の間を完全に引き裂き、代わりに文亨進を後継者の座に立てる決定的名分」（107ページ）となった。仁進様の「米国総会長」の任命には、「文顯進反対勢力が文顯進を追い出す為に展開するドラマのような過程」（同）があった。

しかしながら、この『統一教会の分裂』の主張は、事実の曲解、およびみ言改竄に基づいた事実に反するもので、UCI側の人物が「文顯進反対勢力が文顯進を追い出す為に展開するドラマ」だとして作り上げた〝虚偽のストーリー〟にほかなりません。

(1)「創始者の意思とは無関係に文仁進を米国総会長として発令した」という虚偽

『統一教会の分裂』は、UCI側が主張する、いわゆる「文仁進米国総会長任命事件」について、次のように述べます。

二〇〇八年七月二十九日、文亨進様は「文仁進を米国総会長に発令する人事公文を全世界の統一教会組織に発送」（120ページ）した。「亨進様の名前で発送された韓国語公文には、仁進様の職責が米国家庭連合総会長として発表されたが、英語公文には米国統一運動の責任を負うチェアマンとして発表」（120ページの脚注）され、同年八月十四日に「文仁進の米国総会長就任式」（123ページ）が挙行された。韓国の月刊誌『統一世界』二〇〇八年九月号の記事には「文亨進世界会長によって去る七月二十九日、米国総会長として人事発令を受けた文仁進の就任式が八月十四日、マンハッタンセンター七階で全国公職者及び平和大使など五百人余りが集まる中で晩餐形式で挙行された」（１２３ページの脚注）と掲載された。

　このように、「文仁進米国総会長任命事件」とは、亨進様が「二〇〇八年七月二十九日に創始者の意思とは無関係に文仁進を米国総会長として発令」（１４２ページ）したことをいう。

　しかしながら、この記述は、事実に反する〝虚偽の主張〟にほかなりません。二〇〇八年七月二十九日付の家庭連合世界本部の韓国語公文には、次のように書かれています。

「二〇〇八年七月二十九日、真の父母様の指示により**米国総会長**に対する人事発令（新規）をお知らせします」（注、翻訳は教理研究院による）

　そして、その公文の英語版では次のようになっています。

「This is to announce the appointment of the Chairperson of the Unification Movement in America according to True Parents instructions given on July 29,2008.」

　家庭連合世界本部の公文を見れば、文仁進様は「二〇〇八年七月二十九日、**真の父母様の指示**」によって人事発令を受けています。したがって、「文亨進は、二〇〇八年七月二十九日に創始者の意思とは無関係に文仁進を米国総会長として発令」したという『統一教会の分裂』の主張は、事実に反するものです。

世界本部の韓国語の公文には「米国総会長」として発令されたと書かれており、英語公文には「Chairperson of the Unification Movement in America」とあります。また、その公文の中で、仁進様の所属（Location）は「FFWPU International」、すなわち家庭連合の「世界本部」となっています。したがって、仁進様は家庭連合の「世界本部」の所属でありながらも、米国の家庭連合内の「Chairperson of the Unification Movement in America」として「二〇〇八年七月二十九日、**真の父母様の指示**」によって人事発令を受けているのです。

以上の内容を補足し、「Chairperson of the Unification Movement in America」を日本語に訳すならば、「アメリカ国内の（家庭連合における）統一運動の総会長」となります。

家庭連合世界本部の英語公文では、家庭連合の「米国総会長」「Chairperson of the Unification Movement in America」と表記しているのであり、その意味は「アメリカ国内の（家庭連合における）統一運動の総会長」というものです。

ところが、『統一教会の分裂』は、韓国語公文も英語公文も同じ内容であるにもかかわらず、仁進様の人事発令が、韓国語公文では「米国家庭連合総会長」として発表され、英語公文では「米国統一運動の責任を負うチェアマン」として発表されたと述べて、両者はその意味を違えて表記していると主張します。これは、亨進様が仁進様を**家庭連合以外の**「米国統一運動の責任を負うチェアマン」として発令したかのように見せかけることによって、「文題進の地位を剥奪」したとでっち上げるためです。

さらに『統一教会の分裂』では、韓国の月刊誌『統一世界』二〇〇八年九月号１３４ページから「文仁進様米国総会長就任式」の記事を引用するとき、「文亨進世界会長によって去る七月二十九日、米国総会長として人事発令を受けた文仁進の就任式が八月十四日、……挙行された」と記述しています。しかし、実際の『統一世界』二〇〇八年九月号の記事は「真の父母様の指示によって去る七月二十九日、米国総会長として発令を受けた文仁進様家庭の就任式が八月十四日、……挙行された」（注、翻訳は教理研究院による）となっています。「文亨進世界会長によって」ではなく、「真の父母様の指示によって」というのが実際の文章であるにもかかわらず、引用文を書き換えて掲載しているのです。これは、完全に改竄行為です。

このように、『統一教会の分裂』は、家庭連合世界本部の公文に書かれた「真の父母様の指示」という文言を隠蔽するだけでなく、韓国の月刊誌『統一世界』の記事も「真の父母様の指示によって」という部分を「文亨進世界会長によって」と書き換えることで、「創始者の意思とは無関係に文仁進を米国総会長として発令」したという〝虚偽のストーリー〟を描いているのです。

(2)　「米国総会長であった文顯進の地位を剥奪し、代わりに文仁進を米国総会長に発令」したという虚偽

『統一教会の分裂』は、亨進様が「米国総会長であった文顯進の地位を剥奪」したとして、次のよう

に述べます。

真のお父様は二〇〇五年一月初め頃、「文顯進、文國進、文亨進の三人の息子に対する責任」（120ページ）を明確にされ、顯進様は二〇〇八年七月頃まで「北米と南米に対する責任」（同）を負っていた。当時の米国には、「全体の責任を負う大陸会長がおり、その上に文顯進が実質的な責任者の役割を遂行」（120ページの脚注）していた。しかし、二〇〇八年七月二十九日、亨進様は、「米国総会長であった文顯進の地位を剥奪し、代わりに文仁進を米国総会長に発令」した。

二〇〇八年九月十四日（秋夕《チュソク》）、顯進様は「（真のお父様から）米国総会長は文顯進であり、文仁進は祝司長（牧師）であるという確答を受け、その内容は文亨進に通知」（128ページ）した。しかし、亨進様は「最後まで創始者の指示を拒否」（同）した。お父様は「二〇〇九年三月八日のいわゆる『東草霊界メッセージ事件』の時まで、米国総会長が文顯進であると思っていた」（同）のである。

以上の内容は、事実を歪曲して述べているものです。二〇〇九年三月八日、いわゆる「東草事件」のときに梁昌植氏が読みあげた「報告書」は「訓母様の報告書」としてマルスム選集609巻123ページに記録されています。これは、梁昌植氏が真のお父様からの指示事項を整理した「報告書」であり、それをお父様に提出してチェックを受けた文書です。それは「真の子女様の使命に対する真の父母様のみ言整理報告書」であり、お父様のみ言です。

梁昌植氏の「二〇〇九年三月八日、束草報告書」には、顯進様や仁進様の使命に関する真のお父様のみ言が次のように記されています。

「顯進様は米国の総会長として南北米事業とＵＣＩ傘下ワシントンタイムズ、トゥルーワールドなど各種摂理機関を総括指揮します。顯進様は特にワシントンタイムズおよびＵＰＩなど報道機関を総括し米国運動の外的拡散……」（９ページ）

「仁進様は真の家庭で初めて任命を受けた祝司長として米国家庭連合に対する総括責任……家庭連合のＣＥＯとして家庭連合に対する人事権と財政権を持って文亨進世界総会長の指示を受け（る）……」（９～10ページ）

この梁氏の「報告書」を見ると、米国における顯進様と仁進様の「米国総会長」としての責任に関する内容がそれぞれ異なっているのが分かります。

すなわち、「米国総会長」としての顯進様に対する真のお父様の認識は、「南北米事業とＵＣＩ傘下ワシントンタイムズ、トゥルーワールドなど各種摂理機関を総括指揮」する立場での「米国総会長」です。お父様は、顯進様の使命に関して梁氏がまとめた「報告書」の内容を聞かれ、「外的だ、外的、そうだ」（９ページ）と語っておられるように、顯進様は家庭連合以外の「外的」な「各種摂理機関を総括指揮」する「米国統一運動の責任を負うチェアマン」という認識を持っておられます。すなわち、顯進様に対するお父様の認識は、**家庭連合以外の**「米国統一運動の責任を負うチェアマン」であり、それは「外的」な「米国総会長」ということです。

それに対し、「米国総会長」としての仁進様に関する真のお父様の認識は、「祝司長として米国家庭連合に対する総括責任」の立場です。すなわち、仁進様は「米国家庭連合のCEOとして家庭連合に対する人事権と財政権」を持ち、「アメリカ国内の（家庭連合における）統一運動の総会長」の立場であり、それは「祝司長」という内的な「米国総会長」です。

『統一教会の分裂』は、二〇〇八年七月二十九日、亨進様が仁進様を「米国統一運動の責任を負うチェアマン」として「米国総会長に発令」し、「米国総会長であった文顯進の地位を剥奪」したのだと述べていますが、このような主張は「米国総会長」としての顯進様と仁進様の責任に関する〝真のお父様の認識〟とは食い違っており、事実に反するものです。

二〇〇八年八月十四日、仁進様は、家庭連合以外の「各種摂理機関を総括指揮」する「米国統一運動の責任を負うチェアマン」として「外的」な「米国総会長」に就任されたのではなく、あくまでも「アメリカ国内の（家庭連合における）統一運動の総会長」である「祝司長」という内的な「米国総会長」として就任されたのです。

『統一教会の分裂』は、真のお父様が「二〇〇九年三月八日いわゆる『東草霊界メッセージ事件』の時まで、米国総会長が文顯進であると思っていた」と述べていますが、お父様は「南北米事業とUCI傘下ワシントンタイムズ、トゥルーワールドなど各種摂理機関を総括指揮」する立場の「外的」な「米国総会長が文顕進」であると思っておられたのです。

それゆえ、「文仁進を米国総会長に発令」したことが「米国総会長であった文顕進の地位を剥奪」したというのは、事実に反する〝虚偽の主張〟にほかなりません。

(3)　亨進様は「文顕進に米国総会長職の発令をしなかった」という虚偽

『統一教会の分裂』は次のようなストーリーで、亨進様が「文顕進に米国総会長職の発令をしなかった」と述べています。

真のお父様は、二〇〇九年二月の中頃に韓国に戻られ、二月二十日の訓読会で「韓国は亨進が責任を持ち、日本の国は國進が責任を持ち、米国は顯進が責任を持つ」（１４１ページ）と語られた。このように、お父様は「二〇〇九年二月十五日、二十日など続けて……三兄弟の責任分野を言及する中で、米国は文顯進が責任を持たなければならない」（１４３ページ）とされ、「米国総会長は文顯進」（１４１ページ）であることを明確にされた。

真のお父様は、「二日続けて訓読会でこのような人事措置について言及し続けた。文國進は即時その翌日に日本に出国し、その日に日本総会長は任導淳《イムドゥスン》から……宋栄錫《ソンヨンソプ》に交替した。文顯進は米国で消息を聞いて公式的な通知を待ったが、一週間経っても何の発表もなかった」（１４３ページ）。結局、亨進様は「文顯進に米国総会長職の発令をしなかった」（同）のである。

しかし、「世界宣教本部」から二月二十四日付で公文が発送されたが、そこには「文亨進が組織上創始者の代身者であり、文顯進の上司であることを明示する図表」（145ページ）があった。これは、「文仁進の報告を伝え聞いた宣教本部側で文顯進を意識し急遽、作った公文」（同）にすぎない。やはり、真のお父様の「指示が今度も守られるわけがなかった」（142ページ）のである。

しかしながら、これらの内容も事実に反する〝虚偽のストーリー〟です。『統一教会の分裂』は、真のお父様が國進様に「二〇〇九年二月十五日」の訓読会で「日本の国は國進が責任」を持つと語られて「人事措置」をされ、國進様は「その翌日（二月十六日）に日本に出国」したのだと述べています。しかし、二〇〇九年二月十七日付の「世界宣教本部」（当時）の公文によれば、同年二月十六日に真の父母様の願いを受けて、日本の全国祝福家庭総連合会総会長の離就任がありました。それは、國進様に対する人事措置ではありません。しかも、その日付は「二月十五日」ではなく、「二月十六日」です。

二〇〇九年二月十九日午後四時から東京・渋谷の松濤本部の礼拝堂で、全国祝福家庭総連合会の総会長の離就任式が執り行われ、任導淳氏から宋榮錫《ソンヨンソプ》氏に交替しました。國進様は日本の総会長の離就任式のために二月十七日、日本に出国されたのであって、「その翌日（二月十六日）」ではありません。

また、マルスム選集607巻には二〇〇九年一月二十四日から二月十六日までの真のお父様のみ言が収録されていますが、二月十五日の訓読会のみ言は収録されていません。二月十三日当時、真の父母様はハワイに滞在しておられ、二月十五日に真の父母様はハワイから韓国に移動されました。翌十六日には真の父母様の「帰国歓迎集会」が韓国の天正宮博物館で開催され、同日、真の父母様の特別指示により日本の総会長を祝福してくださったのです。

『統一教会の分裂』は、真のお父様が「二〇〇九年二月十五日」の訓読会で「三兄弟の責任分野を言及」され、「日本の国は國進が責任」を持つと語られ、國進様に対する「人事措置」をされたと述べますが、二月十五日の訓読会のみ言はなく、これは〝虚偽の主張〟です。さらに「その日（二月十五日）に日本総会長は任導淳から……宋榮錫に交替」し、「その翌日」の十六日に國進様が「日本に出国」したというのも、事実とは異なる〝虚偽の主張〟です。

よって、「二〇〇九年二月十五日」の訓読会で、真のお父様が「韓国は亨進が責任を持ち、日本の国は國進が責任を持ち、米国は顯進が責任を持つ」と語られた事実はなく、三兄弟に対する「人事措置」もしておられません。

また、『統一教会の分裂』は、真のお父様が「二〇〇九年二月二十日」の訓読会で「米国総会長」として、文顯進様に言及されたと述べますが、これは前述したように、「外的」な「各種摂理機関を総括指揮」する立場である「米国総会長」としての顯進様について言及しておられる内容です。つまり、改めて顯進様に対し「人事措置」を行う必要などありません。したがって、お父様が顯進様に対して米国総会長の「人事措置」をされたにもかかわらず、「（亨進様は）文顯進に米国総会長職の発令をしなかった」と述べることは、事実にそぐわない〝虚偽の主張〟にほかなりません。

『統一教会の分裂』は、二〇〇九年二月二十二日、当時、米国大陸会長であった金炳和氏が金孝律《キムヒョユル》補佐官（当時）に送った書信で、「米国ではお父様が最近語られた内容に従い、顯進様が教会を含み全ての統一運動の責任を任された」（145ページの脚注）と述べていますが、真のお父様が顯進様に対し「教会を含み全ての統一運動の責任」としての米国総会長の「人事措置」をされた事実はありません。教会における「米国家庭連合のCEOとして家庭連合に対する人事権と財政権」を持ち、「アメリカ国内の（家庭連合における）統一運動の総会長」、「祝司長」としての内的な「米国総会長」は、仁進様なのです。よって、亨進様が「文顯進に米国総会長職の発令をしなかった」というのは当然のことなのです。

二〇〇九年二月二十四日付の世界宣教本部（当時）から「全世界の組織に関する真の父母様の特別指示の件」と題して公文が発せられました。『統一教会の分裂』は、それを「宣教本部側で文顯進を意識し急遽、作った公文」だと述べています。

しかし、その公文には「二〇〇九年二月二十三日、真の父母様の特別指示により下記のように全世界の全ての組織に対する主管を明確にしようと思います」（翻訳は教理研究院による、以下同じ）と明記されているように、「宣教本部側で文顯進を意識し急遽、作った公文」などではありません。その公文は「真の父母様の特別指示」によるものです。

さらに、『統一教会の分裂』は、その公文の内容について「文亨進が組織上創始者の代身者であり、文顯進の上司であることを明示する図表」があると述べていますが、その公文には、次のような図と説明がなされています。

「**全ての組織は真の父母様の指示を受け、文亨進世界会長が総括する。**あわせて、世界基督教統一神霊協会と世界平和統一家庭連合などの**教会組織は、文亨進世界会長が**主管し、**天宙平和連合は文顕進世界議長が**主管する」

「すべての指導者たちは別の大陸の国で行事や大会を開催する場合、まず、世界宣教本部に報告し承認を受けた後、実施するようにする」

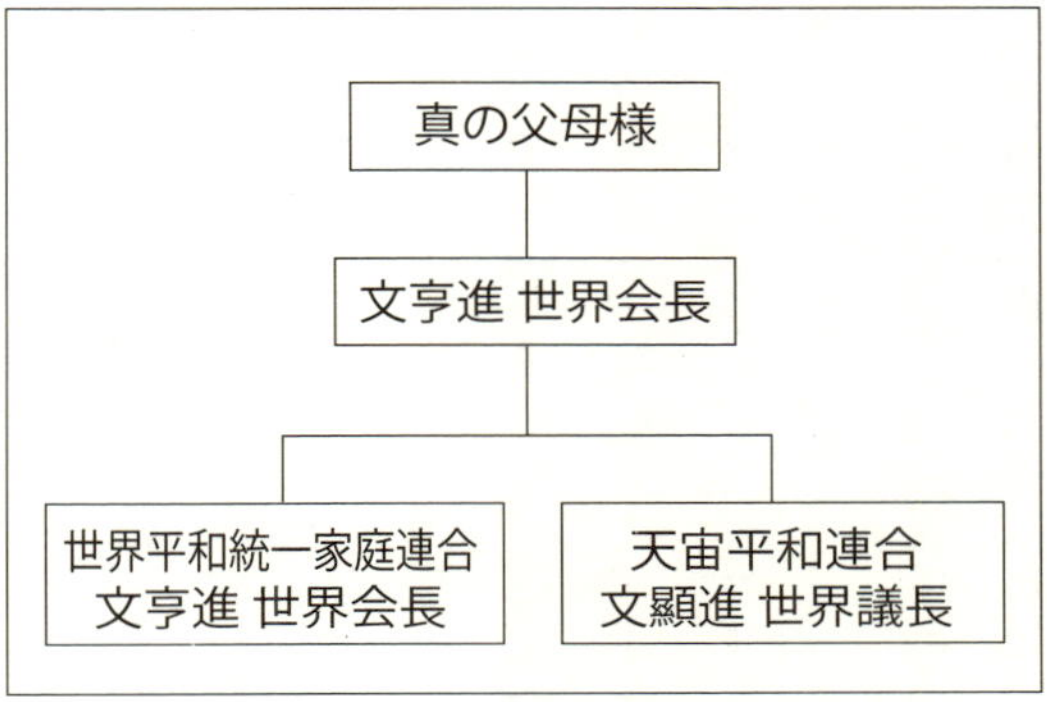

2009年２月24日付の公文の図表

このように、二〇〇九年二月二十四日付の公文の図表は、「文亨進が組織上創始者の代身者」を明示する図表ではなく、全ての組織は「**真の父母様の指示を受け、文亨進世界会長が総括する**」という立場を明確にしている図表です。

さらに、これは、亨進様が「文顕進の上司」という「上下の関係」を示した図表なのではなく、「**教会組織は文亨進世界会長が主管**」し、「**天宙平和連合は文顕進世界議長が主管**」するということを表したものであり、「並列の関係」を示している図表です。

『統一教会の分裂』は、真のお父様の「指示が今度も守られるわけがなかった」と述べていますが、上記の公文は「真の父母様の特別指示」によるものです。

ところが、顕進様は、このような「真の父母様の特別指示」に対して「非常に不快な気分を現わ《ママ》し、職権で米国統一教会理事会を召集」（145ページ）するに至ったのだと『統一教会の分裂』は述べています。

以上のように、仁進様の「米国総会長」への任命は、いわゆる「文仁進米国総会長任命事件」というものではありません。『統一教会の分裂』は、いわゆる「文仁進米国総会長任命事件」が「人事権を握った文亨進が、創始者の指示を無視」して、「米国総会長であった文顕進の地位を剥奪し、代わりに文仁進を米国総会長に発令」した事件であると述べますが、その主張はみ言の改竄や事実隠蔽に基づく〝虚偽の主張〟なのです。

米国家庭連合元会長であるマイケル・ジェンキンス氏の二〇一〇年七月一日の「報告書」によれば、顕進様が「真のお母様と兄弟たちが真のお父様の指示をコントロールしている」と語っていたことを報告しています。さらに、『統一教会の分裂』も、「文顕進は母・韓鶴子と二人の弟、即ち文國進及び文亨進と葛藤している」（123ページ）と述べています。

このように、顕進様は、亨進様が世界会長を務める世界宣教本部（当時）から出される「真の父母様の特別指示」の公文に対し、それは自分に対する母と弟たちの〝陰謀〟であるとの猜疑心から来る不信感を強く持っていたのです。

すなわち、世界宣教本部から出た二〇〇九年二月二十四日付の公文である「真の父母様の特別指示」

に対し、顯進様は「非常に不快な気分」であったというのです。それで、顯進様は「米国教会理事会」の構成員を、自分の意に従う人間へと変更することを強行しようとする大事件（米国教会理事会乗っ取り未遂事件）を引き起こしていったのです。真のお父様は、次のように語っておられます。

「皆さんは直接神様と通ずる道がないので、先生が橋を架けてあげています。……ですから**公文を重要視し、本部で送る発刊物を重要視**せよという話もするのです」（『牧会者の道』３９３ページ）

「真の父母様の特別指示」は、家庭連合世界本部の公文を通じて伝達されています。また、真のお父様は「蕩減復帰の峠を越えましょう」というみ言の中で、「すべて問題は**中心者と一つになること**です。その人の教えとか、その人の業績を共にすることによって蕩減されるのです。……神様解放まで行くには、**真の父母と共に、その蕩減の道を行かなければならない**のです」（『男性訪韓修練会御言集』２１３～２１４ページ）と語っておられます。お父様の願いが公文を通じて伝達されても、顯進様はそれに対する猜疑心を持っており、それが顯進様の行く道を難しくしたものと言えます。

私たちは、神様を解放するために、常に真の父母様と共にみ旨を歩むことを心掛け、そのためには、真の父母様のみ言や公文を重要視しながら生活していかなければなりません。

『統一教会の分裂』は公文の内容等について、顯進様にとって都合の悪いことは、真のお父様の指示であったとしても、そうではないかのように事実をねじ曲げて〝虚偽のストーリー〟を述べています。

このように、真の父母様をないがしろにし、「真の父母」を不信させようとする『統一教会の分裂』の記載内容には十分に注意し、それに決して惑わされてはなりません。

四「米国教会理事会乗っ取り未遂事件」の真相について

二〇〇八年七月二十九日、真のご家庭の三女の文仁進様が、真の父母様の指示によって米国家庭連合の総会長の人事発令を受け、同年八月十四日、「米国総会長」に就任しました。そして八月二十一日、仁進様は米国総会長の職権によって米国教会の理事会役員を変更しました。これに対し、『統一教会の分裂』は「文仁進の不法理事会変更」（151ページ）と述べています。

しかし、梁昌植氏が真のお父様の指示事項などを整理した「二〇〇九年三月八日、東草報告書」に、米国教会の理事会は「法律による法的権限は理事会が持つ」（14ページ）とあるように、仁進様はそれに基づいて理事会役員を変更したのであって、「不法理事会変更」をした事実はありません。

ところが文顯進様は、これを「不法理事会変更」であるとし、「元来どおりに理事会を戻す」（145ページ）ための理事会を招集するようにしましたが、六対五の票決により理事会の開催自体が中止となりました。顯進様が理事会を開催しようとしたこの事件こそ「米国教会理事会乗っ取り未遂事件」なのです。

(1)〝虚偽〟に基づく金炳和氏の声明文

当時、米国教会理事会の理事の一人で元北米大陸会長であった金炳和氏は、二〇一七年十月十六日「真実の前に沈黙を破って」と題する声明文を発表しました。その声明文で彼は次のように述べています。

「顯進様は二〇〇九年二月……アメリカ教会の理事会を招集し、**理事を本来のメンバーに戻そう**とされました。私も当時、アメリカ教会の理事だったので、二〇〇九年**二月二十六日に開催された臨時理事会に参加することになりました。**ところがこの会議は、最終的に國進様と亨進様、仁進様の反対により無効となりました。……**二月二十六日、理事会が無効になった直後、**私たち夫婦は顯進様に侍って**東草に最初に到着し、**お父様にお会いし、理事陣復帰のためのこれまでの経緯を報告しようとしましたが、お父様は……**一切報告を聞こうとしませんでした。**結局、この対立は繕われないまま、顯進様は翌日の**二月二十七日、ＧＰＦの世界ツアーのために日本に出国されました**」（5ページ。太字ゴシックは教理研究院）

しかし、この説明は事実と異なる〝虚偽の証言〟です。

①**顯進様が「二月二十七日、日本に出国」したという〝虚偽〟**

金炳和氏は、顯進様は世界ツアーのため「二月二十七日」に「日本に出国」したと述べますが、実際は、「二月二十八日」に「日本に出国」しています。

マルスム選集６０８巻２５８ページを見ると、二〇〇九年二月二十七日午後五時から天情苑で「真の父母様主管、特別会議」（教理研究院の訳。以下同じ）が開催され、真のお父様は次のように指示されました。

「万王の王神様解放権戴冠式が終わった次に、大会をしなければなりません。……三月一日からアベルＵＮを中心として……総会をしなければなりません」、「皆さんが一週間、（原理本体論を受講）するようになれば、私が一週間、講義を聞こうと思います。教育するのがいいですか。しないのがいいですか？　返事！　亨進、國進！（「はい、教育するのがいいです」）いい？　顯進もいいの？……あなたたちも一緒に受ける？（「はい」）では、明日、明後日（三月）一日から正式プログラムを組みます。……一人も抜けることのないようにしなさい」（マルスム選集６０８－２６９）

真の子女様方は、三月一日から始まった第六回「神様摂理史の責任分担解放圏完成宣布教育」（原理本体論教育）に参加されましたが、顯進様は二月二十八日に日本に出国し、真のお父様が指示された三月一日のアベルＵＮを中心とした総会や原理本体論教育には参加されませんでした。

当初、顯進様は「日本大会（二月二十七日～三月一日）を皮切りに……主要国家を巡回する予定」（『統一世界』二〇〇九年三月号１０３ページ）でしたが、実際の日本大会は「二月二十八日～三月一日」（「中和新聞」二〇〇九年三月号12ページ）に変更し実施しました。

真のお父様は三月八日、いわゆる「束草事件」で次のように語っておられます。

「顯進、あなたが大会を行ったのですが、どこで行ったの？……日本大会をするとき、あなたが成功裏に終えたと言い、『マニラに行く』と私に電話したでしょう？　私は何も言わなかったよ。『早く戻って来なさい』と言ったよ。マニラになぜ行くのかと聞かなかったのです。……（注、真のお父様が）『早く戻って来なさい』と言ったとき、『早く戻る』と言っておいて、どうして遅らせるの？」（マルスム選集６０９－１２７）

このように、顯進様は三月一日の日本大会を終えた後、フィリピンに行く前に真のお父様に電話したとき、お父様は「早く戻って来なさい」と語られ、顯進様を待っておられました。

しかし顯進様はすぐには戻らず、三月一日から始まった原理本体論教育の終わった翌日の三月八日、いわゆる「束草事件」の早朝の訓読会に途中から参加しました。真のお父様はそのような顯進様の〝不従順〟な行動に対し叱責されたのです。

金炳和氏が、理事会開催日を米国時間の二月二十六日にして〝ごまかそう〟とする理由は、真のお父様が二月二十七日に語られたみ言を直接聞いていないことにし、顯進様がみ言に反する行動を取っている事実を隠蔽したいためと考えられます。

②米国臨時理事会は、実際には韓国時間の二月二十七日に開催

前述のとおり、金炳和氏は声明文で米国教会の臨時理事会が「二月二十六日に開催された」と述べています。しかし、梁昌植氏は「二〇〇九年三月八日、東草報告書」で次のように報告しています。

「二月二十七日**（米国時間二月二十六日）朝、韓国に入国された顯進様は**東草におられた父母様にお目にかかる前に、（韓国の）マリオットホテルにとどまりながら**国際電話を通じて**米国教会の理事会を招集した」（15ページ）

上記の内容を総括し、顯進様の行動を整理すると次のようになります。

二月二十七日午前：韓国・ソウルのマリオットホテルから国際電話で米国教会の臨時理事会を開催
二月二十七日午後：韓国の東草に到着
二月二十八日午後：韓国から日本に出国

金炳和氏が述べている米国教会臨時理事会が「二月二十六日に開催された」という説明は〝ごまかし〟があり、これは東草に行く直前、**米国時間にすれば**「二月二十六日に開催された」のであり、実際には韓国時間の**「二月二十七日」**なのです。このように、金炳和氏の声明文には〝虚偽〟が含まれています。

(2)『統一教会の分裂』は、食い違う〝虚偽の証言〟でつづられた書籍

①食い違う「Ｋ氏の証言」

『統一教会の分裂』は、次のような「**Ｋ氏の証言**」（１２３ページの脚注）を掲載しています。「理事会騒動が起きた直後、文顯進は**韓国に立ち寄り**創始者（注、真のお父様）に会って苦境に立たされた。……『何故、理事会を全て替えたのか』……『**お前が米国の責任者なのに**、何もしなかったとは何ごとか。もう一度、全て替えろ』と（お父様は）指示した」（太字ゴシックは教理研究院、以下同じ）

このように「Ｋ氏の証言」では「理事会騒動が起きた直後、文顯進は韓国に立ち寄り」とし、顯進様が米国におられたとき騒動が起き、直後韓国に寄ったかのように述べ、真のお父様が「お前が米国の責任者なのに、何もしなかったとは何ごとか。もう一度、全て替えろ」と指示されたとしています。

それに対して、「文顯進前補佐官Ｋ氏の証言」（１４７ページの脚注）によれば、理事会騒動の直後、「他の兄弟より早く東草に到着した文顯進は金炳和と共に創始者に経緯を報告しようとしたが、創始者は完全に耳を閉ざしていた」（１４６～１４７ページ）とあり、両者の証言は食い違っています。また、この「創始者は完全に耳を閉ざしていた」との説明は金炳和氏の声明文と類似します。

②「仁進様就任以後の改編によって除外された」人物名の食い違い

『統一教会の分裂』を見ると、「金炳和氏の緊急報告文」では「仁進様就任以後の改編によって除外さ

れていた（理事は）金起勲、朴《パク》ジョンへ、フィリップ・シェンカーなどの三人」（１４４ページの脚注）と述べています。

ところが、「当時、文顯進に随行していたK氏の証言」（『統一教会の分裂』１２４ページの脚注）によると、仁進様就任以後の改編によって除外された理事は「金炳和、パク・ジョンへ、フィリップ・シェンカーなど三人」となっています。「金炳和氏の緊急報告文」と「当時、文顯進に随行していたK氏の証言」では除外された人物名が食い違っているのです。

『統一教会の分裂』は、食い違う内容であっても平然と記しています。これは、事実関係と〝真偽〟を検証せず、証言をただうのみにして情報を垂れ流しにする〝無責任〟な内容と言わざるをえません。

(3) 櫻井正上氏は〝虚偽〟に基づく金炳和氏の証言にだまされている

①「お父様の指示と世界本部の指示が『違って』いた」？

櫻井正上氏は、その著書『真実を求めて』で次のように述べています。

「仁進様の人事が『お父様の人事でなかった』ことは、後に、当時の米国大陸会長が明かしています。……お父様の指示と世界本部の指示が『違って』いた」（37ページ）

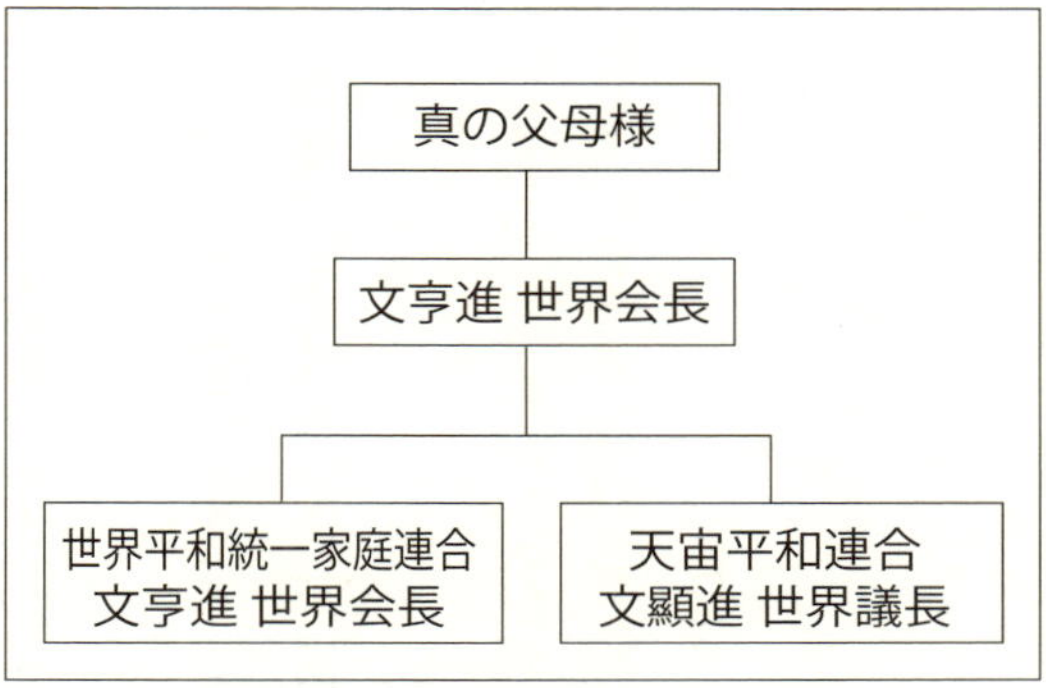

2009年２月24日付の公文の図表

しかし、この当時の米国大陸会長である金炳和氏の証言は〝虚偽の主張〟です。

また、二〇〇九年二月二十四日付で、世界宣教本部（当時）は公文を発信し、そこには「全ての組織は真の父母様の指示を受け、文亨進世界会長が総括する」とあり、図表が添付されています。

『統一教会の分裂』は、この図に対し、「宣教本部側で文顕進を意識し急遽、作った公文」（１４５ページ）であると述べますが、これは「真の父母様の特別指示」です。いわゆる「束草事件」が起こった二〇〇九年三月八日、真のお父様は次のように語っておられます。

「韓国の外的な仕事を誰が責任持ったの？（「黄善祚《ファンソンヂョ》会長です」）黄善祚！（「はい」）黄善祚の指揮下にあるの？……組織体制で見れば、亨進の指揮下に全て（の組織）が入ったのであって、郭錠煥ではないのです。……私も入っているのです。私も。私がその上にいると思わないのです」（マルスム選集６０９－１２６）

真のお父様は、「組織体制で見れば、亨進の指揮下に全て（の組織）が入った……私も入っているのです」とまで語っておられます。このように、お父様は「公文の図」の内容に基づいてみ言を語っておられるのです。

櫻井正上氏の「お父様の指示と世界本部（亨進様）の指示が『違って』いた」という主張は誤っています。**公文による**人事発令や組織体制は、真のお父様の指示と完全に〝**一致**〟しています。櫻井正上氏は、金炳和氏の〝虚偽の証言〟にだまされているのです。

顯進様は、「真の父母様の特別指示」の公文や図を見て、「非常に不快な気分を現わし、職権で米国統一教会理事会を召集」（『統一教会の分裂』１４５ページ）しようとしたのであり、これがいわゆる「米国教会理事会乗っ取り未遂事件」となったのです。

②理事会変更の目的は、「文仁進様の地位を剥奪するため」

櫻井正上氏は次のように述べています。

「仁進様の人事が『お父様の人事でなかった』」ので、顯進様は「お父様の意向を確認された上で、改めて米国家庭連合の理事会を原状復帰しよう」（『真実を求めて』37ページ）とされた。これが「『顯進様側の理事会占拠』、言わば『クーデター』」（同）として「顯進様の暴挙として報告、お父様が激怒」（同、１３６ページ）された。そして、「二〇一〇年二月三日、顯進様、米国家庭連合理事長解任」（同、１３７ページ）された。

しかし、これは事実に反する〝虚偽の主張〟です。マイケル・ジェンキンス氏は、二〇一〇年七月一日の「報告書」で次のように報告しています。

「（二〇〇九年二月二十七日）我々は**国際電話会議により**理事会を行いました。……ＨＳＡ－ＵＷＣ（米国の世界基督教統一神霊協会）理事会の理事長である仁進様が開会を宣言しました。仁進様は**お父様の指示に基づいて、理事会に変更を加えない**という動議を提出し……理事会は六対五の票決により、会合を閉会することを決め、変更が防止されました。……（お父様は）会合の継続（理事会を変更すること）を支持して投票した理事全員に**辞任要求通知を出すよう要請され**……（彼らは）理事を辞任しました」（４ページ）

この「報告書」にあるように二〇〇九年二月二十七日当時、「仁進様が米国教会の理事長」だったのであり、二月二十七日の国際電話を通じての米国教会理事会は、六対五の票決で、理事会の会合が中止されたのです。このことで、顯進様を支持して投票した五人の理事全員が辞任することとなりました。

そもそも、顯進様は法的にも実質的にも権限を持った理事ではなかったため、理事会の票決に参加する権限はありませんでした。櫻井正上著『真実を求めて』に「二〇一〇年二月三日、顯進様、米国家庭連合理事長解任」と述べているのは事実に反します。事実は、仁進様が法的権限を持った正式な「米国教会の理事長」だったのです。

真のお父様は辞任することとなった理事に対し、次のように語っておられます。

「責任を負った人たちがそこ（理事会変更）に加担して、扇動し手を挙げたならば、その手を挙げたこと自体が問題であって、誰が挙げさせるようにしたと言う必要はないのです。……本人自身が問題です！　本人自身が、そのような思想を持っているので、手を挙げたのであって、そのような思想がなければ、手を挙げろと言っても挙げないようにするのです」（マルスム選集６０９－１２６）

真のお父様は、理事会を変更しようとした〝乗っ取り未遂事件〟に対し、「手を挙げたこと自体が問題」であると語っておられます。

また、ジェンキンス氏は「報告書」で次のように報告しています。（注、「報告書」で、顯進様の言葉の部分は「茶色の字」で、真のお父様のみ言は「青い字」で表記）

「（二月二十四日）イーストガーデンの顯進様宅での顯進様とＨＳＡ－ＵＷＣの代表らとの会合で、……顯進様はお父様の補佐官に電話するよう要求しました。……電話がつながれ、彼は**理事会の変更をしないように**というお父様の願いを確認しました。顯進様はそこに集まった我々に対して、**これは心得違いの指導者たちがお父様の指示を歪曲しているだけだ**と告げました。……**お父様が間違った情報を与えられた結果として間違った指示が出されたのだ**と、……（理事会の）**変更については後でお父様と話し**

合うし、自分はお父様の全面的な支持を受けていると言いました。……顯進様は理事会をとにかく開き、**自分が要求している変更を実行するよう**要求しました」（４ページ）

このように、顯進様は米国教会の理事会に「心得違いの指導者たちがお父様の指示を歪曲している」「お父様が間違った情報を与えられた結果として間違った指示が出されたのだ」と述べ、理事会の「変更についてては後でお父様と話し合う」と言って説得したため、一部の理事たちは顯進様を支持して票決で手を挙げてしまったのです。そのことに対し、真のお父様は「手を挙げたこと自体が問題」であると叱責されました。

梁昌植氏の「二〇〇九年三月八日、束草報告書」は次のように報告しています。

「文亨進会長は世界会長として創始者であるお父様の命令が『理事会議を開かずに束草にまず集結するように命じられた』というお父様の意を伝えながら、『理事会の強行自体が父母様の意に逆らっている』ということを警告しました」（15ページ）

このように二月二十七日、韓国で開会された国際電話による米国教会の理事会の会合でオブザーバーとして参加した亨進様は、真のお父様が「理事会議を開かずに束草にまず集結するように」命じられたことを理事たちに伝え、「理事会の強行自体が父母様の意に逆らっている」とまで警告しています。前もってお父様から「理事会の変更をしないように」と伝えられていたにもかかわらず、五人の理事たちは、顯進様を支持して票決で手を挙げたのです。

この事実を知られた真のお父様は、深刻になられ、お父様の指示に対して背信し〝不従順〟な行動を取ってしまった理事たちを、いったん辞任するようにされました。

ところが、櫻井正上氏は、「顯進様の暴挙として報告」されたから「お父様が激怒」されたのだと勘違いしています。真のお父様は、理事たちが「手を挙げたこと自体が問題」だったと語られ、そのことを叱責しておられるのです。

また、ジェンキンス氏は、顯進様の要求を次のように述べています。

「自分（顯進様）が要求している変更を実行するよう要求しました。……理事会の公式通知は、理事会に投票権を持つ**新しい理事を任命すること**を要請していました。これは復帰ではありませんでした」（4ページ）

このように、顯進様の要求の本当の狙いは、単に「仁進様就任以後の改編によって除外されていた……三人を理事職に再び元通りに復帰」（『統一教会の分裂』144ページの脚注）させるためではなく、「新しい理事を任命すること」すなわち「顯進様が直接理事長になり実際の米国責任者」（145ページの脚注）になるための理事会変更の要求だったのです。

これは、米国教会理事長である**〝文仁進様の地位を剥奪するため〟**の変更だったのであり、まさしく顯進様による「米国教会理事会乗っ取り未遂事件」だったのです。最終的に理事会の票決は六対五となり、顯進様を支持する票は五票にとどまり乗っ取りは未遂となりました。

③悔い改めた「理事陣」と、悔い改めなかった「顯進様」

櫻井正上氏は、いわゆる「東草事件」による顯進様の職務停止について、「これらの一連の出来事は即ち、『長子』を潰し、世界摂理を破壊し、統一運動の方向性を見失わせようとする『サタンの業』」（『真実を求めて』38ページ）であり、「顯進様はこれを『天宙史的葛藤』として見つめられた」（同）などと述べています。

しかし、真のお父様はいわゆる「東草事件」のときに次のように語っておられます。

「万王の王神様（解放権）戴冠式のとき、顯進が来たの、郭錠煥？……（「十五日、そのときは行事で参加できませんでした」）……重要な時間に自分が抜けたら、自分の息子、娘たちが分からないと思うの？」（マルスム選集６０９－１２７）

「十五日に韓国に来なければなりません。自分の息子、娘たちに伝授して生かすために来なければならないのです。そのような重要な会議であるのに、なぜ参加しないのですか？　このようなことは話す必要がない！　金起動を顯進の代身として立てるのです。顯進は勉強しなければなりません」（マルス

ム選集609－131）

二〇〇九年一月十五日、真のお父様は「万王の王神様（解放権）戴冠式」を挙行されましたが、その式典に顯進様が参加しなかったことに対し、「なぜ参加しないのですか？　このようなことを話す必要がない」と叱責され、お父様は「金起動を顯進の代身として立てる」ようにされたのです。お父様は、金孝律氏に人事措置を読み上げるよう指示され、金孝律氏は「顯進様はUPF会長とGPFから一年間休み……」（同609－134）というお父様の指示を述べました。

櫻井正上氏は、米国理事会のこの事件が「顯進様の暴挙として報告、お父様が激怒」され、それが「顯進様の職務停止を命じる直接的な原因」（『真実を求めて』37ページ）だったと述べますが、真のお父様は「万王の王神様（解放権）戴冠式」に顯進様が不参加だったことを叱責され、「金起動を顯進の代身として立てる」との人事措置をされ、一年間の「職務停止」を命じておられるのです。

梁昌植氏の「二〇〇九年三月八日、東草報告書」は次のように報告しています。

「真の父母様の指示を破って顯進様を支持した金炳和大陸会長、ブリッジポート大学総長ニール・サローネン、UTS総長タイラー・ヘンドリックス、BIA校長ヒュー・スパージョンは免職になりましたが、後で各自の悔い改めとともに父母様の特別容赦で、次々と復職して現在も仕事をしています」（26ページ）

このように、真の父母様の指示に反して顯進様を支持した理事たちは、いったんは免職となりましたが、その後、各自が悔い改めたことにより、彼らは**真の父母様からの許しを受けて**次々と復職しています。

しかし、顯進様は一連のことを「天宙史的葛藤」「『長子』を潰し、世界摂理を破壊（する）……『サタンの業』」という恣意的な観点から見詰め、自らの「真の父母」に対する過ち、および不忠を〝悔い改める〟ことをせず、真の父母様から許されないまま、真の父母様とたもとを分かつようになったのです。そして、二〇〇九年九月十日を最後に、真の父母様の前に姿さえ見せなくなり、今日に至っています。

以上のように、金鍾奭氏の『統一教会の分裂』や櫻井正上氏の『真実を求めて』は、金炳和氏が述べる「お母様の陣頭指揮の下、顯進様を完全に排除する」（「真実の前に沈黙を破って」５ページ）という〝虚偽のストーリー〟を描くための〝虚偽の証言〟などを、まるで真実であるかのように仕立て上げて書かれた書籍なのです。

二〇〇九年三月八日のいわゆる「束草事件」のとき、真のお父様は「カイン・アベルのＵＮを中心として一つとなれるここ（真の父母）が本部であって、顯進がいるところが本部ではありません」（マルスム選集６０９－１２２）、「皆さんが今後、生きるとしても、先生の生き方と憲法（み言）を中心として、主流に従っていかなければなりません」（同）と述べ、警告のみ言を語っておられます。

私たちは「真の父母」を不信させようとするＵＣＩ側の広める〝虚偽の証言〟に惑わされてはなりません。どこまでも、天の父母様（神様）と真の父母様に対する〝孝情〟を持ち、「主流に従って」歩んでいく希望の実体となっていかなければなりません。

㈤二〇一三年天暦一月十三日の「基元節」の真の意味

ＵＣＩが創設したＦＰＡの韓国会長の柳慶明氏は、二〇一三年天暦一月十三日の「基元節」に関して、以下のように批判しています。

「真の父母様と真の家庭が定着し、それを基盤に神の主権が国家、そして世界に拡大されなければならない。つまり、モデル的平和理想家庭と平和理想世界王国を建設しなければならないのである。それがまさに天一国時代であり、二〇一三年の基元節の約束の意味である。……真の父母様と真の家庭は定着できず、神主権の平和理想世界王国の建設は延長され、真のお父様は聖和されてしまった。……真のお母様が二〇一三年の基元節を宣布され、天一国時代を出発することによって成約時代が終わったという全くでたらめな主張……」

しかし、柳慶明氏の主張は、「基元節」に対する〝誤った摂理観〟に基づくものです。

私たちは、二〇一三年天暦一月十三日の「基元節」の意味について、それをみ言を中心として理解しなければなりません。

二〇〇八年八月二十七日、真の父母様のヘリコプター事故四十日復活の勝利記念日に、お父様は基元節に対して、「今、皆様の前には、新しい時代、新しい国を約束する二〇一三年一月十三日のその日が近づいてきています。神様の血統と完全祝福を保全し、本来の真の神様を万有の父母として侍り、永遠の禧年《ヒニョン》を享受して暮らすことができる平和の実体王国、すなわち天一国のその日」（『平和神経』３６３ページ）と宣布しておられます。

二〇一三年一月十三日は、「新しい時代、新しい国」を約束する日であり、「平和の実体王国、すなわち天一国のその日」であると述べておられます。

そして、二〇一一年五月二十六日、真の父母様は韓国・仁川で「天地人真の父母定着実体み言宣布天宙大会」を開催され、「皆様、今日、私たちが生きているこの時代は、歴史的な大天宙的革命期です。歴史を変え、霊界と地上界を一つにして、神様が太初から願ってこられた理想天国をこの地上に創建しなければならない大天宙的革命期です。これ以上、延期したり、延長する時間はありません。天は既に、二〇一三年一月十三日を『基元節』として宣布しました。実体的天一国の始発であり、起源となる日が正にその日なのです」（韓日対訳『天地人真の父母定着実体み言宣布天宙大会』39～41ページ）と宣布しておられます。

お父様は、二〇一三年一月十三日を「基元節」と定められ、その日は「神様が太初から願ってこられた理想天国」を地上に創建する日、すなわち「実体的天一国の始発」であり「起源となる日」であると明言しておられました。そして、その日は「これ以上、延期したり、延長する時間はありません」とも語っておられたのです。

さらに、二〇一一年九月一日から四日までの四日間、天正宮博物館で特別な祝宴が開かれました。お父様は、み言で、次のように語っておられます。

「父母様の聖婚式を何回かすると言ったでしょう? うそではありません。……先生も一次、二次の祝福はしました。三次が最後です。皆さんが知らなければならないことは、真の父母様の結婚式は歴史以来、どんな王や、どんな王の記念日よりも、その百倍を超えなければならないということです」(『トゥデイズ・ワールドジャパン』二〇一一年天暦九月号、13～14ページ)

「遠からず私たちの『Dデー』、『Dデー』を知っていますか?……真の父母様という人が、本当に結婚してみたことがありますか? お母様、結婚したことがありますか? (蘇生、長成、完成) 全てしましたか? 真の父母の『Dデー』という言葉は、この世の天地が……真の父母様の結婚式の日に寝る人がいるでしょうか、いないでしょうか?」(同、15ページ)

「『Dデー』がいつですか? (「二〇一三年一月十三日です」)」(同、16ページ)

「皆さんを祝福してサタンの血統から離すために作っておいたのが長成期完成級の条件的な祝福であって、それは完成期の本来の祝福ではありません。息子・娘である皆さんも同参、真の父母と同じ結婚式に同参しなければなりません。……先生は一代で全てを清算しなければなりません」(同、18ページ)

このように、二〇一三年一月十三日の「Dデー」である「基元節」とは、三次の完成的「真の父母様

天地人真の父母様の「基元節」の完成的聖婚式
バージンロードを歩かれる真のお母様

の結婚式」であり、お父様は「うそではありません」とまで述べておられます。さらには、お父様は「私たちの『Ｄデー』」と語られ、祝福家庭も「真の父母と同じ結婚式に同参」しなければならないとも語っておられます。

二〇一三年天暦一月十三日（陽暦二月二十二日）、韓国・清心平和ワールドセンターで「天地人真の父母様天一国即位式」（天地人真の父母様の完成的聖婚式、戴冠式）が挙行され、真の父母様は、「敬愛する天の父母様、万王の王であられる天宙真の父母様、平和の王よ、聖恩の限りでございます。天の父母様に申し上げます。国号を『天一国』、国花は薔薇と百合、国鳥は鶴と定め、天一国の旗と天一国の歌を制定し、天のみ前に奉呈いたしました。きょう、二〇一三年、天暦一月十三日を期して、天一国元年を宣布いたします。」（『真の父母経』１４９７ページ）と、天一国の創国を満天下に宣布されました。

その式典で、お母様は紫色の王衣をまとわれ、王冠をかぶられて、数多くのトゥルロリ（介添え人）が見守るバージンロードを歩いて入場されました。そして、お母様の後ろには、美しいバラとユリを持った四人のお孫様が、花童（ファドン、欧米ではフラワーガールという）として共に入場しました。まさしく二〇一三年天暦一月十三日の「基元節」の式典は完成的聖婚式そのものでもあったのです。

お父様は一九七六年九月二十日、米国・ベルベディアで「私が霊界に帰る時、私は道を開くことができます。地上で苦労している者たちを助けることができるのです。……私は霊界にいても地上にいても働き続けます。……私は霊界にいようが、地上にいようが、その中心となっているのです。……私が死んで霊界に行ったとしても、いつでもあなた方に現れてあげましょう」(『ファミリー』一九七六年十一月号、33~34ページ)と語っておられました。また、一九七九年二月二十五日には、同・ベルベディアで「私が死んだら、皆さんに今まで霊的に役事してきた内容の十倍、百倍、役事をもっとするというのです」(マルスム選集103‐181)とも語っておられました。

このように、お父様は「霊界にいようが、地上にいようが、その中心」となってみ旨成就のために働き続けると語っておられます。さらに、「いつでもあなた方に現れてあげましょう」とも語っておられます。二〇一三年天暦一月十三日の「基元節」は、霊界に行かれたお父様がその場に同参され、お母様と共に「完成的聖婚式」を挙げられた日だったのです。

続いて、同日の「天一国基元節入籍祝福式」で、天上と地上の全祝福家庭が、天一国に入籍するための入籍祝福を受けました。その入籍祝福式で、お母様は、「祝福家庭は、今や新しい歴史の天一国を迎え、天地人真の父母様が立てられた伝統を受け継ぎ、絶対信仰、絶対愛、絶対服従で統一家の伝統を立てることはもちろん、天が全世界の人類を抱く時まで、総力を挙げて前進することを約束しますか」(『真の父母経』1497ページ)との入籍祝福問答をされ、同参した祝福家庭は感謝の思いで応答し、誓約しました。

以上のように、二〇一三年天暦一月十三日の「基元節」は、「新しい時代、新しい国」を約束する日であり、「実体的天一国の始発」であり、「起源となる日」でした。すなわち、「天地人真の父母様天一国即位式」（天地人真の父母様の完成的聖婚式、戴冠式）が挙行され、お父様のみ言どおりに「天一国基元節入籍祝福式」を通して全祝福家庭が結婚式に同参した日なのです。そして、お父様が「二〇一三年一月十三日は、天一国の起源となる日です」（二〇一〇年二月十四日のみ言）と明言しておられたように、私たちは二〇一三年天暦一月十三日の「基元節」を中心として、成約時代から天一国時代という「新しい時代」の出発をしたのです。

ところが、柳慶明氏は、このような真のお父様のみ言に対する知識が不足していたのか、あえて無視しているのか、ひたすら真のお母様を批判するためなのか、〝誤った摂理観〟で真の父母様の摂理的歩みを解釈し、「真の父母様と真の家庭は定着できず、神主権の平和理想世界王国の建設は延長され、真のお父様は聖和されてしまった。……真のお母様が二〇一三年の基元節を宣布され、天一国時代を出発することによって成約時代が終わったという全くでたらめな主張……」というとんでもない〝虚偽の主張〟をしています。

(六)「独り娘」のみ言に対する誤った批判

(1)「独り子」「独り娘」批判に関する真のお母様の公式見解

天一国五年天暦三月十六日(二〇一七年陽暦四月十二日)、「天地人真の父母様ご聖婚五十七周年記念式」が韓国の天宙清平修錬苑で開催されました。その式典で、真のお母様は、文鮮明・韓鶴子ご夫妻の「聖婚記念日」について次のように語られました。

「しかしきょう、……。イエス・キリストは二〇〇〇年前、原罪なく生まれました。独り娘も、原罪なく生まれたのです。これが真実です。原罪なく生まれた独り子、独り娘が、天の願いに従って小羊の婚宴を挙げた日です。天にとっては栄光、人類にとっては喜びと希望の日となったのです」(『世界家庭』二〇一七年五月号、6ページ)

このように真のお母様ご自身が、公式の場で全世界の教会員に向けて、聖婚記念日とは「**原罪なく生まれた独り子、独り娘**が、天の願いに従って小羊の婚宴を挙げた日」であると語られたのです。「原罪なく生まれた独り子」とは文鮮明師のことを、そして「原罪なく生まれた……独り娘」とは韓鶴子総裁のことを語っておられることは明白です。真のお母様は、真のお父様もお母様も共に原罪なくお生まれになり、「小羊の婚宴を挙げた」とはっきりと語っておられるのです。

すなわち、真のお母様が、公式の場で語っておられる「独り子・独り娘」とは、「原罪なく生まれた独り子、独り娘」を意味しています。

また、真のお母様は二〇一七年十月二十五日、韓国の天正宮博物館で行われた元老牧会者特別集会で、「私は一九四三年に生まれました。……北は共産化が進み、私がそこにいれば生き残ることはできません。……天は私を保護し、南下するようにされたのです。……真のお父様は独り子として私に出会われました」（「中和新聞」二〇一七年十一月十日号）と語られ、真のお父様は独り子としてお母様と出会われたことを明言しておられます。

(2)「真のお母様を地上世界から探し出す」というみ言をもって、「お母様の無原罪誕生」を否定しようとする誤り

真のお父様は、「『主（再臨主）がこの地上で探される新婦は……堕落していない純粋な血統をもって生まれた方』」（『祝福家庭と理想天国Ｉ』９０９ページ）であると語っておられます。これは、真のお母様の語られる「独り娘」のみ言が正しいことを裏づけるみ言です。

真のお父様は「（メシヤは）愛する子供一人で何になるか。子供自体は、その相対者（真の母）を得

なければならない。相対者をどこから得るか。天上から得るんじゃない。堕落の結果地上で失ったんだから、地上で再創造しなければならない」(『祝福家庭と理想天国Ⅱ』872ページ参照)と述べておられますが、それに対しUCIを支持する人物は、お母様を天上(霊界)からではなく、地上世界から探し出すということをもって「お母様の無原罪誕生」を否定しようとします。しかし、このみ言は、イエス様が地上で「真の母」を探し立てることができず、十字架の後、復活されてから聖霊という「霊的真の母」を立てられましたが、そのようにして「天上から得る」のではなく、地上で実体であられる「真の母」を探し立てなければならないことを意味するみ言です。

私たちが理解しておかなければならないことは、『原理講論』の「終末論」に、「人類歴史の目的は、生命の木を中心とするエデンの園を復帰するところにある。ところで、エデンの園とは……地球全体を意味するのである」(145ページ)と論じられているように、「エデンの園」が〝地上世界〟を意味しているという事実です。

再臨主の誕生についても、「再臨が、地上に肉身をもって誕生されることによってなされる」(『原理講論』577ページ)と論じられているように、人類歴史の終末期において、メシヤが再臨されるならば、この地上世界に「復帰されたエデンの園」が再現され、メシヤはそのエデンの園(地上世界)においてエバ(真の母)を探し出されて聖婚されるのです。それゆえ、〝地上世界から探し出して復帰する〟というみ言をもって、「真のお母様の無原罪誕生」を否定する根拠とはなりません。

(3) 非原理集団側の悪意のあるみ言の〝誤訳〟

サンクチュアリ教会側の人物は、「皆さんはサタンの教会へ通っています。サタンの教会！　お父様もみ言ではっきり語っていました。『真のお母様は**堕落した天使長の血統から来ました**』」と語って、まるで真のお母様が原罪を持って生まれたかのように言って批判しています。しかし、これは、み言の〝誤訳〟〝隠蔽〟に基づく批判であることに注意しなければなりません。

このみ言は、「真のお母様も堕落した天使長の**血統を受けた人**です」と翻訳すべきものであるにもかかわらず、彼らは〝誤訳〟しており、しかも、それに続く部分を削除（隠蔽）しています。正しくは、「真のお母様も堕落した天使長の血統を受けた人です。**先生までもそうです、先生までも**。ですから、絶対信仰、絶対愛、絶対服従で再創造しなければなりません」（マルスム選集４１９－１０２）というみ言なのです。

このみ言は、『原理講論』に「マタイ福音書の冒頭を見れば、イエスの先祖には四人の淫婦があったということを知ることができる。これは万民の救い主が、**罪悪の血統を通じて、罪のない人間として来られてから**、罪悪の血統を受け継いだ子孫たちを救われるということを見せてくださるために記録されたのである」（５７３ページ）と記されているように、救い主は、真の父も真の母も共に「罪悪の血統を通じて」生まれてこられることを述べているものです。

しかし、救い主は〝血統復帰〟の摂理によって「罪のない人間（無原罪）として」地上に来られ、そして「罪悪の血統を受け継いだ子孫」を血統転換されるのです。「堕落した天使長の血統を受けた人」とは、そういう意味で語っておられるみ言なのです。私たちは〝誤訳〟に基づく彼らの批判に惑わされてはなりません。

(4)「真の母の無原罪誕生」の否定こそ、〝非原理的〟

①聖霊は「母性の神であられる」(『原理講論』363ページ)

——真のお父様のみ言「神様を否定すれば、かちっと引っかかります」

『原理講論』176ページに掲載された「み言の実体的展開による被造世界と復帰摂理表示図」を見ると、長成期完成級の線の上に「再臨主」と書かれています。これは「真の父」を意味しています。同じ線の上の横に「聖霊実体」と書かれていますが、これは「真の母」を意味するものです。「再臨主」と「聖霊実体」が、長成期完成級の上に記されていることは重要です。

ところで、「聖霊」について『原理講論』にはどのように記されているのかを明確に理解しておかなければなりません。『原理講論』から「聖霊」に関する代表的な記述を抜粋します。

「**聖霊は真の母**として、また後のエバとして来られた方であるので、**聖霊を女性神**であると啓示を受ける人が多い。すなわち**聖霊は女性神であられる**ので、聖霊を受けなくては、イエスの前に新婦として

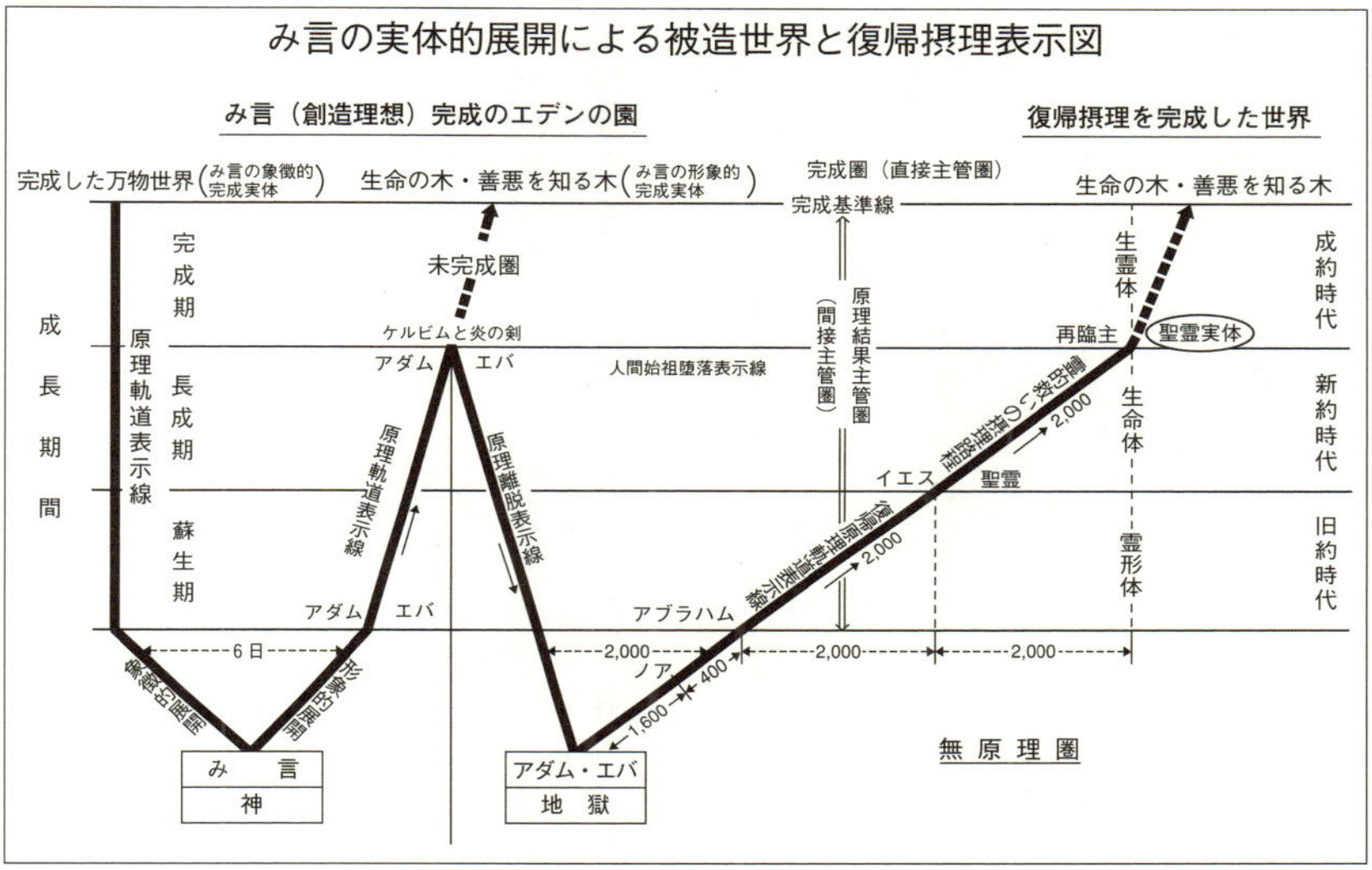

立つことができない」（265ページ）

「人類の父性の神であられるイエスが来られて、**人類の母性の神であられる聖霊**を復帰し、めんどりがそのひなを翼の下に集めるように、全人類を、再びその懐に抱くことによって重生せしめ、完全復帰する」（363ページ）

「モーセの路程で、イスラエル民族を導いた昼（陽）の雲の柱は、将来イスラエル民族を、世界的カナン復帰路程に導かれるイエスを表示したのであり、夜（陰）の火の柱は、**女性神として彼らを導くはずである聖霊**を象徴した」（369ページ）

以上のように、『原理講論』には、聖霊を「女性神」「母性の神」等々と記されています。

ところで、真のお父様は、真のお母様が還暦を迎えられた二〇〇三年陽暦二月六日に、二度目の聖婚式、そして「家庭王即位式」をされ、次のように語っておられます。

「神様とアダムとエバは、『家庭王即位式』をすることができませんでした。……その『家庭王即位式』をしたので、神様が、本来の真の父母を中心として、婚姻申告をすることができる時を迎えたということです。……

文総裁を中心として、（神様は）婚姻申告をしました。今、霊界に行けば……。**今まで霊界では、神様が見えませんでした。今、行ってみれば、霊界の父母の立場で、文総裁夫婦の顔が現れて、きらびやかな光で見える**ので、顔を見詰めることができないほど、まぶしくなるというのです。そのような**霊界に行った時にも、真の父母を否定しますか？** このように、はっきりと教えてあげたにもかかわらず、**神様を否定すれば、かちっと引っかかります**」（『ファミリー』二〇〇三年五月号、27ページ）

さらに、真のお父様は、「平和メッセージ」で次のように語っておられます。

「アダムとエバが……完成した上で、結婚して子女を生んで家庭を築いたならば、アダムとエバは外的で横的な実体の真の父母になり、神様は内的で縦的な実体の真の父母になったことでしょう。……**神様は、真の愛を中心としてアダムとエバに臨在される**ことにより、**人類の真の父母、実体の父母**としておられ、アダムとエバが地上の生涯を終えて霊界に行けば、**そこでもアダムとエバの形状で、彼らの体を使って真の父母の姿で顕現される**ようになるのです」（『平和神経』54～55ページ）

このように、完成したアダムとエバが霊界に行けば、神様はそのアダムとエバ（真の父母）の姿をもって顕現すると語っておられます。二度目の聖婚式以降、真のお父様は、神様について、「今、（霊界に）行ってみれば……文総裁夫婦の顔が現れて、きらびやかな光で見える」と語っておられます。すなわち、神様は、お父様のお姿を通してだけでなく、**真のお母様のお姿をもっても現れる**というのです。これが、二度目の聖婚式以降、お父様が語っておられる、お母様のお立場です。このみ言で分かるように、お父様とお母様は、それぞれ完成したアダム、完成したエバであるということです。

分派の人々は、「お母様を神格化している」「お母様は既に堕落した」「お母様は本来の立場を離れた」などと批判していますが、完成したアダムとエバは「決して堕落するはずはなかった」という『原理講論』が論じる「原理」（１１４ページ）に照らし合わせると、真のお父様と真のお母様のお二人は、もはや堕落したり、本来の立場から離れたりすることは絶対にありえません。彼らの批判は、非原理的なものです。

真のお父様は、「お母様は聖霊です。聖霊に背いては、赦しを受けられないのです」（『真の父母経』47ページ）と語っておられます。イエス様も、「聖霊に対して言い逆らう者は、この世でも、きたるべき世でも、ゆるされることはない」（マタイ一二・32）と語られました。今や、霊界において「**文総裁夫婦の顔が現れて**、きらびやかな光で見える」神様なのです。このお父様のみ言に従うなら、真のお母様に対し「お母様を神格化している」「お母様は既に堕落した」「お母様は本来の立場を離れた」などと批判するのは、〝**かちっと引っかかる**〟言動と言わざるをえません。

②真のお母様は〝無原罪誕生〟でなければならない
――原罪があったら「いつ血統転換されたのか」が永遠の謎に

『原理講論』の「終末論」には、「キリスト教が他の宗教と異なるところは、**全人類の真の父母を立てて、その父母によってすべての人間が重生し**、善の子女となることによって、神の創造本然の大家族の世界を復帰するところに、その目的があるという点である」（161ページ）と記されています。

全人類が〝重生〟するには、必ず「全人類の真の父母」が立たなければなりませんが、「真の父母」になるには、男性一人でなることはできません。そこには、アダムの相対である女性（真の母）が必ずいなければなりません。

真のお父様は、「（堕落によって）天の国の男性と女性、ひとり子とひとり娘を失ってしまったのです。ですから、救いの歴史である復帰摂理歴史は、**これを取り戻す歴史です**」（『真の父母経』26ページ）、「イエス様がひとり子だと語ったので、神様は彼のために**ひとり娘も送られた**でしょう。**神様の二〇〇〇年の（キリスト教）歴史は、新婦を求めるための歴史**です。イエス様は、真の息子の姿で現れましたが、真の娘の姿がないので、神様のみ旨を成し遂げることができませんでした。ですから、**二〇〇〇年のキリスト教の歴史は、娘（独り娘）を求めるための歴史です**」（同、69ページ）と語っておられます。

また、『原理講論』にも、「神はアダムだけを創造したのではなく、その配偶者としてエバを創造された。したがって、エデンの園の中に創造理想を完成した男性を比喩する木があったとすれば、同様に女性を比喩するもう一つの木が、**当然存在してしかるべき**」（97ページ）と記されています。人類を〝重生〟するにあたっては、必ず「真の父」と「真の母」のお二人がいなければなりません。

それゆえ、『原理講論』には、「父は一人でどうして子女を生むことができるだろうか。堕落した子女を、善の子女として、新たに生み直してくださるためには、**真の父と共に、真の母がいなければならない**」（２６４〜２６５ページ）と記されています。

もし、真のお母様が、聖婚されたとき初めて〝神の血統〟に生み変えられたとするならば、それは〝父一人〟で生み変えたことになるため、「原理」が説く「重生論」と**食い違う**ことになります。それゆえ、お母様は、**聖婚される以前から〝神の血統〟であった**と考えなければなりません。

もし、真のお母様が、ご聖婚前には「原罪」を持っておられ、〝サタンの血統〟であったとするならば、**父は一人で生み変えることができない**のにもかかわらず、お母様は、いつ、どのようにして〝血統転換〟されたのかが、永遠の謎となってしまいます。

事実、**父は一人で生み変えることができない**ために、真のお父様は「真の母」が立たれる一九六〇年まで、血統転換である「祝福結婚式」を全く行ってこられませんでした。そして、「真の母」が立たれてからは、数多くの「祝福結婚式」を挙行していかれたのです。

真のお父様は、ご聖婚前から、真のお母様が「堕落する前のアダムと共にいたエバ」「堕落前のエバ」「堕落していないエバ」であると語っておられます。

「再臨の主が来られるときには何の宴会が催されると言いましたか。（「婚姻の宴会です」）……婚姻の宴会とは結婚の宴会です。そうですね。（「はい」）こんな話をすると異端だと大騒ぎをします。（キリスト教徒は）無性にねたましくなるのです。

婚姻の宴会、すなわち小羊の宴会をしようとするならば、イエス様の新婦が必要です。新婦を探し出さなければならないのです。その新婦とは誰かというとエバなのです。**堕落する前のアダムと共にいたエバ**なのです。再臨の主は三人目のアダムです。イエス様は二人目のアダムであり、その後来られる主は三人目のアダムなのです。そして、三人目のアダムが堕落前のアダムの立場で来て、**堕落前のエバを探し出さなければなりません。堕落していないエバを探し出して**、小羊の宴会をしなければなりません。結婚して人類の父母となるのです」（『祝福家庭と理想天国Ⅰ』５８４～５８５ページ）

このみ言に、「**堕落前のエバ**を探し出さなければなりません。**堕落していないエバ**を探し出して、小羊の宴会をしなければなりません」とあるように、真のお母様は、結婚（小羊の宴会）をされたために〝堕落前のエバ〟〝堕落していないエバ〟になったというわけではありません。それとは反対に、「堕落前のエバ」「堕落していないエバ」を真のお父様が**探し出してから**、結婚（小羊の宴会）をされると語っておられます。

真のお父様は、このように、真のお母様がご聖婚の前から堕落していないエバ、〝神の血統〟であられた事実を、明確に語っておられます。また、次のようなみ言もあります。

「世の中に一つの真のオリーブの木の標本を送ろうというのが、メシヤ思想です。しかし、真のオリーブの木である**メシヤが一人で来てはいけません**。メシヤとしての真のオリーブの木と、……**メシヤの相対となる真のオリーブの木**を中心として、これが一つになってこそ、真のオリーブの木として役割を果たすのです」（『永遠に唯一なる真の父母』68～69ページ）

「原理は何をいっているかというと、完全なるアダムが造られた場合には、完全なるエバが復帰されるというのです。完全なるプラスが現れた場合には、完全なるマイナスは自動的に生まれてくるようになっています。それは創造の原則です。……**完全なる男性が生まれた場合には、完全なる女性が生まれるようになっている**ということを、聖書では、女（エバ）はアダム（のあばら骨）によって造られたと象徴的に書いてあります」（『祝福家庭と理想天国Ⅱ』７０８ページ）

このように、真のお父様は、「真のオリーブの木であるメシヤが一人で来てはいけません」と語られ、「メシヤの相対となる真のオリーブの木」も来られる事実を語っておられます。また、「完全なる男性が生まれた場合には、完全なる女性が生まれるようになっている」のが〝創造の原則〟であるとも語っておられます。

さらに、真のお父様は、次のようなみ言を語っておられます。

「再臨主は何をしに来られるのでしょうか。再臨時代は完成基準の時代であるために、再臨主は**人類の母を探しに来られる**のです。すなわち、**新婦を探しに来られる**のです。新郎であられる主がこの地上で**探される新婦は、堕落圏内で探す新婦ではありません。堕落していない純粋な血統をもって生まれた方を探す**のです。それでは、そのような新婦、すなわちその母とは、どのような基盤の上で生まれなければなりませんか。堕落した世界のアベル的な母の基盤の上で生まれなければならないのです。

ですから、皆さんの母は堕落したエバの立場に該当するのであり、次の母はイエス時代においてのマリヤの立場に該当するのです。また、その次の母はイエス時代のマリヤの保護を受け、**祝福のみ旨を果たすことのできる、罪の因縁とは全く関係のない処女として**、母（真のお母様）の立場に立つことができなければならないというのです。

これをイエス様を中心として成就させようとしましたが、すべてを果たすことができず霊的にのみ連結されたために、今日、復帰の終末時代に来て、これを再現させてもう一度一致させていく作戦を広げなければなりません」（『祝福家庭と理想天国Ⅰ』９０９ページ）

このように、真のお父様は、再臨主が探される新婦（真の母）とは、「堕落圏内で探す新婦ではありません。**堕落していない純粋な血統をもって生まれた方**を探すのです」と語られ、さらに「**罪の因縁とは全く関係のない処女**」であるとも語っておられます。

ここで、真のお父様が「罪の因縁とは全く関係のない処女」であると語っておられるのは極めて重要です。もし、真のお母様がお父様と「約婚」や「聖婚」をされることによって原罪を清算されたとするならば、お父様は「罪の因縁とは全く関係のない処女」と語られることはありえません。

真のお母様が語っておられる「独り娘」（独生女）のみ言は、真のお父様のみ言です。お母様が、お父様のみ言に反して、勝手に語っておられるのではありません。お母様は、生まれたときから〝無原罪〟であられ、かつ〝神の血統〟を持って生まれてこられたのです。

そして、今や真のお母様は、真のお父様と共に勝利された上で、霊界におられるお父様と共に、神のみ旨の成就のために地上摂理の最前線に立って歩んでおられます。

(5) キリスト教の歴史は〝独り娘〟を求めるための歴史

真のお父様は、キリスト教の歴史が独り娘（独生女）を求めるための歴史であったと述べておられます。

「イエス様がひとり子だと語ったので、神様は彼のためにひとり娘も送られたでしょう。神様の二〇〇〇年の（キリスト教）歴史は、新婦を求めるための歴史です。イエス様は、真の息子の姿で現れましたが、真の娘の姿がないので、神様のみ旨を成し遂げることができませんでした。ですから、二〇〇〇年のキリスト教の歴史は、娘（独り娘）を求めるための歴史です」（『真の父母経』69ページ）と語っておられます。そして、キリスト教が準備するその独り娘とは、聖婚される前から「堕落する前のアダムと共にいたエバ」「堕落していないエバ」であると明言しておられます。

真のお父様は、再臨主が地上で探される新婦（真の母）とは「堕落する前のアダムと共にいたエバ」「堕落前のエバ」「堕落していないエバ」「堕落圏内で探す新婦ではありません。堕落していない純粋な血統をもって生まれた方」と語られ、さらに「罪の因縁とは全く関係のない処女」であると語っておられます。これらのみ言は、真のお母様の「血統転換、私は母胎からなのです」という〝独り娘〟のみ言が真理であることを裏づけています。

キリスト教は再臨主を待望してきましたが、同じように、独り娘を求めるためのキリスト教の歴史でもあったのです。それは、再臨主お一人では「真の父母」になることができないためです。

真のお父様は、「完全なる男性が生まれた場合には、完全なる女性が生まれるようになっている」のが〝創造の原則〟であると語っておられます。

このようにして、キリスト教の歴史は、人類の「真の父母」を迎えるために、再臨主を待望し、かつ独り娘を準備するための歴史でもあったのです。

(6) 人間始祖の「霊的堕落のみのときの救援摂理」について

①人類歴史の目的は「エデンの園」を復帰すること

『原理講論』の「終末論」には、「人類歴史の目的は、エデンの園を復帰するところにある」とあります。

「人類歴史の目的は、生命の木を中心とするエデンの園を復帰するところにある。……人間始祖（アダムとエバ）が堕落したために、神が『生命の木』を中心としてたてようとしたエデンの園は、サタンの手に渡されてしまったのである。ゆえに、アルパで始められた人類罪悪歴史が、オメガで終わるときの堕落人間の願望は、罪悪をもって色染められた着物を清く洗い、復帰されたエデンの園に帰っていき、失った『生命の木』を、再び探し求めていくところにある……。……『生命の木』とは完成したアダム、すなわち、人類の真の父を意味しているのである。……歴史の目的は、『生命の木』として来られるイエスを中心とした、創造本然のエデンの園を復帰するところにあるということを理解することができる」（１４５～１４６ページ）

このように『原理講論』には、「人類歴史の目的は、生命の木を中心とするエデンの園を復帰するところにある」とあります。生命の木であるメシヤが地上に降臨されるということは、「エデンの園」が復帰されたことを意味します。そして、エデンの園にはアダムだけでなく、エバも存在します。

「神はアダムだけを創造したのではなく、その配偶者としてエバを創造された。したがって、エデンの園の中に創造理想を完成した男性を比喩する木があったとすれば、同様に女性を比喩するもう一つの

木が、当然存在してしかるべきで（ある）」（『原理講論』97ページ）

エデンの園には、アダムだけではなく、エバもいなければなりません。人間始祖アダムとエバが「エデンの園」を追い出された、いわゆる「失楽園」は、肉的堕落が起こってアダムまで堕落した後の出来事です。

したがって、神の復帰摂理におけるメシヤ誕生は、新しい時代が到来したことを意味します。なぜなら、メシヤ（生命の木）が地上に遣わされるということは、地上に「エデンの園」が再現される時代を迎えたことになるからです。

ところで、人類歴史の出発点を大きく分けるならば、次の三つになります。ⓐ「アダムとエバのどちらも堕落していないとき」、ⓑ「アダムは堕落していないけれど、エバだけが霊的堕落をしたとき」、ⓒ「アダムとエバのどちらも堕落したとき」です。

アダムとエバの二人がエデンの園から追い出された〝失楽園〟は、このうちⓒの「アダムとエバのどちらも堕落したとき」になります。したがって、エバが霊的堕落をしたとしても、アダムが堕落していないとき、まだ二人は「エデンの園」の中にいたのです。そのとき、霊的堕落をしたエバに対する救いの摂理が行われていました。

②人間始祖の「霊的堕落のみのときの救援摂理」について

エデンの園の中にいるエバは〝無原罪〟であり〝神の血統〟であることを知らなければなりません。エデンの園のエバは、霊的堕落をしたとしても、まだ神の救いのみ手が届く圏内にいたのです。

ところで、ＵＣＩやサンクチュアリ教会を支持する人々が、「お母様は無原罪で誕生された方ではない」として、真のお母様の無原罪誕生を否定するために用いるみ言に、次のみ言があります。

「アダムが責任を果たすことができなかったために堕落したので、その責任を完成した基準に立つには、エバを堕落圏から復帰して再創造し、善の娘として立ったという基準に立てなければなりません。そのようにしなければ、アダムの完成圏が復帰できないのです」（『真の父母の絶対価値と氏族的メシヤの道』38ページ）

「真の母がサタンに奪われたので、本来の人間（メシヤ）は、死を覚悟してまでも、サタン世界から（真の母を）奪い返してこなければなりません」（『祝福家庭と理想天国Ⅰ』５６１ページ）

真のお父様は、天の父母様（神様）と完全一体となっておられ、その語られるみ言に矛盾はありません。前述したお父様のみ言にあるように、真のお母様は〝独り娘〟としてお生まれになっています。では、これら二つのみ言をどのように理解すべきでしょうか。

真のお父様が、「アダムが責任を果たすことができなかったために堕落したので……」とか、「真の母がサタンに奪われたので、本来の人間（メシヤ）は、死を覚悟してまでも……」と語っておられるように、これらのみ言は「エデンの園」において起こったアダムの堕落の問題に対する〝メシヤ（アダム）自身による蕩減〟〝メシヤ（アダム）自身の責任〟について述べているものです。

『原理講論』には、**失楽園前の「エデンの園」において、**もし、アダムが堕落せずに完成していたならば、復帰摂理はごく容易であったとして、次のように記しています。

「エバが（霊的）堕落したとしても、もしアダムが、罪を犯したエバを相手にしないで完成したなら、完成した主体が、そのまま残っているがゆえに、その対象である**エバに対する復帰摂理は、ごく容易であった**はずである。しかし、**アダムまで堕落**してしまったので、サタンの血統を継承した人類が、今日まで生み殖えてきたのである」（111ページ）

この『原理講論』の記述は、いわば「霊的堕落のみのときの救援摂理」と呼ぶべきものであり、たとえエバが「霊的堕落」をしたとしても、もしアダムが成長期間を全うし〝完成したアダム〟になっていれば、復帰摂理はごく容易に成されていました。しかし、アダムが完成できないまま、「肉的堕落」をすることで「サタンの血統を継承した人類が、今日まで生み殖えてきた」というのです。結局、エデンの園のアダムは、**エバを天使長から取り戻すことができませんでした。**

それゆえ、人類歴史の終末期において、メシヤが来られたならば、メシヤは地上世界の「エデンの園」の中において、人間始祖アダムが果たしえなかった責任である、上述した「霊的堕落のみのときの救援摂理」の内容を〝蕩減復帰〟しなければならないのです。

ところで、失楽園前の「エデンの園」の中にいたエバは、〝霊的堕落〟をしたとしても、その時点においては、まだ「原罪」を持っておらず、「サタンの血統」にも連結されていません。すなわち、原罪とは「人間始祖が犯した**霊的堕落と肉的堕落による血統的な罪**」（『原理講論』１２１ページ）をいうのであり、エバの霊的堕落だけでは、エバの〝自犯罪〟であり、「**血統的な罪**」とはなっておらず、まだ「原罪」ではありません。事実、霊的堕落の時点において**「失楽園」は起こっておらず**、アダムが完成してエバを救済したならば、「失楽園」は絶対に起こりえなかったのです。ゆえに「霊的堕落」が起こった時点でのアダムとエバは、まだ「エデンの園」の中にいる状況です。

また、真のお父様が「愛には縦的愛と横的愛があるのです。父子関係は縦的愛であり、夫婦関係は横的関係です。縦的愛は血統的につながり、**夫婦関係は血統的につながりません**」（『訪韓修練会御言集』12ページ）と語っておられるように、天使長とエバの霊的堕落は、横的愛の問題としての**〝偽りの夫婦関係〟**であり、その時点では、エバは「サタンの血統」に**連結されているわけではありません**。お父様が、「長子（アダム）が**庶子のようになりました。血筋が変わりました。**本然の愛を通して神様の血統を受け継ぐべきでしたが、（肉的）堕落することによって他（サタン）の血筋を受け継ぎました」（八大教材・教本『天聖経』１８６ページ）と語っておられるように、人間始祖アダムとエバは、「肉的堕落」をすることによって「サタンを中心として四位基台を造成したので、サタンを中心とする三位一体」となり、サタンの血統に連結するようになったのです（『原理講論』２６７ページ）。

それゆえ『原理講論』に記されているとおり、肉的堕落によりサタンを中心とした〝悪なる三位一体〟をつくる以前の霊的堕落のみの時点では、サタンの血統に連結していないため、「復帰摂理は、ごく容易であった」（111ページ）というわけです。

そして、メシヤが地上に来られるならば、地上世界において復帰された「エデンの園」で、人間始祖のアダム自身が果たせなかった「エバを堕落圏から復帰して再創造し……」「サタン世界から奪い返して……」という「霊的堕落のみのときの救援摂理」を、メシヤご自身がアダムに代わって蕩減復帰しなければならないのです。

③「堕落圏から……」「サタン世界から……」というみ言は何を意味するのか？

ところで、**地上において**復帰（再現）された「エデンの園」には、人間始祖のときと同様、そこに、メシヤ（アダム）と三人の天使長、および独り娘（エバ）が存在することになります【左図を参照】。そして、復帰された**「エデンの園」の中にいる独り娘**は、やはり人間始祖のときと同様に、聖婚する前から「神の血統」であり、「無原罪」なのです。**この点については、前述した真のお父様のみ言のとおりです。**

しかしながら、復帰（再現）された「エデンの園」にいる三人の天使長は、洗礼ヨハネ的人物をはじめとする「メシヤのための基台」として、メシヤご自身が〝サタン世界〟〝堕落圏（堕落人類）〟で闘って勝利して、取り戻してこなければならない基台なのです。前述したみ言の「エバを堕落圏から復帰して再創造し……」「**サタン世界から**奪い返して……」という場合の「堕落圏」「サタン世界」とは、まさしくメシヤご自身が闘って自然屈伏させて取り戻すという**〝三人の天使長〟の状況そのもの**を指して語っておられるものです。すなわち、「堕落圏」「サタン世界」とは、具体的には、堕落した天使長圏のことを指しており、そこから取り戻すことを意味しているみ言なのです。

〝三人の天使長〟の基台が確立すれば、「エデンの園」が再現され、独り娘が顕現する条件が備わるということであって、エバそのものが、「堕落圏」（堕落している）「サタン世界」（サタンの血統）という意味ではありません。再現された「エデンの園」の中にいるエバは無原罪であり、神の血統です。

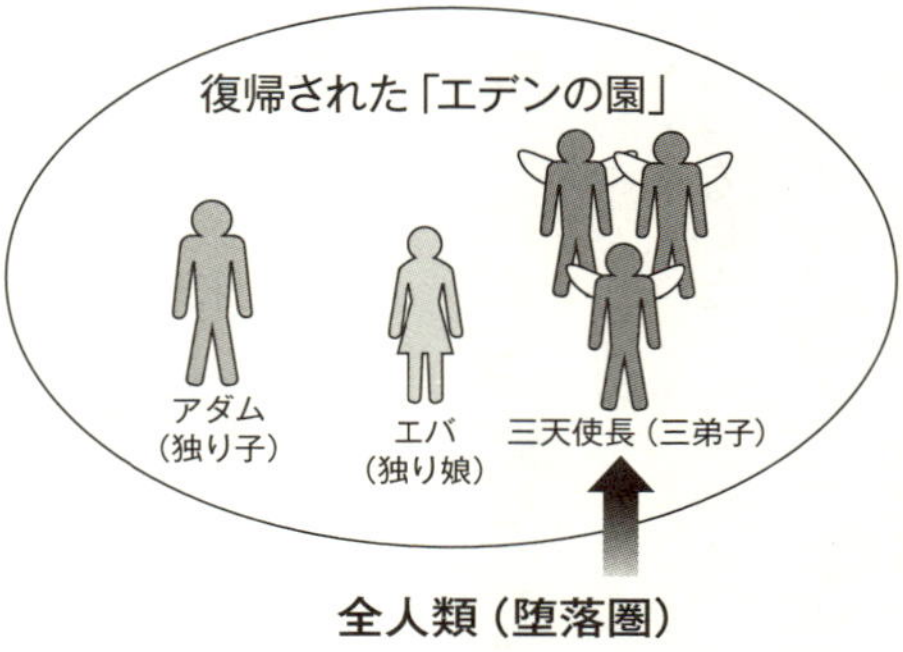

したがって、メシヤは命懸けでサタンと闘って勝利することで、三人の天使長圏を自然屈伏させ、「メシヤのための基台」（三弟子）を確立しない限り、**天使長圏**（**「堕落圏」「サタン世界」**）**からエバを奪い返して**「聖婚式」を挙げることができません。これらの二つのみ言は**〝メシヤ（アダム）自身による蕩滅〟〝メシヤ（アダム）自身の責任〟**について述べているものです。

一方、真のお父様が、前述のみ言で語っておられるように、「真の母」となられる**「エデンの園」の中にいる**独り娘は**「堕落していない純粋な血統**をもって生まれた方」です。

ところが、その「独り娘」（エバ）の場合も、人間始祖のエバが「エデンの園」で蕩滅できず、歴史的に残してしまった〝霊的堕落〟の問題を、堕落したエバに代わって**〝蕩滅〟**（「霊的堕落のみのときの救援摂理」）していかなければなりません。真のお母様が、一九六〇年のご聖婚以来、「神の日」宣布までの七年間、苦難の路程を歩まれたのは、人間始祖のエバに代わって**〝蕩滅〟**され、〝独り子（再臨メシヤ）〟の前に完全相対である〝独り娘〟として立つためであったと言えるのです。

ただし、ここで勘違いしてはならないのは、真のお母様が「霊的堕落のみのときの救援摂理」をエバに代わって〝蕩滅〟されるといっても、それは、**お母様ご自身が「霊的堕落」をしておられるという意味ではない**という点です。「霊的堕落」の罪を犯したのは、あくまでも人間始祖エバであり、お母様はそのエバを代理して「霊的堕落」を〝蕩滅〟されたのです。

真のお母様は「無原罪」であられ、かつ「神の血統」であるがゆえに、長成期完成級をつまずくことなく越えられ、完成期の七年路程を人間始祖エバに代わって歩まれることで、真の父（アダム）と共に、勝利された人類の「真の父母」となられたのです。

(7) お母様は「神様を根として現れた主人公」

『原理講論』には、「父は一人でどうして子女を生むことができるだろうか。堕落した子女を、善の子女として、新たに生み直してくださるためには、**真の父と共に、真の母がいなければならない**」（26

４～２６５ページ）と記されています。すなわち、重生するには「真の父」と「真の母」のお二人が必要です。すでに述べたように、もし、真のお母様が約婚や聖婚をされたときに原罪を清算し、初めて〝神の血統〟に生み変えられたとするならば、それは〝父一人〟で生み変えたことになるために、「原理」が説く「重生論」と**相容れません**。ゆえにお母様は、約婚や聖婚をされる前から〝神の血統〟であったとの結論に帰結するのです。

事実、真のお父様は、真のお母様に対し、「神様を根として初めて歴史上に……現れた主人公」であるとして、次のように語っておられます。

「統一教会の文先生を、何と言いますか。（「真の父母様」）真の父と言うでしょう？　ここにいる韓鶴子氏は？（「真のお母様」）真の母だと言うでしょう？（「はい」）真の父だと言うでしょう？（「はい」）いくら見ても目も二つ、鼻も同じなのに、何が違いますか？　**根が違うのです。根が。**皆さんは、サタン世界の堕落した父母を通した堕落の根を生まれ持ちましたが、統一教会の文某と、ここにいる文鶴子、文鶴子（文学者）でしょう？　世界に文学者（注、韓国語で文鶴子と発音が同じ）があまりに大勢いてはいけないので、韓鶴子、たった一人の（ハン）鶴子……。**鶴子様は根が違う**というのです。**神様を根として初めて、歴史上に真なる愛の論理を中心とした統一論理を持って現れた主人公**だというのです」（マルスム選集１４８－40～41）

このように、真のお父様は、私たちには「皆さんは、サタン世界の堕落した父母を通した堕落の根を生まれ持ちました」と述べ、その〝対比〟として「統一教会の文某と、ここにいる韓鶴子……たった一人の鶴子、鶴子様は根が違う」と語られ、真のお母様は「堕落の根」から生まれたのではなく、「神様を根として……現れた主人公」であると述べておられます。

真のお父様は、真のお母様（韓鶴子総裁）が、堕落していない純粋な血統を持って生まれた方であると述べるにとどまらず、お母様も、お父様と同様に「神様を根」としてお生まれになった方である事実を明らかにしておられるのです。

私たちは、真のお母様の語られる「独り娘」のみ言が真理である事実を明確にしておかなければなりません。

第三章

「韓鶴子の不従順」の誤り——十八のみ言の検証

㈠ サタンは子女様を狙っている（一九九九年十月十五日）

⑴「韓鶴子の不従順」を〝裏づける〟み言は存在しない

『統一教会の分裂』は、真のお父様が「韓鶴子《ハンハクチャ》の不従順」に対して苦慮しておられるみ言であるとして、次のようにみ言を引用します。

「エバがこのようなことを知っていたら復帰されていたのにというのです。今、お母さんが一人で出てきたらどうしますか。収拾する道理がありません。お母さんも絶対信仰・絶対愛・絶対服従です。自分を中心としたお父様への絶対信仰・絶対愛・絶対服従ではありません。その時までお母さんは絶対について来なければならないというのです。〈中略〉ここにいるお母様が自分の考えを持って巣をつくるようになれば、問題が大きいというのです。〈中略〉今、完成時代に入って、お母さんが責任を果たせなければお母さんの後継者はいくらでもいっぱいいるのです」（246ページ）

『統一教会の分裂』は、この内容に対して「創始者（注、真のお父様）を不信する韓鶴子の態度」（245ページ）に言及したみ言であると述べます。しかし、これは〝虚偽の主張〟です。ここで語られている「お母さんが責任を果たせなければお母さんの後継者はいくらでもいっぱいいるのです」という内容は、後述しますが、その当時の母の国、日本について触れているものです。『統一教会の分裂』は、上記に続く重要な部分を削除し、隠蔽《いんぺい》しています。真のお父様は、続けて次のように語っておられます。

「それで、最後に今回、賞をあげました。父母様の賞が一つの決定的基盤なのです」（マルスム選集312-177。翻訳は教理研究院、以下同じ）

『統一教会の分裂』は、「創始者を不信する韓鶴子の態度」が〝事実〟であるかのように印象づけるために、真のお父様が苦慮しておられたようにみ言を恣意的に引用し、「それで、最後に今回、賞をあげました。**父母様の賞が一つの決定的基盤**なのです」という総括的なみ言の部分を削除し、自分たちに都合良く解釈しているのです。このみ言は「韓鶴子の不従順」とは全く関係のないものです。

まず、『統一教会の分裂』が、意図的に隠蔽した「最後に今回、賞をあげました。父母様の賞が一つの決定的基盤」と語られた「父母様の賞」とは何であるのかを明確にしておかなければなりません。

一九九九年六月十四日（天暦五月一日）、真のお父様は「真の父母様天宙勝利祝賀宣布」の式典で、真のお母様に「表彰牌《はい》」を授与されました。お父様が語っておられる「父母様の賞」とは、その「表彰牌」のことです。お父様は、式典で次のように語っておられます。

「八十か都市で勝利の基準を持って帰ってきたので、**お母様はついに、お母様としての責任を果たして、**神様が公認される位置に、サタンが公認する位置に立ち、キリスト教人口の氏族圏を超えた勝利の版図圏に立ったのです。……文総裁からお母様に対して、韓鶴子女史に対して表彰をするのです。**今からは、対等な立場なのです**」（『ファミリー』一九九九年八月号、20ページ。太字ゴシックは教理研究院）

真のお母様は、一九九九年に「真の家庭世界化前進大会」で講演され、「八十か都市で勝利の基準」を立てられました。それに対し、真のお父様は「お母様としての責任を果たして……真の父母と人類が公認する位置」に立たれたと語られ、お母様に「表彰牌」を授与されたのです。その「表彰牌」には、「あなた（真のお母様）は……蕩減復帰の苦難の路程を絶対信仰、絶対愛、絶対服従で勝利し、永遠の伝統を立てられました」（『真の父母経』１４４０ページ）と刻まれています。「真の父母様天宙勝利祝賀宣布」は、お母様が「蕩減復帰の苦難の路程を絶対信仰、絶対愛、絶対服従で勝利」されたことを天と人類の前に宣布し、祝賀した式典でした。

『統一教会の分裂』が引用した一九九九年十月十五日のみ言は、真のお父様が「韓鶴子の不従順」に対し「創始者の苦心」（２４６ページ）を語られたものではなく、真のお母様に授与された表彰牌が、「蕩減復帰の苦難の路程を絶対信仰、絶対愛、絶対服従で勝利」されたものであり、「真の父母と人類が公認する位置」に立つ「決定的基盤」となっていることを証ししておられるものです。

ところが『統一教会の分裂』は、真のお母様をおとしめようと、その重要部分を隠蔽し、真のお父様の語っておられる真意をゆがめて〝虚偽の主張〟をしているのです。

(2)『統一教会の分裂』が隠蔽しているみ言

①真のお父様は「先生の家庭までも、サタンが侵犯できる許諾を全部してあげた」

実は、一九九九年十月十五日のみ言には、真の父母様のご家庭に起こりうる、さまざまな問題を預言的に語っておられる内容があります。以下、引用します。

「先生の家庭までも、サタンが侵犯できる許諾を全部してあげたのです。それで、ありとあらゆることが、全部起こったのです。(かつて)孝進《ヒョジン》を見てみれば、孝律《ヒョユル》のほおを殴り、あの野郎、みんな殺すと。全部みんな、息子たちがそうです。……(今後)顯進《ヒョンジン》や國進《クッチン》までも、こじきみたいなやつたちを殴り殺さなければならないというのです。……(しかし)それが自分の心ではないのです」(マルスム選集312－179)

真のお父様は、「先生の家庭までも、サタンが侵犯できる許諾を全部してあげた」ので「サタンが侵犯」し、真の子女様において「あらゆることが、全部起こった」と語っておられます。また、子女様たちの心に、あまりにも至らない家庭連合の教会員に対し、「こじきみたいなやつたちを殴り殺さなければならない」という思いが生じたりするというのです。しかし、そのような子女様の思いは「自分の心ではない」と語っておられます。

さらに、真のお父様は、文孝進様の聖和後、二〇〇八年四月六日の第四十九回「真の父母の日」に、ハワイで「真の母およびカイン・アベル一体化の特別式」を挙行され、ご自分の前に文顯進様と文國進様を立たせ（写真）、次のように語っておられます。

真の母およびカイン・アベル一体化の特別式
（2008年4月6日、米国・ハワイ）

「あなたたちカインとアベルが、**お母様の言葉に絶対服従しなければなりません**。……あなたたち兄弟同士で争って分かれることはできません。……われ知らず憎みます。声を聞くのも嫌で、歩いていくのを見れば、後からついていって殺したい思いが出てきます。あなたたちに、われ知らずそのような思いが出てくるというのです。かつて孝進がそれを体験し、いけないということを知っているので、兄弟たちに接することができず、父母様に反対し、父母様でも何でも、すべてなくしてしまおうと考えたというのです」（『ファミリー』二〇〇八年六月号、30ページ）

真のお父様は、顯進様と國進様に対し、兄弟同士が「われ知らず憎みます。声を聞くのも嫌で……殺したい思いが出てきます。あなたたちに、われ知らずそのような思いが出てくる」と語られました。かつて孝進様もそのような思いを体験され、「父母様に反対し、父母様でも何でも、すべてなくしてしまおう」と「われ知らずそのような思いが出てくる」ことがあったと述べておられます。

真の子女様の心に、互いに「殺したい思い」が出たり、「父母様に反対」する思いになったりするのは「自分の心」ではなく、「われ知らずそのような思いが出てくる」からだと語られました。だからこそ、真のお父様は子女様に対し「**お母様の言葉に絶対服従しなければなりません**」と忠告しておられるのです。これは子女様をサタンから守るためです。

また、真のお父様は一九九九年十月十五日のみ言で、次のようにも語っておられます。

「み旨のために**いちばん近い側近者が**（真の父母様を）**背信します**。先生の**息子の中にも背信した者が出てくる**のです。先生を殺そうと、売り飛ばそうというのです。……先生の息子、娘が祝福を受けたことを、**離婚して一緒に住めないということまで出てくること**を心配しているのです。……サタンが神様を通過して、神様の体まで、アダム、エバの体まで侵犯したので、その後孫の復帰時代に、**その居間にまで入ってきて傷をつける**というのです。それが最後です」（マルスム選集312－180）

真のお父様は「先生の息子の中にも背信した者が出てくる……離婚して一緒に住めないということま

で出てくる」と語られ、真の子女様に今後、起こりうるさまざまな問題について言及されました。

このように、真のお父様が「先生の家庭までも、サタンが侵犯できる許諾」をされたので、サタンの讒訴《ざんそ》条件が残っていれば、サタンが真の子女様を狙って、真の父母様のご家庭の「居間にまで入ってきて傷をつける」事件が起こりうるというのです。

②サタンが「居間にまで入ってきて傷をつける」事件

一九九九年十月二十七日、六男の文榮進《ムンヨンジン》様がホテルのバルコニーから転落し、聖和されました。それは、真のお父様が「先生の家庭までも、サタンが侵犯できる許諾を全部してあげた」と語られた日から十三日目の出来事であり、サタンが真の父母様の家庭の「居間にまで入ってきて傷をつける」と語られた後に起こった最初の事件でした。

真のお父様は、榮進様の聖和について次のように語っておられます。


「父母が、カイン世界を救うために犠牲になったのと同じように、興進《フンジン》君と霊界に行っている四人の子女たち（喜進《ヒジン》様、惠進《ヘジン》様、興進様、榮進様）は、皆、自分の持って生まれた寿命を全うできずに、中途で急死した人たちです。皆、事故死です」（『ファミリー』二〇〇一年二月号、17ページ）

真のお父様が「霊界に行っている四人の子女たちは、皆……事故死です」と語っておられるように、

1999年10月27日に聖和された文榮進様の世界聖和式
（同年11月12日、韓国リトルエンジェルス芸術会館）

榮進様の聖和は「事故死」によるものだったのです。さらに、お父様は次のように語っておられます。

「榮進が家を出るとき、勉強すると手紙を書いておいて行きました。自分の複雑な環境から新たに決心して、勉強するという手紙を書いておいて行きました。ラスベガスにいて、ネバダに行ってその都市の名前は何ですか？（「リノです」）リノのハラーズホテル十七階二三号室で事故に遭ったのです。それを自殺と見ることはできません。事故と見るのです」（マルスム選集３１２－２３７～２３８、一九九九年十一月二日）

榮進様は、「自分の複雑な環境から新たに決心して、勉強するという手紙」を書いて家を出発されました。真のお父様は、新たな決心をして出発された榮進様は「事故に遭った」と語っておられます。

そして、真のお父様は霊界の実相からも、榮進様の死が「事故」であることを次のように語っておられます。

「霊界の実相を知れば、霊界では、自殺した人が入っていくと、神様のみ旨の前に出て協助することはできません。涙を流しながら『**わたしの責任を果たせる兄弟たちを助けてほしい**』と祈祷し、父に対してその事情を語る榮進、その息子を見るとき、これは自殺ではありません。自殺ではないのです。自殺した者は先生の前に現れることができません」(『ファミリー』二〇〇九年九月号、7ページ。太字ゴシックは教理研究院)

自殺して霊界に行った人は「神様のみ旨の前に出て協助」できないだけでなく、「先生の前に現れること」ができません。ところが、榮進様は真のお父様の前に現れ、「わたしの責任を果たせる兄弟たちを助けてほしい」と祈祷し、事情を語られたのです。このように、霊界の実相から見ても、榮進様の死は「事故死」でした。

真のお父様は、四人の真の子女様たちの「事故死」の原因について次のように語っておられます。

「事故が起きたのですが、だれが運転していたのかというと、自分たちではなく、皆さん(食口)が間違った環境をつくり、皆さんが間違った運転をし、皆さんによって、そのような事故が起きたということを知らなければなりません。……

神様と真の父母様に重荷を負わせたという恥ずかしい事実を知らなければなりません」(『ファミリー』二〇〇一年二月号、17~18ページ)

真のお父様は、榮進様の「事故死」は「皆さん（食口）が間違った環境をつくり、皆さんが間違った運転をし、皆さんによって、そのような事故が起きた」のだと語られました。すなわち、真の子女様に対し、カイン圏の教会員たちが「間違った環境」をつくることで、「先生の家庭までも、サタンが侵犯」できる条件となり、榮進様の転落事故という胸痛い事件が起きたのです。

実は、榮進様が事故に遭われた内的原因は、母の国である日本にもありました。

一九九九年、真のお父様は二〇〇〇年までに摂理を完結させるための最後の一年として、三億六〇〇〇万双の祝福式を日本で挙行される計画をお持ちであり、当時の会長はお父様から、日本に「入国できるように政府と交渉」（『世界家庭』二〇一六年九月号、75ページ）するようにという願いを受けていたのです。

一九九九年一月一日、「神の日」の式典が南米で行われ、引き続き会議があり、真のお父様は日本の会長（当時）に「先生が入国できるように政府と交渉ができたのか」（同）と確認されました。会長が「申し訳ありません。まだできていません」と答えると、お父様は深刻になられ、「先生を入国させなければ、日本は母の国の立場を失い、めちゃくちゃになってしまう」（同）と厳しく言及されたのです。

正に、そのときの母の国、日本は、真のお父様が「お母さんが責任を果たせなければお母さんの後継者はいくらでもいっぱいいる」と語られたように、他の国（カナダ、フィリピンなど）に母の国の使命を譲らざるをえない状況に陥っていたのです。

結局、真のお父様のご入国問題は解決されず、三億六〇〇〇万双の祝福式は日本で開催することができませんでした。お父様が「母の国の立場を失い、めちゃくちゃになってしまう」と語られたように、母の国、日本は「間違った環境」をつくり、サタンに讒訴条件を握られてしまったのです。そのため、お父様は、「それで、最後に今回、賞をあげました。**父母様の賞が一つの決定的基盤なのです**」と語られ、今後、サタンが「(真のご家庭の)居間にまで入ってきて傷をつける」事件が起こることがあったとしても、真のお母様に授与された「賞」が「決定的基盤」となっている事実を明らかにされ、日本および真の子女様が真の父母様にしっかりつながっていなければならないことを語っておられたのです。

同年八月一日、真のお父様は日本人国家メシヤに対し、「全員オリンポに集合」(同)しなさいと指示され、一二〇人が集まって四十日修練会が開催されました。その修練会の最後の頃、お父様は「全員ここに残れ。もう日本に帰る必要はない」(同)と、日本に対する深刻な思いで国家メシヤたちに語られました。

そのような中、一九九九年十月二十七日、榮進様がホテルのバルコニーから転落する「事故が起きた」のです。この事故は「間違った環境」のゆえにサタンが讒訴し、真の父母様のご家庭の「居間にまで入ってきて傷をつける」出来事だったのです。

私たちは、一九九九年に日本で祝福式を挙行できなかったために榮進様の犠牲があった悲しみの歴史を知って、「神様と真の父母様に重荷を負わせた」ことを悔い改め、ビジョン二〇二〇までの最後の一年、氏族圏に祝福を伝授し、蕩減復帰しなければなりません。

③希望の預言「春が来れば、みんな解ける」

二〇一九年七月現在、顯進様、國進様、亨進《ヒョンジン》様は真の父母様の主管圏から離れ、非原理的活動を行っています。真のお父様はこのような状況になることを、すでに一九九九年十月十五日のみ言で「先生の息子の中にも背信した者が出てくる」と預言しておられたのです。しかし、お父様は次のようにも語っておられます。

「顯進や國進までも、**こじきみたいなやつたちを殴り殺さなければならない**というのです。**盗賊野郎のやつら、全部みんな信じることができない**というのです。そのようなものです。（しかし）それが自分の心ではないのです。峠を越えるようになれば、**春が来れば、みんな解けるようになります**。それは神様の愛と、父母様の愛の、春の季節を迎えることによって解けるのであって、その前に父母様と神様がカインを救うための、カイン（のための）愛の時代でしょう？……ありがたいことは、サタンが先生の息子、娘をむやみに拉致できません。ありとあらゆるうわさはみんな出したけれども、（息子、娘を）**捕まえて殺すことができません**」（マルスム選集312－179～180）

真のお父様は、サタンの讒訴ゆえに真の子女様に関するさまざまな問題が起きたとしても、「峠を越えるようになれば、**春が来れば、みんな解けるようになります**」と語られました。すなわち「父母様と神様がカインを救うための……愛の時代」を超えてこそ、春が来て、みんな解けるようになることを言及しておられるのです。

また、一九九八年九月二十一日、真のお父様は次のように語っておられます。

「国家メシヤたちには高級な服を買ってあげながら、自分の子女たちを連れて行って（そのような）服を買ってあげたことは一度もありません。……（カイン圏の）外的な世界の人たちに愛を与えていたら、自分の家族が悲惨になってしまいました。

先生はどのように考えるかというと、『愛の祭壇を世界化させる仕事を私がする』と考えるのです。……祭物を捧げる時には、家庭祭物を捧げなければなりません。父母様が祭物にならなければなりません。父母様自体が、教会員自体が、祭物にならなければならないのです。一番近いところから、神様は復帰摂理の祭物としてこられたではないですか！

統一教会員たちはそれを知っているので、自分（お父様）の背に乗って越えていかなければなりませんでしたし、踏んで越えていかなければならないと考えるのです。……祭物なのです。……全世界の祭物なので、全世界の人類が、その祭壇の前で（頭を下げ）敬礼を捧げなければならないのです。

御旨がすべてなされた後……私たちの家庭を、世界の家庭がどれくらい尊敬するか、考えてみてください。償わなければなりません。全人類が、全世界が、私たちの家庭に感謝する日が来るということを（今は、皆さんは）知りません。……

五十年の歴史を過ごしながら、すべて悲しみで埋められているので、それを越えて来ることのできない環境にあるのが、先生の家庭であることを知らなければなりません。家庭的祭壇を積んで摂理してきたことを知らなければなりません」（『祝福家庭』一九九八年冬季号、25〜26ページ）

真の父母様は、「カイン（世界）を救うため」に、より近い真の子女様を犠牲にしながら「（カイン圏の）外的な世界の人たちに愛を与えて」こられました。真のお父様が「五十年の歴史を過ごしながら、すべて悲しみで埋められている……先生の家庭である」と語られたように、真の父母様は最も愛する子女様を犠牲の祭物として捧げながら、「家庭的祭壇を積んで摂理」を導いてこられたのです。

今日における真の子女様の非原理的行動は、教会員の不足な歩みによって生じた結果であり、「サタンが侵犯」し、真の父母様のご家庭の「居間にまで入ってきて傷をつける」ことが起こりうる讒訴条件によるものです。正に、サタンが子女様を拉致して悪事を働こうとしている姿だと言えるのです。しかし、サタンは子女様を「捕まえて殺すこと」はできません。私たちは真の父母様を「踏んで越えていかなければならない」み旨の道において、今までの私たちの不足、サタンの讒訴圏を清算することで、子女様を本来の位置に取り戻してこなければならないのです。

真のお父様は「御旨がすべてなされた後……全人類が、全世界が、私たちの家庭に感謝する日が来る」と語っておられます。すなわち、最後の「峠を越えるようになれば、春が来れば、みんな解ける」ようになり、真の父母様のご家庭は、全世界の人々から愛され尊敬されるようになるというのです。そうしてこそ、「家庭的祭壇を積んで摂理して」こられた真の父母様の〝恨《ハン》〟が解かれるのです。

二〇一二年天暦七月十七日（陽暦九月三日）、真のお父様が聖和された後、真のお母様は〝中断なき前進〟を宣布され、ビジョン二〇二〇勝利のために死生決断で歩んでおられます。お母様は同年十二月九日、次のように語っておられます。

「私たちに中断はありません。前進があるのみです。全世界の真の家庭の皆さんが、絶対信仰、絶対愛、絶対服従によって新（神）氏族的メシヤの使命を果たし、天の大いなる恩賜と天運を相続する勝利者になることをお祈りいたします。天は、私たちに途方もない祝福を下さいました。その責任は、必ず私たちが、皆さんが、二世たちが完成しなければなりません」（天一国経典『天聖経』１３６８ページ）

真のお母様は、「カイン（世界）を救う」ために、全世界の祝福家庭が「絶対信仰、絶対愛、絶対服従によって新（神）氏族的メシヤの使命を果たし、……勝利者になること」を訴えられ、中断なき前進を訴えておられます。お母様は「二〇二〇年まで、この国の復帰と世界の復帰のために……心を一つにし、志を一つにして、この目的を達成」（『真の父母経』５７２ページ）しなければならないと語られ、「新（神）氏族的メシヤ」の勝利を何度も強調しておられるのです。

また、真のお母様は、二〇一四年二月九日、次のように語っておられます。

「二〇二〇年まで、私（お母様）が天のみ前に約束したことがあります。それが必ず成就するよう、

多方面で環境創造をするつもりです」（同、１０６５ページ）

このように、真のお母様は「二〇二〇年まで、私（お母様）が天のみ前に約束した」ことを果たすため、「環境創造」をしていき、天の父母様（神様）のみ旨を必ず成就する決意で歩まれています。

私たちはそのような真のお母様と「心を一つにし、志を一つ」にして、「新（神）氏族的メシヤの使命」を果たさなければなりません。そして、一九九九年に三億六〇〇〇万双の祝福式を日本で開催できなかった真のお父様の〝恨〟を、二〇二〇年までの最後の年に解いてさしあげなければなりません。

真のお父様が「峠を越えるようになれば、春が来れば、みんな解けるようになります」と語っておられるように、正に今がその「峠を越える」ときなのです。

一九九九年十月十五日のみ言は、真のお母様の心情、事情、願いと一つになって、祝福家庭が「新（神）氏族的メシヤの使命」を果たし、摂理的な春を迎えるようになれば、真の子女様の問題は全て「みんな解ける」という、希望のみ言、預言の内容です。

『統一教会の分裂』は、一九九九年十月十五日のみ言が「韓鶴子の不従順」を裏づけするものだと主張しますが、そのみ言を検証してみると、真のお母様が「絶対信仰、絶対愛、絶対服従で勝利」されたというみ言、および「息子の中にも背信した者が出てくる」という真の子女様に関する預言の部分、そして「春が来れば、みんな解ける」という希望のみ言などが隠蔽されています。つまり、この書籍は、真のお父様が語っておられる真意をゆがめ、〝虚偽の主張〟をしているのです。ビジョン二〇二〇に向けて、今が正に「峠を越える」最後の時です。私たちは、不信をあおろうとする〝虚偽の主張〟に惑わされず、天の父母様と真の父母様に対する「絶対信仰、絶対愛、絶対服従」で一致団結し、神氏族メシヤを勝利することで、真の父母様の〝恨〟を解放してさしあげなければなりません。

(二) 越えるべき二つの峠について（二〇〇二年一月二十三日）

(1) 今後、越えるべき「二つの峠」について語られたみ言

『統一教会の分裂』は246ページで、真のお父様が「韓鶴子の不従順」に対して苦慮しているとして、二〇〇二年一月二十三日のみ言を次のように引用しています。

「今、一番残ったものは何でしょうか。経済問題です。お金の問題、その次に息子の問題です。お母さんが経済問題、世界を失い、息子を失ったでしょう。そこに引っかかったのです。新郎、夫、アダムを追い出して最後の位置に行くと、その問題に引っかかります。お金の問題、息子の問題！　自分のお金を別に用意するというのです、息子の為に。ダメです。それが問題になるのです。お母さんが今行く

べき道を私は全て教えてあげるのです。今、天一国になったので教えてもかまいません。お金、物質と息子を中心にお父さんから放《ママ》れるのか。それを捨ててでもお父さんに従って行くのか。どうすればいいですか。どうしなければなりませんか。『お父様についていかなければなりません』お父さんに従って行かなければなりません。お金が問題ではありません。息子が問題ではありません。お母さんの責任が何かというと、それです。お金を主管して、息子を主管して夫の前に捧げなければなりません」（マルスム選集３６７－２６４）

『統一教会の分裂』は、このみ言が「創始者を不信する韓鶴子の態度」を裏づけるものと述べます。しかし、これは〝虚偽の主張〟です。『統一教会の分裂』は、み言の直前の部分を隠蔽し、意味を改竄《かいざん》しています。真のお父様は、直前で次のように語っておられます。

「蕩滅時代には父母様が難しいことを独り（真のお父様）で直面するのであって、……お母様も**今は知らないのです**、先生が先頭に立って何をしているのか。それを教えてあげると、**苦痛を一緒に受けなければならないでしょう？**　いつもそのように考えてはいけないのです。最後には、自分が同参しなければなりません。先生が責任を負ったのは、世界的ですが、**先生がいなくなるときには、お母様が責任を負わなければならないのです**。……だから絶対に引っかかるなというのです。……**今からは二つの峠しか残っていないのです**。それをお母様は（今は）知りません。それが何であるか知らないのです。今、一番残ったものは何でしょうか。経済問題です。お金の問題、その次に息子の問題です」（マルスム選集367－263～264、「青い字」は教理研究院の翻訳）

『統一教会の分裂』は、前述のみ言を茶色の部分から引用しています。その前の隠蔽した部分で、真のお父様は、「先頭に立って何をしているのか」を真のお母様に教えるならば、お母様が「苦痛を一緒に受けなければならない」ために、「蕩減時代には父母様が難しいことを独り（お父様）」で直面しながら解決してきたと語っておられます。これは、お父様の愛のみ言です。そして「最後には、……**お母様が責任を負わなければならない……二つの峠**」があり、それが何であるのかを「お母様は（今は）知りません」と語っておられます。

そのみ言の後に、『統一教会の分裂』が引用した「今、一番残ったものは何でしょうか……」が続くのです。このみ言は、真のお母様が**今後、越えて勝利しなければならない**「二つの峠」について説明しているみ言です。その「二つの峠」とは、「お金の問題、息子の問題」であるというのです。すなわち、克服すべき経済問題があり、整理しなければならない息子の問題が残っているというのです。真のお父様は、「**先生がいなくなるときには、お母様が責任を負わなければならない**」ため、この「二つの峠」について触れておられるのです。

このみ言は、真のお父様の聖和後、真のお母様が直面するであろう問題について、前もって教えておられた預言のみ言であると言えます。ところが『統一教会の分裂』は、「創始者を不信する韓鶴子の態度」

という〝虚偽のストーリー〟を描くため、直前の部分を意図的に削除しているのです。

また、真のお父様は続いて、次のように語っておられます。

「お母さんが今行くべき道を私は全て教えてあげるのです。今、天一国になったので教えてもかまいません。お金、物質と息子を中心にお父さんから放れるのか。それを捨ててでもお父さんに従って行くのか。どうすればいいですか。どうしなければなりませんか。（『お父様についていかなければなりません』）お父さんに従って行かなければなりません。お金が問題ではありません。息子が問題ではありません。お母さんの責任が何かというと、それです。お金を主管して、息子を主管して夫の前に捧げなければなりません。ところが、この世の女性たちはお金を全て持って……（録音がしばらく中断される）」（マルスム選集３６７－２６４、「茶色の字」は『統一教会の分裂』の引用。「青い字」は教理研究院の翻訳）

真のお父様は、今後、真のお母様が越えていくべき「二つの峠」は「お金を主管して、息子を主管して夫の前に」捧げることであると語っておられます。ここで、真のお父様が「ところが、この世の女性たちはお金を全て持って……」と語っておられるように、「この世の女性たち」の場合には「お金、物質と息子を中心に」お父さんから離れるというのです。しかし、真のお母様は、そのような問題に「絶対に引っかかる」ことなく、お父様と一つとなって勝利しなければならないと述べておられるのが、このみ言の意味なのです。ところが、『統一教会の分裂』は前後の部分を隠蔽することで、み言の真意をゆがめています。『統一教会の分裂』が前述のみ言を「韓鶴子の不従順」を裏づけるものであると述べるのは〝虚偽の主張〟です。このみ言は「韓鶴子の不従順」とは全く関係ありません。

(2)「二つの峠」を越えるための〝母の責任〟を果たされた真のお母様

前述したように、二〇〇二年一月二十三日、真のお父様は「二つの峠」について、次のように語っておられます。

「最後には、自分(真のお母様)が同参しなければなりません。先生が責任を負ったのは、世界的ですが、**先生がいなくなるときには、お母様が責任を負わなければならないのです**。……お母様の責任が何かというと、それです。お金を主管し、息子(二世)を主管して夫(天)の前に捧げなければなりません」(マルスム選集367-263~264)

真のお父様が「**先生がいなくなるときには**、お母様が責任を負わなければならない」と語られたように、真のお母様は、お父様の聖和後、「最後には、自分(お母様)が同参」して勝利されなければなりません。それは「二つの峠」を越えていくこと、すなわち「**お金を主管し、息子を主管して夫(天)の前に**」捧げることです。

真のお父様は、二〇一三年天暦一月十三日を「基元節」、すなわち実体的天一国の出発であり、起源となる日と定められ、死生決断・全力投球の歩みをされました。そのような中、お父様は二〇一二年天暦七月十七日（陽暦九月三日）に聖和されましたが、真のお母様はお父様のご意向を受け継がれ、「基元節」勝利のために歩まれました。

二〇一二年九月十七日に「『基元節』勝利のための統一教会世界指導者特別集会」が開催され、真のお母様は次のように語っておられます。

「真のお父様は今、霊界で私たちといつも共にいらっしゃいます。ただ無形でいらっしゃるだけであり、一瞬たりとも私たちの傍らを離れることはないでしょう。今私たちに何を望んでいらっしゃるでしょうか。正に中断のない前進です」（『平和経』３５２ページ）

真のお母様は、「基元節」勝利のために「中断のない前進」を宣布されました。また、二〇一二年九月三十日に次のように語っておられます。

「私たちは**二世を天の前に捧げることができませんでした**。これは誰の責任でしょうか。父母として、この時代の責任を負った者として恥ずかしいことです。

ですから、私はお父様に了解を求めました。お父様がお乗りになっていたヘリコプターを売る計画です。

私が使わなければ、誰も使う人がいません。……ですから、お父様に報告したのです。私はこれを売って、後代のための指導者を養成し、**二世を養育する目的の奨学金として全世界的に使おうと思う**と申し上げました。すると、『オンマの思うとおりにしなさい』とおっしゃいました」（『韓鶴子総裁御言選集1・真の父母様を中心とした一つの世界』212ページ、成和出版社）

真のお母様は、「**二世を天の前に捧げることができませんでした**。……二世を養育する目的の奨学金として全世界的に使おう」と二世教育を決心され、「お父様がお乗りになっていたヘリコプターを売る計画」を真のお父様に報告され、「オンマの思うとおりにしなさい」とお父様の了承を頂いたと語られました。

また、二〇一三年二月二十日、「圓母平愛財団」出帆式で次のように語っておられます。

「私は『圓母平愛財団』をより一層大きく発展させるでしょう。その第一次として、お父様の聖和基金の全額を資金として入れました。ヘリコプターが売却できれば、それも資金にするつもりです」（『韓鶴子総裁御言選集3・天一国と私たちの使命』126ページ、成和出版社）

真のお母様は、「圓母平愛財団」を出帆するにあたり、「お父様の聖和基金の全額を資金」に投入され、「ヘリコプターが売却できれば、それも資金」にすると語られました。すなわち「お金を主管し、息子（二世）を主管して」天の前に全てを捧げる歩みをされました。

二〇〇二年一月二十三日、真のお父様が「**先生がいなくなるときには、お母様が責任を負わなければならないのです。**……お母様の責任が何かというと、それです。お金を主管し、息子（二世）**を主管して**夫（天）の前に捧げなければなりません」と語っておられた、この「二つの峠」を越えるための〝母としての責任〟を果たされ、二〇一三年天暦一月十三日、真の父母様は「基元節」を勝利していかれたのです。

㈢二〇一二年に結婚の準備を（二〇〇四年一月二十六日）

『統一教会の分裂』は、真のお父様が「韓鶴子の不従順」に対して苦慮しておられるみ言であるとして、二〇〇四年一月二十六日のみ言を引用します。

「ここにお母さんもおられますが、先生がこれからはお母さんとは別れて、再び結婚の準備をしなければならないというのです。そうです。今まで世間に染まっています。そうだからと言って、他の人の家庭とするというのではありません。愛し続けることができないというのです。きれいに清算して、再び愛さなければならないというのです」（マルスム選集433-139、『統一教会の分裂』246～247ページ）

『統一教会の分裂』は、「先生がこれからはお母さんとは**別れて**、再び結婚の準備をしなければならない」と翻訳しますが、これは意図的な〝誤訳〟です。正しくは「先生がこれからはお母様と**分かれて**、再び結婚の準備をしなければならない」になります。「離婚」を意味する「別れて」と翻訳することはできません。この〝誤訳〟は「創始者が韓鶴子に対する残念な感情」を持っているかのように描くため、あえて「別れて」と翻訳しているものです。これは〝聖別〟を意味する「分かれる」と訳すべきものです。

真のお父様は、次のように語っておられます。

「神様の祖国と平和王国時代を宣布したその上に存在する前には、神様の祖国の所有物になれる、なれない？（「なれません！」）それを考えなければなりません。だから、**待つのは天一国十二年までです**」（マルスム選集433－137、二〇〇四年一月二十六日）

真のお父様は、二〇一三年天暦一月十三日を「天一国」の起源となる日、すなわち「基元節」として定められ、その日には三度目の完成的「真の父母様の結婚式」（『トゥデイズ・ワールド ジャパン』二〇一一年天暦九月号、13ページ）を執り行うと語られました。

二〇〇四年一月二十六日、「先生がこれからはお母様と**分かれて、再び結婚の準備**」をされると語られたその意味は、二〇一三年天暦一月十三日に行う予定の三度目の完成的「真の父母様の結婚式」のことです。それで、真のお父様は「**待つのは天一国十二年まで**」と語られたのです。したがって、『統一教会の分裂』が「先生がこれからはお母さんとは**別れて**」と訳すのは、悪意のある〝誤訳〟です。

また、「今まで世間に染まっています」というみ言は、真のお母様のことではなく、祝福家庭のことについて語られたものです。真のお父様は二〇〇四年一月二十六日の同じみ言の中で次のように語っておられます。

「皆さんの血族という父母や全ては**野生のオリーブの木なのです**。……この世の全てのものは（そのままでは）**私と関係を結ぶことができないのです**。なぜですか？　彼らは真の父母と関係がないからです！　関係があるようにするには、神様の愛の怨讐《おんしゅう》である姦夫の血統を受けた後継者であるので、**これを完全否定しなければなりません**。……皆さんが同じ家でそのような（野生のオリーブの木である）母を持っており、父を持っており、兄弟を持っているというのはありえない事実だということを知らなければなりません。……今年にはこのことを整備しなければならないのです。同じ部屋で一緒に彼らと息を吸い、ご飯を食べているのです。それを**清算してしまわなければなりません**。泣こうが、何をしようが、切って**接ぎ木しなければならないのです**」（マルスム選集４３３－１２９～１３１）

真のお父様は、「真の父母と関係がない」祝福家庭の両親や兄弟などと「同じ部屋で一緒に彼らと息を吸い、ご飯を食べている」ことを指摘され、「今年にはこのことを整備しなければならない」と語られました。すなわち祝福家庭が、その氏族圏を祝福することで真の父母に「接ぎ木しなければならない」と言われたのです。

『統一教会の分裂』が「今まで世間に染まっています」と引用したみ言は、祝福家庭に対し、「真の父母と関係がない」両親や兄弟は「神様の愛の怨讐である姦夫《かんぷ》の血統を受けた後継者」であるために、これを「完全否定」しなければならないと語られたものです。

また、「きれいに清算して、再び愛さなければならない」と語られた意味も、祝福家庭の両親や兄弟を、真の父母様に「接ぎ木しなければならない」、すなわち祝福を通して「神様の愛の怨讐である姦夫の血統」を清算し、互いに愛し合う「神様の祖国と平和王国時代に生きる存在」となりなさいという意味なのです。

ところが、『統一教会の分裂』は「韓鶴子の不従順」な姿を何とかして描こうと、み言を隠蔽し、真のお父様の語っておられる真意をゆがめて〝虚偽の主張〟をしているのです。

二〇〇四年一月一日の「真の神の日」記念礼拝で、真のお父様は次のように語っておられます。

「お兄さん、お姉さんのカイン世界が残っているので、『特別聖塩と聖酒』を使って、それを浄化させなければならない責任があり、統班撃破完了をしなければならないのです。それが特別責任です。……『特別聖塩』と『特別聖酒』を使って祝福し、カイン、アベル圏をつくってこそ、神の祖国の上に立つことができる氏族、民族、国家が形成されるのです」（『ファミリー』二〇〇四年二月号、60ページ）

真の父母様のこのみ言は、祝福家庭が果たすべき「特別責任」について語られたものです。それは、祝福家庭が氏族圏を祝福し、カイン世界を「浄化させなければならない責任」があるというものです。氏族圏を祝福することで「神の祖国の上に立つことができる氏族、民族、国家」が形成されるのです。

また、真のお父様は二〇〇四年一月二十六日に、次のように語っておられます。

「先生がこれからはお母さんとは別れ《ママ》て、再び結婚の準備をしなければならないというのです。そうです。今まで世間に染まっています。そうだからと言って、他の人の家庭とするというのではありません。愛し続けることができないというのです。きれいに清算して、再び愛さなければならないというのです。**それで、統一教会の教会員たちも、**先生を最も恋い慕い、先生の後ろだけ従っていき、世間の男性を否定したのですが、今からはそのように先生だけ考えていたのを、先生を否定して、天の国の娘になったり、息子になったりして、その男性たちをもっと愛さなければならない、というのです。自分を生んでくれた母、父を本当に愛しなさいというのです」（マルスム選集４３３－１３９）

真のお父様は、「**統一教会の教会員**」が、今まで「先生の後ろだけ従っていき、世間の男性を否定」してきたが、今からは「先生だけ考えていた」のを否定し、「自分を生んでくれた母、父を本当に愛しなさい」と語られました。これは二〇〇四年一月一日、「真の神の日」にお父様が語られた祝福家庭の「特別責任」の内容であり、自分の両親や親族を祝福に導き、「神様の祖国と平和王国時代に生きる存在」

になりなさいという意味なのです。

『統一教会の分裂』が引用した二〇〇四年一月二十六日のみ言には、真のお父様の「韓鶴子の不従順」に対する「残念な感情」など一切含まれておらず、これは祝福家庭が「自分を生んでくれた母、父を本当に愛し」て氏族圏を祝福することで、「神様の祖国と平和王国時代に生きる存在」となってほしいという切実な思いで語っておられるみ言です。

ところが、『統一教会の分裂』は、真のお母様をおとしめようと、前後のみ言を隠蔽し、み言の真意をゆがめているのです。

㈣「創始者を不信する韓鶴子の態度」は存在しない（二〇〇四年八月三十一日）

『統一教会の分裂』は、真のお父様が「韓鶴子の不従順」に対し苦慮し、「創始者を不信する韓鶴子の態度」に言及しておられるみ言であるとして、二〇〇四年八月三十一日のみ言を次のように引用します。

「今も私がお母さんに、お金の全権を与えました。……そうだからと言って、お母さんの好き勝手に使っていいのではありません。天に報告し、父母様の承諾を得て使うべきであり、お母さんが勝手に使っては引っかかるのです。お母さんはよく理解しなさい」（２４７ページ）

『統一教会の分裂』は、このみ言を「創始者を不信する韓鶴子の態度」に言及したみ言であると述べます。しかし、これも〝虚偽の主張〟です。

まず、『統一教会の分裂』の引用したみ言には「……」で省略した部分がありますが、これは重要な部分を隠蔽するためです。以下、「……」の部分を青い文字で表記します。

「今も私がお母さんに、お金の全権を与えました。**献金が入ってくれば、お母様が受けるのであって、私が受けません。**そうだからと言って、お母さんの好き勝手に使っていいのではありません。天に報告し、父母様の承諾を得て使うべきであり、お母さんが勝手に使っては引っかかるのです。お母さんはよく理解しなさい」（マルスム選集466－246）

『統一教会の分裂』は「献金が入ってくれば、お母様が受けるのであって、私が受けません」という部分を意図的に削除し、「お金の全権」に対する具体的な内容を隠蔽しています。真のお父様は「献金が入ってくれば、お母様が受ける」という「お金の全権」を真のお母様に与えたと語っておられます。『統一教会の分裂』が引用したみ言は、重要な前提となる部分が削除されています。

さらに、真のお父様は、このみ言の直前の部分で次のように語っておられます。

「今回、総生畜献納をしなさいというのに、皆が全て躊躇《ちゅうちょ》しています。……世界の女性たちの貯金通帳をみんな集めて世界銀行をするようになれば、経済圏が完全に統一されてしまうのです。エバ（女性）によって失ったために、エバ（女性）によって取り戻さなければならないのです。今も私がお母さんに、お金の全権を与えました。献金が入ってくれば、お母様が受けるのであって、私が受けません」（マルスム選集466－246）

このように、真のお父様は「総生畜献納」による「献金が入ってくれば、お母様が受ける」と語られました。また、「エバ（女性）によって失ったために、エバ（女性）によって取り戻さなければならない」ため、真のお母様に「お金の全権」を与えておられるというのです。

また、真のお父様は、続けて次のようにも語っておられます。

「天に報告し、父母様の承諾を得て使うべきであり、お母さんが勝手に使っては引っかかるのです。お母さんはよく理解しなさい。一銭であっても全て記録を残して、どこに使ったのかを説明しなければならないのです。こうして国を取り戻した後に、世界を取り戻した後に、金銭も管理できる全権時代が先生に渡ってくるのです」（マルスム選集466－246～247）

真のお父様は「一銭であっても全て記録を残して、どこに使ったのかを説明しなければならない」と語っておられ、そのことを「お母さんはよく理解しなさい」と指導しておられます。にもかかわらず、

『統一教会の分裂』は、真のお母様がお金を「勝手に使って」いるかのようにみ言を引用しているのです。

以上のように、『統一教会の分裂』は、二〇〇二年一月二十三日、二〇〇四年一月二十六日、同年八月三十一日の三つのみ言を引用し、それらが「韓鶴子の不従順」を裏づけるみ言であると主張しますが、それらを検証すると、ことごとくみ言の前後の部分を隠蔽し、自分たちの主張に合致するよう〝詐欺的〟引用をしているのです。さらに、恣意的な解釈によって、み言の真意をゆがめているのです。

私たちはこのような〝虚偽の解釈・主張〟に惑わされてはなりません。真の父母様のみ言を純白な心で正しく理解し、天の父母様（神様）と真の父母様の心情、事情、願いと一つとなっていかなければなりません。

㈤ お母様こそ〝真の女性〟（二〇〇四年十二月四日）

『統一教会の分裂』は二四七ページで、真のお父様が「韓鶴子に対する残念な感情」を表しているとして、二〇〇四年十二月四日のみ言を引用します。

「精子と卵子が出発して、神様の愛の心情を持った精子が出発して、何千万年です。定着することができませんでした。（精子が）真なる女性の、愛の相対の卵子の家に入って育つことができなかった。

これなのです。そう、女性の子宮でそのような精子を育て、私がお母さんの心を持って愛そうという、愛の心を持つことができる女性がいるかというのです。そのような女性を探す為に、私が離婚もしたのです。何の話か分かりますか。ですから、お母さんに代わる候補者を立て訓練させるかもしれないです」（マルスム選集４７９－１５６）

『統一教会の分裂』は、この内容が「韓鶴子の不従順」について述べ、「韓鶴子に対する残念な感情」を裏づけるみ言であると述べます。しかし、これは〝虚偽の解釈・主張〟です。『統一教会の分裂』は、引用したみ言の直後の部分のみ言を隠蔽し、意味をゆがめています。真のお父様は、次のように語っておられます。

「……そのような女性を探す為に、私が離婚もしたのです。何の話か分かりますか。ですから、お母さんに代わる候補者を立て訓練させるかもしれないです。……（離婚は）二度とありえないのです。あるとすれば、間違いなく（女性が）よじれたため、間違ったゆえに、そのような先生を迎えて、本当の妻の立場で（真のお父様に）侍る女性がどこにいますか？　ですから、年の幼いお母様を育ててくるのです」（マルスム選集４７９－１５６、「茶色の字」は『統一教会の分裂』から引用。「青い字」は教理研究院の翻訳、以下同じ）

『統一教会の分裂』は、み言の青色部分を意図的に隠蔽しています。その隠蔽した部分で、真のお父様は「(離婚は) 二度とありえない」と語っておられます。すなわち、真の父母様の離婚は「ありえない」と語っておられるのです。しかし、離婚が「あるとすれば、間違いなく (女性が) よじれたため、間違ったゆえ」であると語っておられます。

もし、真のお母様が真のお父様と離婚するようなことがあれば、それは「間違いなく (女性が) よじれたため、間違ったゆえ」であり、お母様は「真なる女性の、愛の相対」ではないということになるのです。しかし、実際には真の父母様は離婚しておられない事実を見れば、このみ言は、お母様が「よじれ」ても「間違っ」てもおられないことを意味するのであり、お母様こそが「真なる女性」であることを証ししているみ言にほかなりません。

また、真のお父様は「私が離婚もした」と語っておられますが、これは「(女性が) よじれたため、間違ったゆえに」生じたというのです。このことで「神様の愛の心情を持った精子が出発して、……定着すること」ができませんでした。なぜなら、「女性の子宮でそのような精子を育て、私がお母さんの心を持って愛そうという、愛の心を持つことができる女性」が現れていなかったからです。ですから、「神様の愛の心情を持った精子」が「真なる女性の、愛の相対の卵子の家に入って育つことができなかった」のです。それゆえ、お父様は「そのような女性を探す為」、苦労の道を歩まれたのです。

そして真のお父様は、「神様の愛の心情を持った精子が出発して、……定着すること」ができる「年の幼いお母様」を探し立てられて、一九六〇年、真の父母様は「小羊の婚宴」(聖婚) をされています。

したがって、この二〇〇四年十二月四日のみ言には、真のお父様の「韓鶴子の不従順」に対する「残念な感情」など一切ありません。むしろ、このみ言には、お父様が「年の幼いお母様を」探し立て、「育てて」こられ、「妻の立場で（お父様に）侍る女性」として再創造し、「真なる女性の、愛の相対」が現れたという喜びの心情が込められているのです。したがって、『統一教会の分裂』が二〇〇四年十二月四日のみ言を引用し、それが「韓鶴子の不従順」を裏づけるみ言であるとするのは〝虚偽の主張〟です。

㈥ 真の父母は神様オモニのお腹の双子（二〇〇五年二月二十日）

『統一教会の分裂』は247ページで、真のお父様が「韓鶴子の不従順」に対し苦慮し、「創始者を不信する韓鶴子の態度」について述べているみ言であるとして、二〇〇五年二月二十日のみ言を引用しています。

「先生はどうだと思いますか。お母さんと完全に一つになったと思いますか。完全に一つにならなければなりません。個人的に完全に一つとなり、お腹の中で双子なのです」（マルスム選集488－58）

『統一教会の分裂』は、この内容が「創始者を不信する韓鶴子の態度」を裏づけるみ言であるとします。しかし、これも〝虚偽の主張〟です。『統一教会の分裂』は、引用した上記のみ言の前後の部分を隠蔽し、その意味をゆがめています。真のお父様は、このみ言の前後で次のように語っておられます。

「ここで家庭を持っている人たち、手を挙げてみなさい。ご苦労だね。それは野生のオリーブの木の家庭ですか。真のオリーブの木の家庭ですか？　最近、女性の中で男性（夫）の前に絶対服従する女性は一人もいません。なぜでしょうか？　夫たちが天使長です。僕と付いたからです。あのおばさんもそう？　統一教会もそうです。『ああ、先生が（二人を）結婚させたので、しかたなく生活するのであって、あんなやつ（夫）死ねばいい』という思いを、時折するときがありますか、ありませんか？

文《ムン》サンヒ！（「そのような考えはしませんでした」）イライラするときがあるでしょう？（「はい」）イライラするからしかたなくそのような思いが出るというのです。

先生はどうだと思いますか。お母さんと完全に一つになったと思いますか。完全に一つにならなければなりません。個人的に完全に一つとなり、お腹の中で双子なのです。

本来、アダムとエバはふたごですが、まず、アダムが（お腹から）先に出るのです。……無形の神様が**二性性相でおられるときはふたごとして育ち、**格位では男性格なのです。（アダムが先に出て）区別するのです。男性、女性に分かれて、これが大きくなって再び人として体を持ち、生理的構造は全て同じなのです。ですから、ふたごとなって生まれたのと同じであるというのです。**神様オモニのお腹の中で。**（神様は）二性性相の中和的存在であり、格位では男性格主体なのです」（マルスム選集４８８－57、58。太字ゴシックと圏点は教理研究院、以下同じ）

『統一教会の分裂』は、このみ言のうち茶色の部分のみを引用しています。隠蔽した直前の部分で、真のお父様は「野生のオリーブの木の家庭」は「夫たちが天使長」であるために「男性（夫）の前に絶対服従する女性は一人もいません」と語っておられます。

さらに、「統一教会もそうです」とも語っておられます。その一例として、訓読会に参加している文サンヒ氏に対して、「『……あんなやつ（夫）死ねばいい』という思いを、時折するときがありますか、ありませんか？」と尋ねられました。文サンヒ氏は「そのような考えはしませんでした」と答えましたが、真のお父様は「イライラするからしかたなくそのような思いが出る」と語られました。

反対に「真のオリーブの木の家庭」である「先生はどうだと思いますか。お母さんと完全に一つになったと思いますか」と訓読会の参加者に尋ねられ、真のお父様が「完全に一つにならなければなりません」と語られました。その後で「個人的に完全に一つとなり、お腹の中で双子なのです」と語られたのです。

これは、「真のオリーブの木の家庭」である真のお父様と真のお母様が、「お腹の中で双子」として「完全に一つ」であることを説明しておられるみ言です。すなわち、お母様は「男性（夫）の前に絶対服従する女性」なのであって、お父様とお母様が「真のオリーブの木の家庭」であるということを証ししておられるものです。ところが、『統一教会の分裂』は直前の部分を隠蔽して意味をゆがめているのです。

また、『統一教会の分裂』が引用したこのみ言の直後の部分で、真のお父様は「本来、アダムとエバはふたご」であると語られ、「**神様オモニのお腹の中**」で「ふたごとなって生まれたのと同じである」

と言われています。ここで、お父様が「お腹の中で双子」であると語っておられるように、真の父母様は共に「神様オモニのお腹の中」で「ふたごとなって生まれたのと同じである」というのです。すなわち、お父様と真のお母様は「ふたごとなって生まれたのと同じである」ので「完全に一つ」であると述べておられるのが、このみ言の意味なのです。

また、真のお父様は「無形の神様が二性性相でおられるときはふたごとして育ち、格位では男性格であり、「(神様は) 二性性相の中和的存在、格位では男性格主体」であると語っておられます。さらに、「神様オモニのお腹の中」で「アダムとエバはふたご」として育ったのだと語られました。

ここで、真のお父様は、「神様オモニのお腹の中で」と語っておられるように、神様は「二性性相」の存在であられ、父なる神(神様アボジ)と母なる神(神様オモニ)の両方としての〝無形の父母〟であることに言及しておられます。正に、『原理講論』に「父母なる神」(61ページ)、「天の父母なる神」(235ページ)とあるように、神様は「天の父母様」なのです。

このように『統一教会の分裂』は、引用したみ言の直後の部分である、真の父母様は共に「神様オモニのお腹の中」で「ふたごとなって生まれたのと同じである」と語っておられる部分を意図的に削除することで、意味をゆがめています。『統一教会の分裂』は、「創始者を不信する韓鶴子の態度」という〝虚偽のストーリー〟を創作するため、み言の前後の重要な部分を隠蔽しているのです。したがって、『統一教会の分裂』が引用した二〇〇五年二月二十日のみ言も、「韓鶴子の不従順」を裏づけるものではありません。

㈦理想的妻をつくられたお父様の精誠（二〇〇五年二月二十一日）

『統一教会の分裂』は247、248ページで、真のお父様が「韓鶴子の不従順」に対し苦慮しているみ言であるとして、二〇〇五年二月二十一日のみ言を引用しています。

「統一教会に中心がありますか。家庭的中心がありますか。先生も未だに、お母さんを中心として越えることができる峠を越える為に、執拗に耐えているのです。……一人の女性を育て、理想的な妻をつくることが、世界統一より難しいのです。『宇宙主管を願う前に自己主管を完成せよ』ということよりも難しいのです。それをお母さんが分かっていません。今聞いているでしょう。今から知らなければならない。一昨日お母さんが『先生は原理的に成されますが、私はそうではありません』と言うのです。これ以上怖い言葉がどこにありますか。目の前にいます」（マルスム選集488－156）

『統一教会の分裂』（日本語版）は、このみ言を「創始者を不信する韓鶴子の態度」に言及し、「韓鶴子の不従順」を裏づけるみ言であるとしています。しかし、これもみ言改竄による〝虚偽の主張〟です。

まず、『統一教会の分裂』が引用しているみ言には「……」で省略した部分がありますが、これは重要な部分を隠蔽するためです。以下、「……」の部分を青い文字で引用します。

「先生も未だに、お母さんを中心として越えることができる峠を越える為に、執拗に耐えているのです。目玉が飛び出す困難があっても舌をかみながら（真のお母様に）話をしないのです。一人の女性を育て、理想的な妻をつくることが、世界統一より難しいのです。『宇宙主管を願う前に自己主管を完成せよ』ということよりも難しいのです。それをお母さんが分かっていません。……」（マルスム選集488-156）

この『統一教会の分裂』（日本語版）が引用したみ言には、重要な部分の意図的な〝誤訳〟もあります。「それをお母さんが分かっていません」という部分は、正しく訳せば「そのことをお母様は知りません」になります。

すなわち、真のお父様が「目玉が飛び出す困難があっても舌をかみながら（お母様に）話をしないのです」と語られた重要な部分を削除し、真のお母様が「理解していない」という意味での「それを……分かっていません」という訳を当てることによって、意味をゆがめているのです。しかし、これは「そのことをお母様は知りません」と訳さなければなりません。

このように、『統一教会の分裂』は「韓鶴子の不従順」な姿を描こうとして、み言の重要な部分を隠蔽し、さらに意図的な〝誤訳〟によって、真のお父様の語っておられる真意をゆがめて〝虚偽の主張〟をしています。

また『統一教会の分裂』は、み言の茶色部分に続いて次のように引用しています。

「……それをお母さんが分かっていません。今聞いているでしょう。今から知らなければならない。一昨日**お母さんが**『先生は原理的に成されますが、私はそうではありません』と言うのです。これ以上怖い言葉がどこにありますか。**目の前にいます**」（マルスム選集488－156、157）

ここで、「一昨日**お母さんが**『先生は原理的に成されますが、私はそうではありません』と言うのです。これ以上怖い言葉がどこにありますか。**目の前にいます**」と翻訳していますが、これも、み言の改竄です。正しく翻訳すれば、次のようになります。

「数日前**した話**、『先生は原理的にしますが、私はそうではありません』というのです。それ以上、恐ろしい言葉がどこにありますか？ **目の前において**」（翻訳は教理研究院）

内村鑑一訳『統一教会の分裂』（日本語版）では、主語として「**お母さんが**」という言葉を勝手に書き加えており、み言の改竄をしています。この書き足しによって、翻訳者である内村鑑一氏は、真のお母様が「先生は原理的に成されますが、私はそうではありません」と語っておられるかのように意味を変えているのです。

『統一教会の分裂』は、「韓鶴子の不従順」という〝虚偽のストーリー〟を描くために、捏造《ねつぞう》行為をしています。「一昨日お母さんが」という部分は正しくは「数日前した話」となります。さらに、「目の前にいます」と訳していますが、これも意図的なみ言の改竄です。正しくは「目の前において」です。『統一教会の分裂』は、主語を「お母さんが」にすり替え、さらには「目の前にいます」とすることで、まるで「創始者が韓鶴子に対する残念な感情」を抱き、「韓鶴子の不従順」が事実であるかのように読者を信じ込ませるよう誤導しているのです。

そして、『統一教会の分裂』は、このみ言の直後の部分（以下に青色で示した部分）も隠蔽しています。

「……一昨日お母さんが『先生は原理的に成されますが、私はそうではありません』と言うのです。これ以上怖い言葉がどこにありますか。目の前にいます。ためらわず先生はそれを忘れてしまうのです。怨讐を忘れるのと同じです。怨讐がいれば忘れるのです。（先生は）名前を忘れてしまい、顔を忘れてしまうのです」（マルスム選集488－156）

真のお父様は、「先生は原理的に成されますが、私はそうではありません」という「恐ろしい言葉」を「忘れてしまう」と語っておられます。これは、**誰かがお父様に**「数日前した話」なのであり、そのような「恐ろしい言葉」を発した人物の「名前を忘れてしまい、顔を忘れてしまう」のだと語っておられるみ言です。

ところが『統一教会の分裂』は、この内容が、真のお母様が語られた言葉であるかのように改竄しており、これを「創始者を不信する韓鶴子の態度」を裏づけるみ言であるとしているのです。これは、とんでもないみ言の改竄であり、〝虚偽の主張〟です。

(八) 絶対従順であられる真のお母様(二〇〇五年二月二十五日)

『統一教会の分裂』は248ページで、真のお父様が「韓鶴子に対する残念な感情」を表しているとして、二〇〇五年二月二十五日のみ言を引用します。

「ついに真の父母が来て神様と一つになり、体を永遠に探すためにも苦労しました。それを知らなければなりません。お母さんを再び創造、作らなければなりません。お母さんが主張できない部分なのです。……お母さん、分かったか」(マルスム選集489-27)

『統一教会の分裂』は、この内容が「韓鶴子の不従順」を裏づけるみ言であると述べます。しかし、これは〝虚偽〟の解釈・主張です。『統一教会の分裂』は、引用している直後の部分のみ言を「……」で省略し、さらに日本語訳では〝誤訳〟することで意味を〝改竄〟しています(注、太字ゴシックの部分)。以下、「……」の部分を青い文字で引用します。

「ついに真の父母が来て神様と一つになり、（神様の）体を永遠に探すためにも苦労しました。それを知らなければなりません。お母さんを再び創造、作らなければなりません。**お母さんが主張できない部分なのです。**だから今回、清平《チョンピョン》で……。お母様が六十二歳から六十三歳に超えていくのです。『さぶろくじゅうはち』（３×６＝18）です。十八歳から、十八、十九、二十、二十一、二十二、二十三歳……と経験していく過程で、今日で言えば六十三歳、十七、十八歳以前に来て結婚したならば、その日からできるはずなのに、再蕩減しようと（お母様が）六十三歳を迎えながら、天一国の出発が連結されるのです。お母さん、分かったか」（マルスム選集４８９-27、「茶色の字」は『統一教会の分裂』からの引用。「青い字」は教理研究院による、以下同じ）

『統一教会の分裂』が「……」で削除した部分で、真のお父様は「今回、清平で……。お母様が六十二歳から六十三歳に超えていくのです。……六十三歳を迎えながら、天一国の出発が連結される」と語っておられます。すなわち、真のお父様が「さぶろくじゅうはち（３×６＝18）」と語っておられるように、お母様の六十三歳とは「３×６＝18」であり、「再蕩減しようと六十三歳を迎えながら、天一国の出発が連結される」と言われたのです。

このみ言は二〇〇五年二月十四日（天暦一月六日）、真のお父様が八十六歳、真のお母様が六十三歳の聖誕日を迎えられたときに語られたものであり、その日、真の父母様の「天宙統一平和の王戴冠式」

が清平（現、ＨＪ天宙天寶修錬苑）で挙行されました。本来なら、真のお母様が「十七、十八歳以前（の若い時）に来て結婚したならばその日からできるはずなのに、再蕩滅しようと（お母様が）六十三歳を迎え」るときまで待って、真の父母様は「天宙統一平和の王」を挙行され、「天一国の出発が連結され」たと言われるのです。そのため、真のお父様は「神様と一つになり、（神様の）体を永遠に探すためにも苦労し……お母さんを再び創造」されたと語られているのです。

『統一教会の分裂』の日本語版は、「お母さんが主張できない部分なのです」と訳していますが、正しくは「お母様は、主張することがないのです」になります。これは真のお母様が〝**絶対従順**〟であられることを語られたみ言です。にもかかわらず、この訳は、この書籍の翻訳者である内村鑑一氏による悪意のある、ないし意図的〝誤訳〟です。

また、上記のみ言に続いて、『統一教会の分裂』は重要なみ言を「……」で削除して、次のように引用しています。以下、「……」の削除している部分を青い文字で表記します。

「お母さん、分かったか。お母さんの責任、お父さんの責任を知らなければなりません。この愚か者が、王権も相続していないのに、お母さんを引き出せばどうなるか。サタンが捕まえるのです。アメリカで誰か、以前、女性連合の会長だった人が『お父様はお母様を尊敬しているか、崇拝しているか』と言うのですが、この小娘が、崇拝しなければならないと子供たちに教えていたというのです。そのようなことを知っているの？　郭錠煥《クァクチョンファン》。（「よく知りません」）知らないでしょう。先生は間違いなく知っているのに、

（郭錠煥氏は）知らないので、頂上に上がることができないのです。分かりますか？（「はい」）最近は、女性を立てるので、女性が一番だと思い、（郭氏も）お母さんを立てようとするのですが、父母様を立てなければならないのです」（マルスム選集４８９－27～28）

真のお父様は、「以前、女性連合の会長だった人が『お父様はお母様を尊敬しているか、崇拝しているか』と言うのですが、この小娘が、崇拝しなければならないと子供たちに教えていた」ことについて「そのようなことを知っているの？　郭錠煥」と尋ねておられます。しかし、郭錠煥氏が「よく知りません」と返事をすると、真のお父様は「（郭錠煥氏は）知らないので、頂上に上がることができない」と叱責されたのです。そして、真のお父様は「最近は、女性を立てるので、女性が一番だと思い、（郭氏も）お母さんを立てようとするのですが、父母様を立てなければならないのです」と語られ、郭錠煥氏を指導しておられるのがこのみ言なのです。ところが『統一教会の分裂』は重要な部分を「……」で削除して、その事実を隠蔽しています。

『統一教会の分裂』の引用の仕方では「この愚か者が、王権も相続していないのに……」という部分は、まるで真のお父様がお母様を「愚か者」と叱責しておられるみ言であるかのように読めますが、隠蔽した部分を削除せずに全体の文脈から読むと、「この愚か者が」とは、お母様のことではなく、幹部たちを叱責しておられるみ言であることが分かります。

さらに、上記のみ言に続いて、『統一教会の分裂』は次のように引用しています。

「お父様の行く道に皆さんが、女性たちが一つになり、お父様に侍らなければ、この女性たちが実体サタンとなるのです。金孝律！　公金があれば、お母さんが欲しいと言うからといって、お父さんに隠れて支払えば、問題が起きるのです。お父さんに尋ねなければならないのです。最終決定は。分かったか、お母さんが共に侍り、お父さんの前に報告すれば、お母さんと一つとなりますが、お母様を中心としてお父様が一つになるのは、堕落ではないですか。原理を外れた道理はありません」（マルスム選集489－28〜29）

『統一教会の分裂』が引用した上記のみ言は、改竄されたものです。以下、削除している部分を指摘し、郭錠煥氏に関する部分を含めて引用します。

「お父様の行く道に皆さんが、女性たちが一つになり、お父様に侍らなければ、この女性たちが実体サタンとなるのです。……（12行を省略）……。郭錠煥！（「はい」）金孝律！　公金があれば、お母さんが欲しいと言うからといって、お父さんに隠れて支払えば、問題が起きるのです。お父さんに尋ねなければならないのです。最終決定は。分かったか、何の話か？（「はい」）報告するときも必ず（あなたたちが）来て、お父様が（お母様と）一緒にいるので、お父様が家にいれば、（あなたたちが）家に入ってきて、お母さんが共に侍り、お父さんの前に報告すれば、お母さんと一つとなりますが、お母様を中心としてお父様が一つになるのは、堕落ではないですか。原理を外れた道理はありません」（マルスム選集489－28～29。注、「青い字」が削除されたみ言の部分）

『統一教会の分裂』は、「この女性たちが実体サタンとなるのです。金孝律！　公金があれば」と引用していますが、原典に当たってみると、「この女性たちが実体サタンとなるのです。……（12行を省略）……。郭錠煥！（「はい」）金孝律！　公金があれば……」となっており、12行分のみ言と郭錠煥氏の名前とが削除されています。このように削除することで、『統一教会の分裂』は、お父様が指導されている内容、み言の意味を〝改竄〟しています。真のお父様は、郭錠煥氏と金孝律氏に対し「公金があれば、お母さんが欲しいと言うからといって、お父さんに隠れて支払えば、問題が起きる」と叱責しておられるのです。さらに郭氏に対しても、公金の用途に対する最終決定は「お父さんに尋ねなければならない」と厳しく指導しておられる事実を隠蔽しているのです。

真のお父様は郭錠煥氏に対し、お父様に報告するときの〝原理原則〟について指導しておられます。すなわち、真のお父様は「お父様が（お母様と）一緒にいるので、お父様が家にいれば」、郭錠煥氏と金孝律氏が真のお母様に侍り「お父さんの前に報告すれば、お母さんと一つとなります」と指導しておられるのです。しかし、そうでない場合は「原理を外れた道理」であるということを、郭錠煥氏に教育しておられるのがこのみ言です。

ところが、『統一教会の分裂』は**「郭錠煥」氏の名前をことごとく削除することで、**真のお父様が「郭錠煥」氏に対して叱責しておられる事実を〝隠蔽〟しており、まるで真のお母様を叱責しているみ言であるかのように読ませようとしているのです。このように、『統一教会の分裂』が引用した二〇〇五年二月二十五日のみ言は、「韓鶴子の不従順」を裏づけるものではありません。

㈨ 天の秩序について（二〇〇五年三月二日）

『統一教会の分裂』は248、249ページで、真のお父様が「韓鶴子の不従順」に対し苦慮しておられるみ言であるとして、二〇〇五年三月二日のみ言を引用します。

「お母さん、しっかり理解しなさい。神様がお母さんを中心として、先生と一つになれとは言いません。そんな道理はありません。心の位置に夫を中心として一つとなった後、その夫と一つとなった神様を中心として、絶対信仰・絶対愛・絶対服従しなければなりません。……お父さんよりお母さんを好きになるのは何故か。お母さんと通じれば無事だから。お父さんを騙してするから。そうしてみなさい。それは全て壊れていくのです。その子孫は、すでに決着が着くのです。お父さんの承諾を受けなければなりません」（マルスム選集489－222、223）

『統一教会の分裂』は、この内容が「創始者を不信する韓鶴子の態度」を裏づけるみ言であると述べます。しかし、これも〝虚偽の主張〟です。『統一教会の分裂』は、引用したみ言の直前の部分を隠蔽し、意味をゆがめています。真のお父様は、直前で次のように語っておられます。

「韓国の歴史において、息子、娘は絶対に、父の息子、娘という言葉が合うのです。最近、狂った人たちが……。戸主はどうなるの？　互いが戸主の看板を付ければどうなるの？　父が息子、娘を治め、妻まで治めなければならないのに、妻が思いどおりにし、息子、娘が思いどおりにして主人になるならば、父は何になるのですか？　神様を踏みつけて、上を、前を全て踏みつけようというのではないですか？　そんな考えをしていると、それは滅びます！　滅びる輩《やから》たちがそのような話をするのです。お母さん、しっかり理解しなさい。……」（マルスム選集489-222）

『統一教会の分裂』は、み言の青色の部分を隠蔽し、茶色の部分から引用を始めています。その隠蔽した部分で、真のお父様は「最近、狂った人たちが……。戸主はどうなるの？」と語っておられます。このみ言を理解するには、二〇〇五年当時の韓国の状況を知らなければなりません。

その当時、韓国の憲法裁判所が「戸主制」に対して違憲判決を下したことが韓国内で話題となり、韓国国会内でも「戸主制」の廃止が議論されていました。実際に二〇〇五年三月二日、韓国国会は「戸主制」を廃止する民法改正案を可決しています。

そのような韓国の「戸主制」廃止の動きについて、真のお父様は「韓国の歴史において、息子、娘は絶対に、父の息子、娘という言葉が合う」と語っておられます。さらに、お父様は「互いが戸主の看板を付ければどうなるの？　……妻が思いどおりにし、息子、娘が思いどおりにして主人になるならば、父は何になるのですか？」と懸念され、「神様を踏みつけて、上を、前を全て踏みつけようというのではないですか？　そんな考えをしていると、それは滅びます」と危惧しておられます。お父様は「滅びる輩たちがそのような話をする」ので、そのことを「お母さん、しっかり理解しなさい」と念を押しておられます。

そして、真のお父様は、「お母さんを中心として、先生と一つ」になることではなく、「夫と一つとなった神様を中心として、絶対信仰・絶対愛・絶対服従」しなければならないと語られ、天の秩序を明確にしておられるのです。ところが、『統一教会の分裂』は直前の部分を意図的に削除することで、み言の意味をゆがめています。このみ言は「韓鶴子の不従順」を裏づけるものではありません。

また、『統一教会の分裂』が引用した真のお父様のみ言には、「……」で削除した部分がありますが、これは重要な部分を隠蔽するためです。以下、「……」の部分を青い文字で引用します。

「心の位置に夫を中心として一つとなった後、その夫と一つとなった神様を中心として、絶対信仰・絶対愛・絶対服従しなければなりません。……だから、サタン世界の息子、娘たちがお母さんを好むのは、お父さんよりお母さんを好きになるのは何故か。お母さんと通じれば無事だから。お父さんを騙してするから。そうしてみなさい。それは全て壊れていくのです。その子孫は、すでに決着が着くのです。

お父さんの承諾を受けなければなりません」（マルスム選集４８９－２２２、２２３）

『統一教会の分裂』は、引用したみ言の「だから、サタン世界の息子、娘たちがお母さんを好むのは」という重要な部分を隠蔽しています。すなわち、真のお父様は「**サタン世界の息子、娘たちが**……お母さんを好きになるのは何故か」と問われ、その理由について「お母さんと通じれば無事だから。お父さんを騙してするから」だと語っておられるのです。ところが、『統一教会の分裂』は「創始者を不信する韓鶴子の態度」という〝虚偽のストーリー〟を描くために、「**サタン世界の息子、娘たちが**」という主語の重要な部分を削除することで、まるで「お母さん」の文言が真のお母様のことを指して語っておられるかのように思わせて、意味をゆがめているのです。これは極めて悪意のある隠蔽行為です。

以上のように、『統一教会の分裂』は、二〇〇四年十二月四日、二〇〇五年二月二十日、同年二月二十一日、同年三月二日の四つのみ言を引用して、それらが「韓鶴子の不従順」を裏づけるみ言であると主張していますが、それらを検証すると、ことごとくみ言の前後の部分を隠蔽し、自分たちの主張に合致するよう〝詐欺的〟引用をしており、日本語訳では、内村鑑一氏が、話がお母様に向くよう意図的な〝主語の書き加え〟までしているのです。さらに、恣意的な解釈によって、み言の意味をもゆがめています。

私たちはこのようなみ言の意図的引用と誤訳、改竄による〝虚偽の解釈・主張〟に惑わされてはなりません。

㈩お母様の誇り（二〇〇五年三月二十二日）

『統一教会の分裂』は249ページで、真のお父様が「韓鶴子の不従順」に対し苦慮しているみ言であるとして、二〇〇五年三月二十二日のみ言を引用します。

「お母さんもこれからは、自分勝手にするという考えをしてはいけません。『お父さんも私がいなければ完成できなかった』そのような考えをしてはいけないというのです。……私も今、神様の前において『神様、私が全て絶対価値と連結させたので、私がいなければ神様は混乱しませんか。私の言うようにして下さい』と言うことはできないのです。私はできないというのです。……お母さんは、自分が六歳の時だかに道行く僧侶が現れて、娘一人いる大母様に対して『心配するな。この娘が大きくなったら、陸海空軍を動かす世界の王と結婚する』と言ったとして、それを今まで自慢していました。お母さんはそれを信じていました。私が話すことは信じることができずに」（マルスム選集491－247～258）

『統一教会の分裂』は、み言の直前の部分を隠蔽し、意味を〝改竄〟しています。真のお父様は、直前で次のように語っておられます。

「昨夜は先生がなぜこのように咳《せき》が出るのか？　だから、座浴をしたのです。お母様は（座浴を）しないでくださいと言いましたが。……私が運動するときは二時に起きました。運動するのに前半、後半と運動を分けて行いました。そして、お母様が休んでくださいというので休んで、お母様と一緒に目覚めてこの訓読会に参加したのです。お母さんもこれからは、自分勝手にするという考えをしてはいけません。『お父さんも私がいなければ完成できなかった』そのような考えをしてはいけないというのです」（マルスム選集491－246〜247、「茶色の字」は『統一教会の分裂』の引用。「青い字」は教理研究院。以下、同じ）

『統一教会の分裂』は茶色の部分だけを引用していますが、その直前の部分で、真のお父様が「昨夜は先生がなぜこのように咳が出るのか？」と語っておられるように、お父様の体調は極めて悪い状態でした。そのため、お母様はお父様の体調が悪化しないよう「（座浴を）しないでください」と、とても心配されましたが、お父様は「咳が出る」症状を抑えようと、体調が悪いにもかかわらず「座浴をした」と語っておられます。（注、座浴とは、座った姿勢で腰の部分だけをお湯に浸かって温めること）

そして、お父様は二時に起床されて運動をしたと語っておられます。お母様はお父様のお体を心配されて、少し「休んでください」と願われ、お父様はいったん休まれましたが、その後「お母様と一緒に目覚めてこの訓読会に参加」されたのです。ところが、『統一教会の分裂』は、そのような仲睦まじい夫婦愛の姿について語られた直前の部分を隠蔽しているのです。

『統一教会の分裂』は「お母さんもこれからは、自分勝手にするという考えをしてはいけません」と訳しますが、これは悪意をもった翻訳です。文脈に合わせて翻訳すれば、「お母様もこれからは、(お父様の体調を心配して)自分の思いどおりにするという考えをしてはいけません」になります。また、「お父さんも私がいなければ完成できなかった」と訳しますが、これは〝誤訳〟です。原典を見ると、「お父様も私がいなければ完成できない」と訳さなければならないものです。

真のお父様は、「お母様もこれからは、自分の思いどおりにする」とか、「お父様も私がいなければ完成できない」という「考えをしてはいけない」と語っておられますが、その意味するものは「韓鶴子に対する残念な感情」を表すものではなく、お父様の体調を非常に心配されるお母様に対して、お父様が思いやりをもって語られた愛のみ言なのです。すなわち、お母様の支えや心配する気持ちはありがたいが、私の体調は心配しなくてもいい、私は大丈夫だ、私は完成できると、お父様が強い意志を表明しておられるのです。ところが、『統一教会の分裂』は文脈を無視し、その意味を〝改竄〟しています。

また、『統一教会の分裂』はこのみ言が「『み言葉選集』491巻、247頁」(249ページの脚注)であるとしますが、これは〝虚偽〟の出典表記です。正しくはマルスム選集491巻247ページから258ページのみ言です。これは約11ページ分のみ言(237行)を削除している事実を隠蔽するためです。

『統一教会の分裂』の翻訳には誤訳と悪意がありますが、引用したみ言に「……」で省略した部分を明確にするため、あえてそのまま引用し、省略箇所二カ所のうち最初の部分を以下、青い文字で引用します。

「お母さんもこれからは、自分勝手にするという考えをしてはいけません。『お父さんも私がいなければ完成できなかった』そのような考えをしてはいけないというのです。それは、先生がすべて成した後に、ついてきながら話す言葉であって、相対的立場で、対等な一〇〇％の基点を受けた位置で言うことのできる答えにはならないのを知るべきです。わかりますか？　私も今、神様の前において『神様、私が全て絶対価値と連結させたので、私がいなければ神様は混乱しませんか。私の言うようにして下さい』と言うことはできないのです。私はできないというのです」（マルスム選集491‐247）

『統一教会の分裂』は青い字の部分を隠蔽して、「私」という言葉がすべて真のお母様を指しているかのようにしています。しかし、『統一教会の分裂』が隠蔽した部分で、真のお父様は「それは、先生がすべて成した後に、ついてきながら話す言葉」であると語っておられます。すなわち、「お父様も私がいなければ完成できない」という考えは「先生がすべて成した後に、ついてきながら話す言葉」であるとお母様に指導しておられるのです。それに続いて、真のお父様は、「私も今は、神様の前において『神様、……私がいなければ神様は混乱しませんか。私の言うようにして下さい』と言うことはできない」と言われました。これは、お父様が神様に対して「私の言うようにして下さい」と言うことができないのと同様に、たとえ、お母様がお父様の体調を心配されて、お父様に対し「私の言うようにして下さい」とお願いされても、「これからは、思いどおりにする」という考えをしてはいけないと指導しておられるのです。ところが、『統一教会の分裂』は「私」という言葉が、すべて真のお母様のことであるかのように誤読させようと、重要な箇所を隠蔽しているのです。

二つ目の「……」の省略部分を以下、青い文字で引用します。

「……（約10ページ省略）……アジア大陸とコディアク、そこに日付変更線があるでしょう？　遠くありません。ヘリコプターでさっと行ったり来たりできるのです。そこは、釣りをするのによく、散歩するのにもいいでしょう？　季節が熱帯地方と反対であるので、どれほどいいですか？　ヘリコプターというのは、国境のどこにでも、車も乗って通い、船に乗って通い、ヘリコプターに乗って通い、どこにも行けないところがない世の中を私がつくろうと考えています。海にも、陸地にも。お母さんは、自分が六歳の時だかに道行く僧侶が現れて、娘一人いる大母様に対して『心配するな。この娘が大きくなったら、陸海空軍を動かす世界の王と結婚する』と言ったとして、それを今まで自慢していました。お母さんはそれを信じていました。私が話すことは信じることができずに（驚いているのです）」（マルスム選集491－258）

『統一教会の分裂』が隠蔽した部分で、真のお父様は「国境のどこにでも、**車も乗って**通い、**船に乗っ**

て通い、ヘリコプターに乗って通い、どこにも行けないところがない世の中を私がつくろうと考えています。海にも、陸地にも」と語っておられます。

それに続いて、真のお母様が六歳の頃、ある僧侶が大母様に対し「この娘が大きくなったら、陸海空軍を動かす世界の王と結婚する」と預言し、真のお母様はその話を今まで誇りに思われ、信じていたと語っておられます。真のお父様は「私が話すことは信じることができずに」と語っておられますが、これは「創始者を不信する韓鶴子の態度」を指摘するものではなく、お父様が語っておられる内容は、まさに僧侶が大母様に語った預言どおりの内容であり、あまりにも一致しているために、お母様はその事実（注、預言とみ言との完全一致）に**驚いている**という意味なのです。実際にその後、真のお父様は二〇〇六年六月十日に「韓国タイムズ航空」の起工式で、「ヘリコプター産業の新しい地平を開き、韓国の大衆交通体制に革新をもたらす」（『平和神経』115ページ）と宣布しておられます。

ところが、『統一教会の分裂』はみ言を隠蔽し、まるで「創始者を不信する韓鶴子」であるかのように意味を〝改竄〟しているのです。『統一教会の分裂』が引用した二〇〇五年三月二十二日のみ言は、「韓鶴子の不従順」を裏づけるみ言ではありません。

㈩　お母様は峠を越えられ、神の日を宣布（二〇〇五年七月三日）

『統一教会の分裂』は249ページで、真のお父様が「韓鶴子の不従順」に対して苦慮しているみ言であるとして、二〇〇五年七月三日のみ言を引用しています。

「お母さんを選んで、お母さんが峠を越えるまでできなければ、取り替えることができます。国家基準で。世界に超える時まで、お母さんは完全にお父さんと一つにならなければなりません。お母さんはそんなことも知らずにいます。お母さんは今まで世間の女性と同じ立場で、断食もさせず、全てするなと言いました。これは初めて聞くでしょう。七日断食をしませんでした。伝道もさせませんでした。そうすべきではないですか」（マルスム選集499－235〜236）

『統一教会の分裂』は、上記の内容が「創始者を不信する韓鶴子の態度」を裏づけるみ言であるとします。しかし、これも〝虚偽の主張〟です。『統一教会の分裂』は、引用した上記のみ言の直前の部分を隠蔽し、その意味を〝改竄〟しています。

真のお父様は、このみ言の直前で次のように語っておられます。

「先生がお母様を中心として峠を越えた後には、女性の手首すら一度もつかみませんでした。何の話か分かりますか？　（天の）法があるのです。神の日はいつですか？　一九六八年一月一日でしょう？（「はい」）それ以降には別の考えをしてはいけないのです。お母さんを選んで、お母さんが峠を越えるまでできなければ、取り替えることができます。国家基準で。

世界に超える時まで、お母さんは完全にお父さんと一つにならなければなりません。お母さんはそんなことも知らずにいます。お母さんは今まで世間の女性と同じ立場で、断食もさせず、全てするなと言いました。これは初めて聞くでしょう。七日断食をしませんでした。伝道もさせませんでした。そうすべきではないですか」（マルスム選集499－235～236）

『統一教会の分裂』は、このみ言のうち茶色の部分のみを引用しています。隠蔽した直前の部分で、真のお父様は「一九六八年一月一日」の「神の日」について語っておられます。この「神の日」とは、真の父母様が完成期の七年路程を歩まれ、一体となって神様の直接主管圏に入られたことを宣布した日です。

真のお父様は、「お母さんを選んで、お母さんが峠を越えるまでできなければ、取り替えることができます。国家基準で」と語っておられますが、その直前で「先生がお母様を中心として峠を越えた後には、……別の考えをしてはいけない」と語っておられます。すなわち、真のお父様は「お母様を中心として峠を越え」、一つとなって勝利されたことについて語っておられるのです。ところが、『統一教会の分裂』は直前の部分を隠蔽することで、お父様が語られたみ言の真の意味である「勝利された真のお母様」を**全く逆の意味に捉えるようにしています。**

『統一教会の分裂』が引用しているみ言の部分は一九六八年一月一日の「神の日」を迎える以前のこと、すなわち真のお母様が一九六〇年のご聖婚から「七年路程」を歩まれた内容について語っておられるものです。
真のお父様は、一九六八年一月一日に「神の日」を宣布できた理由について、次のように語っておられます。

「お母様が女性として、夫がどのようなことをしても従順屈伏し、それ以上の条件を立てることができないという限界点までも越えて（お父様に）従順に従ったという基盤を立てたので、その基盤のもとで『神の日』まで設定することができたということを、皆さんは知らなければなりません」（『真の御父母様の生涯路程⑩』１４４ページ）

真のお父様は「『神の日』まで設定することができた」のは「お母様が女性として、夫がどのようなことをしても従順屈服し、……限界点までも越えて（お父様に）従順に従ったという基盤を立てた」ためであると語っておられ、そのことを「皆さんは知らなければなりません」と強調しておられます。すなわち、真のお母様は絶対信仰・絶対愛・絶対服従でお父様と一つとなって勝利されたと言われるのです。そのことによって、真のお父様は一九六八年一月一日に「神の日」を宣布されたというのです。

さらに真のお父様は、一九六八年一月一日の「神の日」について次のように語っておられます。

「（一九六〇年から）七年を経て一九六八年正月一日を中心として、このすべての蕩滅の道を越えて『神の日』を策定することによって、お母様の権威が生まれ、地上に着陸時代が到来し、世界的進出の出発が始まったのです」(『真の御父母様の生涯路程⑩』146～147ページ)

真のお父様は「すべての蕩減の道を越えて『神の日』を**策定することによって、お母様の権威が生まれ、**……世界的進出の出発が始まった」と語っておられます。すなわち、真のお母様はお父様と完全に一つとなって「すべての蕩減の道を越えて」勝利されたので、真のお父様は「神の日」を**策定することができ**、そのことによって「世界的進出の出発」が始まったというのです。

『統一教会の分裂』が引用したみ言は、真のお父様が「お母さんを選んで、お母さんが峠を越えるまで」の歩みの内容、すなわち真のお母様が一九六〇年のご聖婚以後に歩まれた七年路程について語っておられるものです。

真のお父様は、その七年路程について次のようにも語っておられます。

「七年路程の間、お母様がサタン世界の讒訴《ざんそ》条件から脱け出す道を歩むようになったのです。それを成そうとすれば、お母様自身がサタンと直接的な争いをしては絶対にいけません。先生に絶対従順しなければならず、絶対服従しなければならず、常に先生のあとから影のようについてこなければならないのです。自分勝手に行ったり来たりすれば、サタンの侵犯を受けるのです」(『神様の祖国解産完成』78～79ページ)

真のお母様がご聖婚以後に歩まれた七年路程は、「先生に絶対従順しなければならず、絶対服従しなければならず、常に先生のあとから影のようについてこなければならない」歩みでした。真のお母様が「自分勝手に行ったり来たりすれば、サタンの侵犯を受ける」深刻な歩みだったのです。それゆえ真のお父様が「断食もさせず、全てするな」と語られたなら、そのみ言に対し絶対服従して、断食や伝道なども「自分勝手に」してはいけないと言われたのです。そのようにして一九六八年一月一日の「神の日」を迎えるまでの七年路程において、真のお母様はお父様に「影のようについてこなければならない」歩みをさせられながら、「今まで世間の女性と同じ」ような立場において「断食もさせず」「伝道もさせ」ずに、それらをすること以上に**お父様と一体となる歩みをされた**のだと言われているのです。

それゆえ、一九六八年一月一日に真のお父様が「神の日」を宣布することができたのです。つまり、真のお母様が絶対信仰・絶対愛・絶対服従で、お父様と一つとなって勝利の基準を立てられたからです。

ところが、『統一教会の分裂』は直前のみ言の部分を削除して、勝利された真のお母様である事実を隠蔽することで、お父様が語られているみ言の真の内容、意味を誤解するよう誘導しているのです。『統一教会の分裂』が引用した二〇〇五年七月三日のみ言は「韓鶴子の不従順」を裏づけるものではありません。

㈢ お母様が責任を果たせるようにされたお父様の愛（二〇〇九年二月十六日）

『統一教会の分裂』は、真のお父様が「真の家庭の分裂の原因が韓鶴子だと考える内心をほのめかした」（142ページ）と述べ、次のみ言を引用します。

「天国を開く道、真の家庭、文鮮明《ムンソンミョン》！（基元節まで）四年数か月残っています。このときまでお母様が責任を果たせる度数を終えることができなければ、問題が起こるのです。そのために、大事に無事に私が責任を全て築いておいたので、これまでしたので、お母様も、私が悔しいと当たり散らしたりせず、拳を上げて殴ったりしない限り全てが解決されます」（二〇一二年「真の父母様御聖誕日記念出版版のマルスム選集607-310、翻訳は教理研究院）

『統一教会の分裂』で金鍾奭《キムヂョンソク》氏は、真のお父様が「お母様も、私が悔しいと当たり散らしたりせず、拳を上げて殴ったりしない限り全てが解決」されると語られたみ言を用いて、「**創始者が悔しい**と自分の拳で韓鶴子を打たない以上、基元節は成功するという言葉」（143ページ）であると歪曲し、「私」という人称代名詞を「創始者」に置き換えています。これは改竄です。このように置き換えるのは、このみ言がお父様の「苦しい心情を吐露した」（143ページ）ものであると〝誤読〟させるためです。

全体の文脈から見て、この「私」という人称代名詞は「創始者」ではなく「お母様」を指しています。すなわち、「私（真のお母様）が悔しいと当たり散らしたりせず、拳を上げたり殴ったりしない限り」

全てが解決でき、「お母様が責任を果たせる度数を終える」ことができるように、真のお父様は「責任を全て築いておいた」と言われているのです。よって、このみ言は、お父様の「苦しい心情を吐露」したみ言ではありません。

また、上述のこのみ言は『統一教会の分裂』の226ページと249、250ページなどにも掲載されており、このみ言が「韓鶴子について創始者が否定的に言及した内容」(226ページ)であり、かつ「韓鶴子の不従順」(245ページ)に関するみ言であるとして、随所に引用しています。しかし、このみ言は、基元節まで真のお母様が責任を果たすことができるように、真のお父様が「責任を全て築いておいた」という〝愛のみ言〟であって、「苦しい心情を吐露」されたものではありません。

したがって、『統一教会の分裂』が、前記のみ言を自分たちに都合良く歪曲《わいきょく》して、真のお父様が「韓鶴子の不従順」について指摘したみ言であるとか、あるいは「真の家庭の分裂の原因が韓鶴子」とほのめかし、「韓鶴子について創始者が否定的に言及」したみ言であるなどと述べるのは、〝虚偽の主張〟にほかなりません。

(十三) 指導者たちがお父様の血統を疑う(二〇〇九年二月二十七日)

『統一教会の分裂』は250ページで、真のお母様が「統一原理に対する未成熟」であるため、真のお父様が苦慮しているみ言であるとして、二〇〇九年二月二十七日のみ言を以下のように引用しています。

「神様が原罪のある先生を使うだろうか。十六歳まで、アダムとエバの血統は間違っていませんでした。何故、十六歳を重要視するのでしょうか。十六歳までは堕落しなかったのです。その継代をつなぐのです。その前まで掘り下げて先生に原罪があるか、ないかということを自分たちが決定できますか。つまらないことをしています。

私がそんなことを考えずにここで教主の役目をし、血統を正すと言うことができますか。私は幼い頃から天が教えてくれました。血統が正常かどうかを聞かなかったでしょうか。口にもするなというのです、口にもするなと。私が尋ねると、天が口にもするなと言ったのです」（二〇一二年「真の父母様御聖誕日記念出版」版のマルスム選集６０８－２７６～２７７）

『統一教会の分裂』は、この内容が「韓鶴子の不従順」を裏づけるみ言であると述べます。しかし、これも〝虚偽〟の主張です。『統一教会の分裂』は、引用したみ言の直前の部分を隠蔽して、その意味を〝改竄〟しています。

真のお父様は、直前で次のように語っておられます。

「**あなたたち**が何、先生は原罪があるのか、ないのかと言うことができません。神様が原罪のある先生を使うだろうか。十六歳まで、アダムとエバの血統は間違っていませんでした。何故、十六歳を重要視するのでしょうか。十六歳までは（アダムは）堕落しなかったのです。その継代をつなぐのです。その前まで掘り下げて先生に原罪があるか、ないかということを自分たちが決定できますか。つまらないことをしています……」（同、608-276、「茶色の字」は『統一教会の分裂』からの引用。「青い字」は教理研究院による）

『統一教会の分裂』は、み言の青色部分を意図的に隠蔽しています。その隠蔽した部分で、真のお父様は「**あなたたち**が何、先生は原罪があるのか、ないのかと言うことができません」と語っておられます。

このみ言は二〇〇九年二月二十七日午後五時から、韓国の天情苑《チョンジョンウォン》で「真の父母様主管の特別会議」が開催され、真のお父様がそのときに語られたものです。その会議に参加した**指導者たちに対し**、真のお父様は、「**あなたたち**が何、先生は原罪があるのか、ないのかと言うことができません。……先生に原罪があるか、ないかということを自分たちが決定できますか。つまらないことをしています」と語っておられるみ言なのです。ところが、『統一教会の分裂』は直前のみ言を隠蔽し、まるで真のお母様が「先生に原罪があるか、ないか」と述べ、真のお父様の血統を疑っておられるかのように印象づけようとしているのです。

ところで、『統一教会の分裂』が引用した上記のみ言に関して、周藤健著『天一国時代を迎えるための成約摂理解説』は次のように解説しています。この書籍は、「十六万訪韓修練会」のみ言を集大成したものです。

「堕落によってアダム（男性）が天使長の立場になったとしても、アダムの堕落が十六歳の時であったので、十六歳まで神と共にあった基準はそのまま天使長の立場の男性にも相続されており、それが復帰の基台となっている。一方、真のアダムである再臨主は独り子として生まれたが、十六歳（数え）でイエス様よりその使命を相続され、アダムの堕落とその結果を完全に蕩滅復帰された。すなわち、これが真のお父様における『メシヤ自覚』である。真のお父様はメシヤとして生まれたが、十六歳でイエス様と霊的に会われ、神に召命されたのである。ここにおいて、その勝利された十六歳までの基台の上につながれる（ハンダ付けされる）ならば、天使長の立場の男性も、十六歳で堕落せずに完成し、罪悪世界を天宙に広げなかった立場の本然のアダム（罪なきアダム）の立場に復帰させることができるのである」（338ページ）

真のお父様は「何故、十六歳を重要視するのでしょうか。十六歳までは（アダムは）堕落しなかったのです。その継代をつなぐのです」と語っておられますが、このみ言を原理的に理解するならば、「アダムの堕落が十六歳の時であったので十六歳まで神と共にあった基準はそのまま天使長の立場の男性にも相続されており、それが復帰の基台となっている」（『天一国時代を迎えるための成約摂理解説』338ページ）というのです。

また、「真のアダムである再臨主は独り子として生まれたが、十六歳（数え）でイエス様よりその使命を相続され、アダムの堕落とその結果を完全に蕩減復帰」（同）されたというのです。すなわち、真のお父様が「十六歳でイエス様と霊的に会われ、神に召命」された出来事とは、「真のお父様における『メシヤ自覚』」のことなのです。

また、「天使長の立場の男性も、十六歳で堕落せずに完成し、……本然のアダム（罪なきアダム）の立場に復帰」するために、真のお父様に「ハンダ付け」されなければなりません。それゆえ、真のお父様が「十六歳を重要視」しておられるのは、十六歳は真のお父様ご自身が「メシヤ自覚」をされた年齢であり、さらに、天使長の立場の男性が真のお父様に「ハンダ付け」されることで、十六歳まで堕落しなかったアダムの「継代をつなぐ」ことができるからなのです。

『統一教会の分裂』が引用したみ言は、「統一原理に対する未成熟」な**指導者たちが**「先生に原罪があるか、ないか」と議論していることに対して、真のお父様が、そのようなことを「自分たちが決定できますか。つまらないことをしています」と叱責しておられるみ言なのです。ところが、『統一教会の分裂』は直前のみ言を隠蔽して、その意味を〝改竄〟することで、まるで真のお母様が、お父様の血統を疑って語っておられるかのように読ませようとしているのです。

以上のように『統一教会の分裂』は、二〇〇五年二月二十五日、同年七月三日、および二〇〇九年二月二十七日の三つのみ言を引用して、それらが「韓鶴子の不従順」を裏づけるみ言であると主張しますが、それらを検証すると、ことごとくみ言の前後の部分を隠蔽し、また「日本語版」では意図的に〝誤訳〞することで、自分たちの主張に合致するよう〝詐欺的〞引用をしています。

私たちはこのようなみ言の意図的引用と、〝改竄〞による〝虚偽〞の解釈・主張に惑わされてはなりません。

⑽ 原理を解釈できない人がお父様の血統を疑う（二〇〇九年二月二十八日）

ＵＣＩ（いわゆる「郭グループ」）を支持する人物の中には、「お父様は、お母様がお父様の血統を疑っていることを、真の父母の分裂であり、越えるべき試練（三八度線）として指摘された」と述べ、真のお母様を批判する次のような文書を拡散する人がいます。

「お母様にも話して見ろと言うのです、むやみに暮らすかと。お母様も三八度線を越えなければなりません。あなたはあなたが行くべき道があり、私は私なりに行くべき道があるといって行ってみろというのです。**分裂しました。**一パーセント、〇・数パーセントの差があっても分裂するのです。天国の門に一緒に入らなければなりません。……（中略）……『先生は堕落の血統を相続したか、きれいな血統を相続したのか』と聞くのです。皆さんはそのように言う自信がありますか。……（中略）……原理の解釈も出来ない人が何、先生が純潔か、何とか潔かと。私がそれを知っているのでこの場に出てこないようにしました。そこに行かないようにしました。醜いことを知っているので、なに、先生の血統が何、

どうだと？　堕落前に血統を汚したか？」（二〇〇九年二月二十八日）

このように、真のお母様が真のお父様の血統を疑っているかのように翻訳しますが、この翻訳はみ言の前後の文章を隠し、〝誤訳〟を含ませて読者を誤導しています。

これに類似する訳文が、『統一教会の分裂』にも記載されています（109〜110、148、250ページ等）。

このみ言は、真のお父様が真のお母様を批判しておられる内容ではありません。文脈を踏まえて正確に訳せば、次のようになります。

「『私』が神様の代身として純潔、純血、純愛の表象となって鏡とならねばならないのに、（皆さんは）そのような鏡になっていますか？　私たちのお母様にも話してみなさい、いいかげんに生きているか。お母様も三八度線を越えねばならないのです。『あなたはあなたの行くべき道があり、私は私の行く道がある』といって行ってみなさい、**分かれていたでしょう**。一パーセント、〇・何パーセントの差が開いても分かれるのです。天国の門に共に入っていかねばなりません。堕落するとき、（アダムとエバは）一緒に堕落しました。一緒に追い出されたのです。地獄の底まで一緒に行ったのです。『先生は堕落の血を受けたのか、きれいな血を受けたのか？』というのです。皆さんは、そのようにいう（注、純血のこと）自信がありますか？……原理を解釈することもできない人々が、何、先生は純血か、何の血か。

私はそれを知っているので、この場に来ないようにしようと思いました。そこに行かないようにしようと思いました、汚らわしいことを知っているので。何、先生の血が、どうしたというのですか。堕落の前に、血を汚しましたか。……数多くの女たちが私をゴロッキにしようと、堕落させようとするので、（私は）鍵を掛けて暮らしました。**お母様に尋ねてみてください**。……うちの家で何代の孫の中で、お母様の代身として育ちうる孫娘がいつ生まれるか？　それが私の心配なのです。七代を経ても難しいだろうと考えるのです」

このみ言は、真のお父様が食口に対して「あなたがたはどういう立場に立っているのか」と尋ねておられる内容です。お父様は「純潔、純血、純愛」に関して食口の姿勢が間違っていることを『平和神経』の話をされながら指摘しておられます。『平和神経』は「純血」について語っているが、食口はそのような姿になっていないと語られ、その話の流れの中で「私たちのお母様にも話してみなさい、いいかげんに生きているか」と尋ねておられます。これは〝お母様はいいかげんには生きていない〟という意味で語っておられるものです。そして、「お母様も三八度線を越えねばならない」立場であることを前提に、「（真のお母様が）『あなたはあなたの行くべき道があり、私は私の行く道がある』といって行ってみなさい、**分かれていたでしょう**。一パーセント、○・何パーセントの差が開いても分かれるのです。天国の門に共に入っていかねばなりません」と語っておられます。

この訳者は、ここで「**分裂しました**」と訳しますが、正しくは「**分かれていたでしょう**」です。つまり、自分勝手に行ったとしたら「分かれるでしょう」と言っているのであって、実際は「**分かれていない**」という意味で述べているものです。それを彼は正反対の意味に訳しています。

真のお父様は、「堕落するとき、（アダムとエバは）一緒に堕落しました。一緒に追い出されたのです」、だから天国に行くときにおいても一緒に行かなければならず、もしわずかでも違いが生じれば「分かれていたでしょう」と述べ、これは**分かれていない**という意味で語っておられるのです。

また、「『先生は堕落の血を受けたのか、きれいな血を受けたのか?』というのです」と言っているのは、「**先生は**……」との言葉で分かるように、お母様の言葉ではなく、食口が語っている言葉として述べておられます。

食口たちが、「先生は堕落の血を受けたのか、きれいな血を受けたのか?」と語っており、先生も純潔ではなく「六マリヤ」のようなことがあると思っているようだが、事実はそうではない。「原理を解釈することもできない人々が、何、先生は純血か、何の血か」と言っているが、とんでもない話だと言っておられるのです。

真のお父様は、その直後、「数多くの女たちが私をゴロツキにしようと、堕落させようとするので、（私は）鍵を掛けて暮らしました。お母様に尋ねてみてください」と語られ、お父様がいいかげんになど生きていないことは、真のお母様が証人であると述べておられます。

このみ言のしばらく後で、真のお父様は、「うちの家で何代の孫の中で、お母様の代身として育ちうる孫娘がいつ生まれるか? それが私の心配なのです。七代を経ても難しいだろうと考えるのです」と語られ、真のお母様ほどの女性は何代たっても現れないくらい、素晴らしい方だと証ししておられます。もし、お母様がお父様の血統を疑っておられるなら、お父様は、お母様が証人であると語られることはありません。七代を経ても現れないほど素晴らしい女性であると証しされることもありません。

この人物は、み言の文脈を無視して引用し、〝誤訳〟を含ませて、まるで「お母様がお父様の血統を疑っている」かのように訳します。そして「あなたはあなたが行くべき道があり、私は私なりに行くべき道があるといって行ってみろと」と述べ、まるで真のお母様が自分勝手に生き、真のお父様と「**分裂しました。**一パーセント、〇・数パーセントの差があっても分裂するのです」と誤読させようと、その後に続く文を中略したうえで、「『先生は堕落の血統を相続したか、きれいな血統を相続したのか』**と聞くのです**」とすることで、あたかもお母様がお父様の血統を疑って問い尋ねているかのように訳し、お母様をおとしめています。このようなみ言の改竄、誤訳にだまされてはなりません。

㈤ お母様を神様の夫人に再創造（二〇〇九年七月十三日）

『統一教会の分裂』は252ページで、真のお父様が「韓鶴子の不従順」に対して苦慮しているみ言であるとして、二〇〇九年七月十三日のみ言を引用します。

「そう。神様は文総裁が必要です。神様は真の父母にはなれません。一人でどうしてできる。お母さんがいません。お母さんを再び作らなければなりません。再び作ろうとしていますが、九十歳になった今までお母さんを自分の妻として愛することができません。育てているのです。後三パーセントが残っています。三パーセント。その三パーセントをするのに、国と世界の上でしなければならない、国の外では駄目なのです。国の上で一〇〇パーセント以上に上がらなければならないのです」（二〇一二年「真の父母様御聖誕日記念出版」版のマルスム選集６１４－95～96）

『統一教会の分裂』は、これが「韓鶴子の不従順」を裏づけるみ言であると述べます。しかし、これも〝虚偽〟の解釈・主張です。『統一教会の分裂』は、引用した直前の部分を隠蔽し、意味を〝改竄〟しています。以下、隠蔽した部分を引用します。

「男性の血肉と女性の血肉が和合して、息子娘の生命の起源、女性と男性の起源となるのです。ところで、精子の旅行の道でいまだに（卵子に）出会ったことがないのです。神様が女性に出会ってみましたか？」（二〇一二年「真の父母様御聖誕日記念出版」版のマルスム選集６１４－95）

真のお父様は、直前の部分で、「神様が女性に出会ってみましたか？」と尋ねられ、「精子の旅行の道でいまだに（卵子に）出会ったことがない」と語られました。それに続いて、お父様は、「神様は文総裁が必要です。神様は真の父母にはなれません。（神様）一人でどうしてできる。お母さん（神様オモニ）

がいません」と語っておられるのです。神様が真の父母になるには、「神様が女性に出会って」、父なる神様（神様アボジ）と母なる神様（神様オモニ）、すなわち天の父母にならなければならないというのです。ゆえに、お父様は「お母さん（神様オモニ）を再び作らなければなりません」と語っておられるのです。ところが、『統一教会の分裂』は文脈を無視し、「創始者が韓鶴子に対する残念な感情」を表したみ言であるとして、お父様の意図に反する解釈をしています。

『統一教会の分裂』が引用したこのみ言は二〇〇九年七月十三日のものですが、その前日の七月十二日、お父様は次のように語っておられます。

「蘇生時代から国家解放圏までもお母様を保護してあげる責任を今、しています。垣根になるそれが、自分の垣根圏と同等な位置でなされるのではありません。先生が築いてあげた垣根となる前にはできません。お母様がどのように神様の夫人の位置に出ますか?」（マルスム選集614-28）

「先生が築いてあげた垣根となる前」には、お母様が「神様の夫人の位置」に出られないため、真のお父様は「お母様を保護してあげる責任を今、しています」と語っておられます。また、数日後の同年七月十七日に、次のようにも語っておられます。

「神様が独りで今まで生きたのであって、神様の夫人も、家庭もなかったでしょう? 神様が愛することのできる相対がどこにいるのですか？　愛を行ってみることができなかったのではないかというのです」（マルスム選集614－120）

真のお父様は、「神様が独りで今まで生きたのであって、神様の夫人（神様オモニ）も、家庭もなかった」と語っておられます。これは『統一教会の分裂』が引用した「神様は真の父母にはなれません。一人でどうしてできる。お母さん（神様オモニ）がいません」と同じ内容のみ言です。すなわち、「お母さん（神様オモニ）がいません」とは、「神様の夫人」が今までいなかったという意味なのです。

また、お父様が「九十歳になった今までお母さんを自分の妻として愛することができません。育てているのです」と語られるのは、お母様を「自分の妻として愛すること」以上に、「神様が愛することのできる相対」、すなわち「神様の夫人（神様オモニ）」としてお母様を「育てている」という意味で語っておられるものです。

また、お父様は「後三パーセントが残っています。三パーセント。その三パーセントをするのに、国と世界の上でしなければならない」と語っておられますが、これは「先生が築いてあげた垣根」である「国の上で一〇〇パーセント以上に上がらなければ」、お母様が「神様の夫人の位置」に出られないという意味です。そのために、お父様は「国家解放圏までもお母様を保護してあげる責任を今、しています」と語っておられるのです。

このように、『統一教会の分裂』は直前のみ言を隠蔽し、その意味を〝改竄〟しています。『統一教会の分裂』が引用した二〇〇九年七月十三日のみ言も「韓鶴子の不従順」を裏づけるものではありません。

㈥お父様が行かれる最後の峠(二〇〇九年四月二十二日)

『統一教会の分裂』は251ページで、真のお父様が「韓鶴子の不従順」に対して苦慮しているみ言であるとして、二〇〇九年四月二十二日のみ言を引用します。

「精子の旅行の道は、お母さんを探して億万年、師匠を探して億万年、主人を探して億万年です。万年ずつなので三万年、相対まで入れると六万年が過ぎるのです。六〇〇〇年が過ぎたというのです。旅行道はまだどうですか。先生が定着しましたか。

ラスベガスに行って談判しなければなりません。女が淫乱の種をばら蒔いておきながら、自分を主張して男のてっぺんに上がろうと言うのです。ラスベガスに行けば、それは女の世界です。淫乱の王国です。レバレンド・ムーンがその淫乱の王国にお母さんを連れて行って、『お母さんも先生の肩の上からてっぺんに上ろうとしますが、そこでお母さんの言葉に屈してはならない』。これです。九七パーセントをお母さんに全て投入しましたが、三パーセントだけは…。私が絶対九十七パーセントに一二〇パーセントまでしました。二十三度を加えて、私に返そうという気持ちがないときは、精子の種がお母さんのお腹の中に入ることができないということが、統一教会の師が行く最後の峠、境界線を越える位置です。

どれほど深刻か分かりません」(二〇一二年「真の父母様御聖誕日記念出版」版のマルスム選集610−139〜140)

『統一教会の分裂』は、これを「韓鶴子の不従順」を裏づけるみ言であると述べます。しかし、これも〝虚偽〟の主張です。『統一教会の分裂』は、引用したみ言の直前の部分を隠蔽し、意味を〝改竄〟しています。

お父様は、直前で次のように語っておられます。

「私が神様の母(神様オモニ)の位置を探していかなければならず、真の父母の母を探さなければならず、真の父母の子宮を探し、(そこに)入らなければならないのです。そうでないようになれば、真の父母と真の主人と真の王が生まれる道がないのです。精子の旅行の道は、お母さんを探して億万年、師匠を探して億万年、主人を探して億万年です。……」(同)

このように、真のお父様が「ラスベガスに行って談判」すべきことは「神様の母(神様オモニ)の位置」、「真の父母の母」、「真の父母の子宮」を探し出すことであると語っておられます。そのために、お父様は「九十七パーセントをお母さんに全て投入しましたが、三パーセントだけは……。私が絶対九十七パーセントに一二〇パーセントまでしました」と語られました。もし、お母様が「二十三度を加えて、私に返そうという気持ちがないときは、精子の種がお母さんのお腹の中に入ることができない」ため、それが「どれほど深刻か分かりません」と語っておられます。

しかし、真のお父様は、同年四月十一日の「真の父母様御聖婚五十周年記念」の早朝訓読会で、「ラスベガスで、もう九十七パーセントまで越えて、**三パーセント残った峠を越えることができます**」（マルスム選集610-30）と語っておられます。すなわち、「統一教会の師が行く最後の峠」である「三パーセント残った峠」を**越えることができる**と語られたのです。

真のお父様は二〇一〇年七月一日、韓国の麗水で次のように語っておられます。

「……『よって旧約・新約・成約時代の完成・完結・完了の時代を迎え、真のお父様と真のお母様との最終一体圏を完成・完了した全体・全般・全権・全能の時代を奉献として表する！』『現します』というのです。すべて入るのです。その次に三番目に行きます。『宣言することによってラスベガス摂理の目的が完結を宣布することで……。』完成完結を宣布することで『純潔・純血・純愛の完備をみる……。』……」（韓国機関誌『統一世界』二〇一〇年六月号、10〜11ページ。翻訳は教理研究院）

このみ言は、お父様が二〇一〇年七月八日の「天地人真の父母定着実体み言宣布大会」で宣布されるみ言の原稿を訓読されながら説明されたものです。お父様は、「真のお父様と真のお母様との最終一体圏を……宣言することによってラスベガス摂理の目的が完結を宣布する」と語っておられます。すなわち、「ラスベガスに行って談判」し、「神様の母の位置」を探し出す「ラスベガス摂理の目的」が完結したというのです。

さらに、お父様は次のように語っておられます。

「(二〇一〇年天暦五月十五日)三時二十五分にオモニ(お母様)をオモニとして定めます。神様お母様(神様オモニ)、実体のオモニ、真の父母のオモニ、アボジ(お父様)のオモニ、自分の妻、自分のハルモニ(祖母)……。アボジ(お父様)、自分の夫、カインとアベルの息子二人まで八代男性を踏んで越えられる女性の権威を持たなければ、先生に従って天国に入れないという理論的な結論です。ここに、該当する文書がすべてあります。文書は守らなければならないというのです」(『統一世界』二〇一〇年六月号、12ページ)

二〇一〇年天暦五月十五日、お父様は「三時二十五分にオモニ(お母様)をオモニとして定めます。神様お母様(神様オモニ)、実体のオモニ、真の父母のオモニ、アボジ(お父様)のオモニ、自分の妻、自分のハルモニ(祖母)」と語っておられるように、「オモニ(お母様)をオモニ」として定められました。これは、「統一教会の師が行く最後の峠、境界線」を越えて、「神様の母(神様オモニ)の位置」、「真の父母の母」、「真の父母の子宮」を探し立てることができたというのです。お父様が「三パーセント残った峠を越える」ことによって、「ラスベガス摂理の目的が完結」されたのです。

その基台の上で、真の父母様は二〇一〇年七月八日の「天地人真の父母定着実体み言宣布大会」で、真のお父様と真のお母様における「真の父母様御夫妻は最終一体を成し」と宣布され、天地人真の父母様が定着されたのです。

さらには、二〇一二年陽暦四月十四日、真の父母様は米国・ラスベガスの天和宮《チョヌァグン》で「特別宣布式」を執り行われ、「天地人真の父母定着実体み言宣布天宙大会を最終完成・完結することを、お父様の前に奉献しますので、お受け取りください」（『トゥデイズ・ワールドジャパン』二〇一二年天暦四月号、19ページ）と宣布されました。

そして、二〇一二年陽暦四月二十五日、お父様は次のように語っておられます。

「真の父母は全てを完結し、終えました。全て過ぎ去ったというのです。……実体み言宣布から、真の父母様は峠を越えたでしょうか、越えられなかったでしょうか？（「越えました」）皆さんに残してあげる実体み言宣布は、もう必要ないのです。なぜですか？天地人真の父母の家庭を完成することで、全てが終わったというのです。……天宙大会も全て終わりました。天地人真の父母定着も過ぎ去り、実体み言宣布も全て成し遂げ、その次には天地・天宙完成圏も全て超えました」（『トゥデイズ・ワールドジャパン』二〇一二年天暦六月号、6～8ページ）

お父様は、「真の父母は全てを完結し、終えました。……天地人真の父母の家庭を完成することで、全てが終わった」と語られました。『統一教会の分裂』が引用した二〇〇九年四月二十日のみ言でお父様は、「統一教会の師が行く最後の峠、境界線」を越えることができなければ、「どれほど深刻か分かりません」と語られましたが、三年後の二〇一二年四月二十五日のみ言でお父様は、「真の父母様は峠を越え……天地人真の父母定着も過ぎ去り、実体み言宣布も全て成し遂げ、その次には天地・天宙完成圏も全て超えました」と宣言しておられます。すなわち、「精子の旅行の道は、お母さんを探して……先生が定着」したと言われたのです。

ところが、『統一教会の分裂』は直前のみ言を隠蔽し、さらには、それ以降の摂理の進展をも無視し、お父様の意図に反する勝手な解釈を述べているのです。

『統一教会の分裂』は十八のみ言を引用し、それらが「韓鶴子の不従順」を裏づけるみ言だと主張しますが、原典にあたってみると、ことごとくみ言を〝改竄〟しており、虚偽の主張であることが分かります。

㈦お母様しか神様の夫人の位置に立てられない(二〇〇九年七月十二日)

金鍾奭氏は、『統一教会の分裂』で「(二〇〇九年七月十二日)創始者が韓鶴子を神様の夫人の位置に立てることはできないと言及する」(157ページ)と述べています。

彼のこの主張は誤りです。まず、『統一教会の分裂』の訳文を以下、引用します。

「お母さんがどれほど大胆か分かりません。こうした原理原則を中心として天の国の天法生活に入ると一遍に引っかかり得る状況がたくさんあることを知らずに勝手に生きています。そこに引っかからないように私が垣根になってあげて、蘇生時代から国家解放圏までもお母さんを保護する責任を今していきます。垣根となることは自分の垣根圏と対等な位置でできるのではありません。先生が作った垣根ができる前にはできません。お母さんがどうして神様の夫人の位置に立てますか。堕落した女として、どうして真の父母の夫人の位置に立てますか。真なる僕の夫人の位置にも立てずに追い出されて。それを殺してしまおうとするのにですよ。そのような人を掴まえて神様の夫人の位置に立てますか。そんな馬鹿げた行動がどこにありますか」（マルスム選集614－28）

以上の訳文を読むと、このみ言は、真のお母様に対する真のお父様の忠告のように読め、「自分勝手に生きておられるお母様」という意味に読めてしまう翻訳となっています。多くの人は、「そのような人をつかまえて神様の夫人の位置に立てられるのか？　そんな馬鹿げた行動がどこにあるのか？」と怒っておられるみ言のように読むことでしょう。しかし、事実はそうではありません。実際の文章を、それらの前後を含めて、以下引用します。

「神様が協助をせず、霊界が協助をしないので、霊界が協助できる勝利的基盤をつくらなければなりません。神様が協助できる勝利的基盤がどこにありますか？　自分自身の中にありません。先生をつかんで行かなければなりません。先生も今まで絶対信仰、絶対愛、絶対服従で束ねてきたのであって、別の何もありません。私の言葉がなく、私の主張がありません。

垣根を作ってあげ、お母様を保護してあげている

お母様はどれほど大胆なのか分かりません。このような原理原則を中心として天の国の天法生活に入っていくようになるとすぐに引っかかる状況がたくさんあることを知らず、心の行くままに生きています。そこに引っかからないように私が垣根をつくってあげ、蘇生時代から国家解放圏までもお母様を保護してあげる責任を今、しています。垣根になるそれが、自分の垣根圏と同等な位置でなされるのではありません。先生が築いてあげた垣根となる前にはできません。

お母様がどのように神様の夫人の位置に出ますか？　堕落した女として、どのように真の父母の夫人の位置に出ますか？　真の僕の夫人の位置もできないで、追いかけ回されてです。それを殺してしまおうとするのにというのです。そのような人をつかまえて神様の夫人の位置に立てますか？　そのようなことができる馬鹿げた行動がどこにありますか？　**統、一、教、会、の、皆、さ、ん、が、そ、う、な、の、で、す**」

真のお父様が、真のお母様を「神様の夫人の位置に立てることはできないと言及する」としている『統一教会の分裂』の翻訳文を、教理研究院の翻訳文と比較して検証します。

（『統一教会の分裂』の翻訳）
「お母さんがどうして神様の夫人の位置に立てますか」
（教理研究院の翻訳）
「お母様がどのように神様の夫人の位置に出ますか？」

『統一教会の分裂』が「どうして」と訳した原文は、韓国語で「어떻게」と書かれています。これを「Why」の意味で訳します。ゆえに、その後に続く文章が全て、神様の夫人の位置に立てられない理由のみ言として読めてしまいます。しかし、ここでの「어떻게」の正確な意味は「Why」ではなく、「How」であり、「どのように」が正しい訳語です。したがって、このみ言は、「お母様をどのように神様の夫人の位置に」という状況、状態、方法などを尋ねておられるみ言なのです。

また、「立てますか」と訳している原文を見ると、韓国語で「나가나？」と書かれています。この言葉を彼は「立てますか」と訳し、疑問符の「？」も省略しています。この「お母さんがどうして神様の夫人の位置に立てますか」との訳文を読めば、まるで、真のお母様の不従順な姿に真のお父様が苦慮しておられ、神様の夫人の位置を否定して語っておられる深刻なみ言であるかのように読めます。

しかし、韓国語の「나가나？」は、「나가다（動詞）＋나？（疑問）」の形です。「나가다」は動詞であり、一般的に「出る」という意味です。したがって、「立てる」は誤訳です。

そして、「나?」は疑問形ですが、これは、少し驚いているときに使われる表現です。それゆえ、「나가나?」は「出ますか?」とするのが適訳なのです。

この「お母様がどのように神様の夫人の位置に出ますか?」は、その前で語られた状況を踏まえたうえで、真のお父様が「お母様が（そのような状況で）どのように神様の夫人の位置に出ますか?」と尋ねておられる内容なのです。

ところが、『統一教会の分裂』日本語版は疑問符「?」を省略し、さらに「立てますか」と〝誤訳〟していています。しかも、『統一教会の分裂』は、**最も重要な部分をカットしています**。それが、最後に訳した「統一教会の皆さんがそうなのです」の部分です。

この一文が入ることで、真のお父様が指摘しておられる「馬鹿げた行動」の人物とは、真のお母様ではなく「統一教会の皆さん」であることがはっきりします。

以上の内容から、『統一教会の分裂』の「創始者が韓鶴子を神様の夫人の位置に立てることはできないと言及する」という主張は完全な〝誤り〟であることが明白となります。結局、このみ言は、真のお父様が、**真のお母様以外**の統一教会の女性たちに対して、「皆さんを神様の夫人の位置に立てることはできない」、「**お母様しか**神様の夫人の位置に立てられない」と言及しておられるみ言だったのです。

この肝心な部分の〝み言隠蔽〟と〝誤訳〟は、金鍾奭氏および翻訳者が真実を伝えるために〝事実〟に基づいて書物を世に出そうとするのではなく、何としてでも、お母様をおとしめようとする目的と動機をもって、『統一教会の分裂』を策略的に著し、出版していることを裏づけます。

私たちは、お母様をおとしめようとする不純な動機からなされる、彼らのみ言の悪用にだまされてはなりません。

㈥「母のいない神」を信じてきた愚かさについて（二〇一二年七月十六日）

ＵＣＩを支持する人物は、「お父様は、聖和される五十日ほど前に、お母様が自分勝手にやって、真の母が不在であると語られた。『オモニを私が育ててきたよ。オモニはいません。文総裁の妻の位置もいません。自分勝手にやっている‼　自分勝手に。ん。』（アベル女性ＵＮ創設大会二〇一二年七月十六日）」と述べて、真のお母様をお父様が批判しているとしています。このみ言は、お父様がお母様を否定しておられるみ言ではありません。

このアベル女性ＵＮ創設大会のみ言を用いた〝お母様批判〟は、かつてサンクチュアリ教会を支持する人物も拡散しており、それに対する反論は『世界家庭』二〇一六年十月号にすでに掲載しました。ＵＣＩを支持する櫻井正実氏も、真のお母様をおとしめようとアベル女性ＵＮ創設大会のみ言を〝お母様批判〟に使い、悪用しています。

【誤り①】真のお母様についてではないみ言を、「お母様に言及した」と述べる

ＵＣＩを支持する櫻井正実氏は、アベル女性ＵＮ創設大会で、真のお父様が講演文の〝前置きである〟

として語られた部分を、次のように真のお母様批判に利用します。（注、櫻井正実氏の批判内容は囲みで表記しています。以下の網かけ部分はすべて櫻井正実氏の主張です）

「二〇一二年七月十六日、清心《チョンシム》平和ワールドセンターで開催されたアベル女性UN創設大会は、お父様の最後の大衆演説の場となった。……（略）……

私はアベル女性UN創設大会のフル動画……をネットで探し出し、お父様のスピーチの部分は全て聞いてみた。そのなかで母（オモニ）がいないとはっきりと言及されていた部分だけを紹介する。

黒は講演文をお父様が読み上げられた部分。青は原稿から目を離し、その場で語られたお父様のみ言である。特に母（オモニ）について言及される部分は赤で記した。文脈で推し量れない難解な文章なので、自信がないものは敢えて〈…〉を入れ空欄にした。意訳もせず、ほぼ直訳しながら誤訳がないよう出来る限り努めた。

本格的に講演文を読まれる前に、お父様は二度『母（オモニ）がいない』と言及され、講演の最後の方でもう一度、その時は、はっきりと「文総裁の妻の位置もありません」と語られている。……（略）……

（講演文を読まれている）A編の天地人真の父母定着実体み言宣布天宙大会も、B編はアベル女性連合創設大会の基調演説（講演文を読むのを中断）、アベル女性、母（オモニ）がいません。神様、父（アボジ）を知っているが父（アボジ）の母（オモニ）のいない父（アボジ）を自分の神様だと戦って奪われたり〈　〉戦うこの教団たちの〈　〉と国の権威の喪失はだれが是正をしてくれるのか！　あ？　私の名前は龍明《ヨンミョン》。〈　〉姓もありません。龍明。十七歳二月にイエスが生まれておい！　龍明お兄様。思いがけないイエスという者が、ハンサムなイエスが現れて……（略）……
　そのような意味でみ言を始めましょう。B編がアベル女性、アベル女性、アベル、アベル女性UN創設大会。アベル女性UN創設大会に表れる母（オモニ）がいません。母（オモニ）が失ってしまったら誰故に、アダムが責任を果たせなくて母（オモニ）失ってしまった。（二度うなずかれる）アベル女性UN創設大会基調演説よく聞いてみなさい。先生の一生のあの肉声は母（オモニ）自体が父（アボジ）を追い払ってしまって天地を追い払ってしまってまた〈　〉家から訪ねて来て侍ることができる教育を私が準備したために母（オモニ）を再創造して、いくら反対して、いくらしても母（オモニ）を満天下に神様の夜の神様、昼の神様一つになったら創造主の母（オモニ）の位置に立てて見せると鉄石のような天宙の谷……（略）……」

櫻井正実氏は、上述部分で「お父様は二度『母（オモニ）がいない』と言及され（た）」として真のお母様批判をしています。この部分を正しく理解するために櫻井正実氏がディクテーションしていない、真のお父様の講演文の〝前提〟となる説明を紹介したうえで、これについて応答します。

【真のお父様の講演】（注、太字の部分は講演文、それ以外はアドリブで語られた部分）

「大会の前に、私の話を約三十分間、前提として話してから、結果としての話を始めます。……（略）……

今に至るまで、数多くの宗教がありますが、父なる神様を信じる宗教にはなりましたが、母のいない宗教を信じてきたという恥ずべき、恥ずかしさをこの時間に爆発させ、その歴史的な、あってはならないその悲運の痕跡を取り消すために、ここに現れた……私の歩む道は、平和な道ではありませんでした。

………

A編の天地人真の父母定着実体み言宣布天宙大会も、B編のアベル女性連合創設大会基調演説。アベル女性、女性。母がいません。父なる神様は知っていますが、母のいない父を自分の神様だと言って争い、奪い合う闘いをするこの教団どもの愚かさと国の権威の喪失を、誰が是正してあげるのですか。

私の名前は龍明でした。姓もありません。龍明が十七歳の二月にイエスが現れて、『やぁ、龍明兄さん』と。いきなりイエスという者が、ハンサムなイエスが現れて、……（略）……

さあ、そのような意味において、話を始めましょう。B編がアベル女性UN創設大会です。アベル女性UN創設大会に現れる母がいません。母を失ったのは誰のせいですか。アダムが責任を果たせずに、母を失いました。

アベル女性UN創設大会の基調演説、よく聞きなさい。先生の一生の重要性は、母自体が父を追い払い、天地を追い払い、逃げてきた家から訪ねてきて、侍ることのできる教育を私が準備したので、母を再創造して、いくら反対したとしても、母を満天下に、神様の……。夜の神様、昼の神様、一つになって、創造主の母の位置に立ててみせようという、鉄石のように固い……定州《チョンヂュ》の谷間、……（略）……」

以上が、真のお父様が講演文全体の〝前提〟として語られたみ言であり、そして櫻井正実氏が採り上げた部分です。

この冒頭の部分で、真のお父様は、今まで宗教が〝母のいない神様〟を信じてきたことに対し、それを是正しなければならないと訴えられました。この〝前提〟を踏まえるなら、「母がいません」というみ言は神観の問題を指摘しておられることを知らなければなりません。以下は、櫻井正実氏が「母（オモニ）がいない」と言及されたみ言として取り上げた部分の正確な訳です。

「アベル女性、女性。母がいません。父なる神様は知っていますが、母のいない父を自分の神様だと言って争い、奪い合う闘いをするこの教団どもの愚かさと国の権威の喪失を、誰が是正してあげるのですか」

ここで真のお父様が語っておられる「母がいません」は、文脈から見ると明らかに神観の問題について語っておられます。その直後、「**母のいない父を自分の神様**だと言って争い、奪い合う闘いをすることの教団どもの愚かさ」と語っておられることで分かるように、その意味を正しく理解するために補足を入れれば、「母（なる神様）がいません」ということになります。そのような意味で述べておられるみ言を、櫻井正実氏は「お父様は二度『母（オモニ）がいない』と言及された」とし、いかにもお父様が真のお母様を否定しておられるかのように述べるのです。

さらに櫻井正実氏は、二度目に真のお父様が「母（オモニ）がいない」と言及されたとして次の部分を採り上げます。

「B編がアベル女性UN創設大会です。アベル女性UN創設大会に現れる母がいません。母を失ったのは誰のせいですか。アダムが責任を果たせずに、母を失いました」

しかし、これも真のお父様が、真のお母様を否定しておられるみ言ではありません。この「アベル女性UN創設大会」の講演文の冒頭で、お父様は聴衆に対し、「**私の妻である韓鶴子総裁と共に**、心から歓迎いたします」と繰り返し述べられ、「韓鶴子総裁と共に」「私たち夫婦」「真の父母」という表現を繰り返し語っておられることを考察すれば、このみ言が「真の母の不在」について語っておられるものでないのは明白です。このみ言も、その後の文脈を踏まえて理解すべきものです。

真のお父様は、「B編がアベル女性UN創設大会です。アベル女性UN創設大会に現れる母がいません。母を失ったのは誰のせいですか。アダムが責任を果たせずに、母を失いました」に続く部分で、「先生の一生の重要性は、母自体が父を追い払い、天地を追い払い、逃げてきた家から訪ねてきて、侍ることのできる教育を私が準備したので、母を再創造して、いくら反対したとしても、**母を満天下に、神様の……。夜の神様、昼の神様、一つになって、創造主の母の位置に立ててみせようと**」と述べておられ、

〝文脈〟から見れば、これも神観の問題と密接に関連して語っておられるのが分かります。

真のお父様は、「母がいません」と語られた直後、「母を失ったのは誰のせいですか」と述べ、アダムに言及して「母を失いました」と述べておられます。ここで言う「母」は、文脈から見るとエバを指します。本来、神様の実体となるべきアダムとエバが堕落したため、今日までの歴史で〝**母なる神様**〟が現れてくることができなかったと言われているのです。

それゆえ、〝母なる神様〟が現れてくることができなかったという観点から、前述した内容と同じく、これを補足して述べると、「アベル女性UN創設大会に現れる母（なる神様）がいません」という趣旨で述べておられるものです。だからこそ、真のお父様は「母を再創造して、いくら反対したとしても、母を満天下に、神様の……。夜の神様、昼の神様、一つになって、創造主の母の位置に立ててみせよう」と鉄石のように固い意志をもって今まで歩んできたと語っておられるのです。

【誤り②】「お母様（オモニム）」を「母（オモニ）」と訳し真のお父様が真のお母様を批判したと述べる

櫻井正実氏はアベル女性UN創設大会で、真のお父様が、真のお母様に対し「母（オモニ）を私が育ててきました。母（オモニ）いません。文総裁の妻の位置もありません。自分勝手だ！　自分勝手」と非難したとして次のように書いています。

「（講演文を読まれる）女性連合は創設当時から私と韓鶴子総裁が共同創始者として活動し世界の各大

陸と国々の組織化活動の基盤をつくりながら、かつて世界一六〇カ国に派遣された一六〇〇名の日本の女性連合のボランティア会員を始めとした全世界の会員を中心に平和運動を展開してきました。私達夫婦が二十年前の本連合創設時、闡明したメッセージ、メッセージの〈 〉にしたがって勝利した世界的な女性代表、真のお母様に侍り、（講演文を読むのを中断され）母（オモニ）を私が育ててきました。母（オモニ）いません。文総裁の妻の位置もありません。自分勝手だ！　自分勝手。（また講演文を読み始める）

世界女性代表、真のお母様に侍り真なる母の像、真なる妻の像を成立して真の愛の運動を理想的な家庭を結実させなければならず……（略）……

―引用終了

母（オモニ）がいないと三度も言及された。特に三回目は、『母（オモニ）を私が育ててきました。母（オモニ）いません。文総裁の妻の位置もありません。自分勝手だ！　自分勝手』と語られている。このオモニはお母様ではなく、聴衆だとでもいうのであろうか。講演文の内容はお母様を証す内容となっているが、正にその講演文の中間で、お父様は「文総裁の妻の位置がない」と講演文の内容とは違うことを語られていたのである」

櫻井正実氏は以上のように記して、真のお母様をおとしめています。櫻井正実氏が採り上げた部分を忠実にディクテーションし翻訳すれば、以下のようになります。（注、太字は講演文、それ以外はアド

リブの部分）

「女性連合は、創設当時から私と韓鶴子総裁が共同創始者として活動し、世界の各大陸と国々の組織および活動基盤を築き上げ、早くから世界一六〇カ国に派遣された日本女性連合のボランティア会員千六百人をはじめとする全世界の会員を中心として、平和運動を展開してきました。私たち夫婦が二十年前、女性連合の創設時に明らかにしたメッセージの精神に従い、勝利した世界的な女性代表である真のお母様（チャムオモニム）に侍り、お母様（オモニム）を私が育ててきました。母（オモニ）がいません。文総裁の妻の位置もありません。自分勝手、自分勝手です。**世界的な女性代表である真のお母様に侍り、真なる母の像、真なる妻の像を確立し、真の愛の運動によって理想的な家庭を結実させなければならず……**（略）……」

まず、着目すべき部分が「**勝利した世界的な女性代表である真のお母様に侍り**」という部分です。真のお父様は、もともとの講演文で「勝利した世界的な女性代表である**真の母に侍り**」と〝真の母（チャムオモニ）〟となっていたにもかかわらず、それを、あえて「勝利した世界的な女性代表である**真のお母様（チャムオモニム）に侍り**」と言い換えて語っておられます。この「真のお母様」という部分は、韓鶴子総裁を明確に意識された表現であり、その韓鶴子総裁を「勝利した世界的な女性代表」と紹介しておられるのです。

つまり、真のお父様は、私たちに対し、そのような「勝利した世界的な女性代表である」韓鶴子総裁に「**侍り**」なさいと言っておられるのです。

続いて、注目すべき部分が〝固有名詞〟と〝一般名詞〟の使い分けです。真のお父様は、それに続くアドリブ部分である最初の「お母様」という言葉を〝固有名詞〟で「**お母様（オモニム）**」と語っておられます。

したがって、そのような「勝利した世界的な女性代表である真のお母様（韓鶴子総裁）」を「私（真のお父様）が育ててきました」と語っておられます。これは、真のお父様が、勝利された真のお母様を**誇りに思っておられ**、そういう人類の真のお母様を育ててこられたと自負しておられる表現と言えます。

ところが、その部分に続く「母がいません」では、それまでと違って〝一般名詞〟で「母（オモニ）」と語っておられます。これは、今までの歴史において勝利した母がいなかった（しかし、韓鶴子総裁が初めて勝利した母として立った）ということであり、韓鶴子総裁を指して語っておられるのではありません。

櫻井正実氏は、そのような明白な違いがあることを無視し、いずれの言葉も「オモニ」とカタカナで記述することで、いかにも韓鶴子総裁について語っているかのようにしています。

また、講演文全体の趣旨から見るとき、真のお父様が冒頭の〝前提部分〟で「今に至るまで、数多くの宗教がありますが、父なる神様を信じる宗教にはなりましたが、**母のいない宗教を信じてきたという恥ずべき、恥ずかしさをこの時間に爆発させ**」と語っておられることから、今に至るまで〝母なる神様〟

がいなかったことに思いをはせ、〝母がいません〟と、その思いを爆発させておられるのです。

もし、この部分の「母がいません」が、韓鶴子総裁であると仮定するなら、その直前で「勝利した世界的な女性代表である**真のお母様に侍り**」なさいと言っておられるにもかかわらず、その侍るべき〝母〟がいないという話になってしまうため、話が矛盾したものとなります。これでは、**存在しない「母」に対して「侍りなさい」と命じる**、全く意味不明な論述となります。

それに続く、「文総裁の妻の位置もありません」は、そういう勝利した「真のお母様」がもともとおられるわけではないという意味で語っておられます。つまり、独り娘（独生女）としてお生まれになった韓鶴子総裁にも、「文総裁の妻」、「真の母」として勝利するまでの過程があり、果たすべき責任分担があったという意味で語っておられるのです。

また、それと同時に、今までの宗教において〝父なる神様〟は信奉してきたが、その妻の位置である〝母なる神様〟を信奉してこなかったことに対し、それを指摘して語っておられるとも言えるみ言です。

そして、「自分勝手、自分勝手です」と叱責しておられるのは、女性一般に対し、さらには、父のいない神様を信奉してきた人類に対して「自分勝手、自分勝手です」と語っておられるのです。

事実、真のお父様が語っておられる映像を見ると、このときに**会場の聴衆に向かって**語気を強くして語っておられることからも、そのことが分かります。だからこそ、お父様は、聴衆に向かって再度、勝利された**「世界的な女性代表である真のお母様に侍り」**と繰り返し語られたうえで、その真のお母様に侍ることによって**「真なる母の像、真なる妻の像を確立し、真の愛の運動によって理想的な家庭を結実**

させなければ」ならないと言っておられるのです。

したがって、櫻井正実氏は、講演文全体の流れと、お父様の真意を無視し、それを曲解した、とんでもないシチュエーション（状況）をつくり上げています。お父様ご自身をおとしめていると言っても過言ではありません。

事実、その映像で、その前後の部分を確認してみると、真のお父様が「自分勝手、自分勝手です」と厳しい口調で叱責しておられるときに、真のお母様はお父様のすぐ近くに座っておられるのです。にもかかわらず、真のお父様が真のお母様を見るそぶりは一切なく、会場を見渡すように**聴衆に向かって**「自分勝手、自分勝手です」と語っておられます。これを見ても、この言葉が、お母様に対して語っておられるものでないのは明らかです。

また、講演文全体を通して見るとき、この叱責の言葉は真のお母様に対してではないことが、より明白になります。なぜなら、お母様を叱責される意味に受け取れる表現が講演文に全くないからです。

むしろ前述したように、講演文の冒頭で、真のお父様は聴衆に対し、「**私の妻である韓鶴子総裁と共に、心から歓迎いたします**」と繰り返し語っておられ、また、「**韓鶴子総裁と共に**」、「**私たち夫婦**」、「**真の父母**」という表現を繰り返し語っておられることから考察すると、真のお父様は、勝利された「真の母」である韓鶴子総裁と共に、勝利された「真の父母」としてこの講演をしておられるのは疑いようのないことです。

ところが、金鍾奭著『統一教会の分裂』（日本語訳）は、「アベル女性UN創立大会で、創始者（注、お父様）が基調講演をした。基調講演文を読んでいる途中、突然、創始者は**韓鶴子に向かって**怒りを露わにしながら、お母さんを私が育ててきた。お母さんがいません。文総裁の妻の位置もないのです。自分勝手にしています、自分勝手に！　と**韓鶴子に向かって、**立腹され原稿を読み上げた」（252ページ）

などと事実に反することを平然と述べています。

講演全体の趣旨や文脈を無視したＵＣＩを支持する人物たちの悪意に満ちた言説に惑わされてはなりません。

第四章

〝虚偽まみれ〟でも、宗教学者を自称する金鍾奭氏

第一節　虚偽の出典表記とみ言改竄の実態

㈠ 出典文献に関する隠蔽と、み言の改竄行為

金鍾奭《キムヂョンソク》氏は彼の著書『統一教会の分裂』で、「二〇〇〇年十一月には『母子協助時代が終わって父子協助時代が到来したので、母は必要なく、父と息子が一つにならなければならない』と語った」（70ページ）と述べています。

そして、その根拠として以下のようなみ言を引用します。

「ですから直接的で完全な愛の種を家庭的に受けて、父と息子が直系で連結されるのです。ここには母が必要ありません。母子協助時代と父子協助時代は違うのです。絶対愛によって神様が女を抱いてきましたが、そこに相対的立場に立とうとすれば絶対服従しなければならないのです。その言葉は母に対する言葉です。母子協助時代を蹴飛ばして父子協助時代に移るので、母はここに協助しなくても絶対信仰、絶対愛、絶対服従していくことによって蕩減する為に苦労した全ての時代の祝福を天から受けることができるのです」（マルスム選集456巻465ページ、二〇〇〇年十一月十一日、『統一教会の分裂』70ページの注釈）

まず、この出典表記はでたらめです。『文鮮明《ムンソンミョン》先生マルスム選集』４５６巻に「４６５ページ」は存在しません。４５６巻は３１６ページしかありません。

実は、二〇〇〇年十一月十一日のみ言は『主要儀式と宣布式Ⅳ』（成和出版社）に「父子協助時代宣言」という題目で収録されており、それを『統一教会の分裂』は引用しています。『主要儀式と宣布式Ⅳ』韓国語版では４５６〜４６５ページ、日本語版では５９３〜６０５ページです。このみ言は13ページ、１９６行分にも及ぶものなのです（日本語版）。

このように、金鍾奭氏は、「父子協助時代が到来したので、母は必要な（い）」と真のお父様が語られたとするその根拠のみ言を「マルスム選集４５６巻４６５ページ」から引用したと記載していますが、実際には『主要儀式と宣布式Ⅳ』からであり、出典表記を偽っているのです。

み言の出典表記に、架空の記載があってはなりません。このような行為は、『統一教会の分裂』が、真のお母様をおとしめる目的をもって書かれており、読者を欺く本であることを裏づける証拠の一つです。

(二) み言を継ぎはぎすることで、意味を〝改竄〟する悪意の引用

金鍾奭氏は〝み言の出典〟を偽っているだけでなく、彼が「父子協助時代が到来したので、母は必要な（い）」と真のお父様が語られたとするみ言は、原典と比較すると、大幅に継ぎはぎしており、しか

も意味を〝改竄《かいざん》〟している事実が明らかです。

金鍾奭氏が〝み言の出典〟を偽ったのは、大幅に継ぎはぎしている事実、み言の意味を〝改竄〟している事実などを読者に悟られないようにするための〝隠蔽《いんぺい》工作〟ではないかと疑わざるをえません。

前項の「㈠出典文献に関する隠蔽と、み言の改竄行為」で引用した『統一教会の分裂』に出てくるみ言の原典に当たってみると、このみ言は一段落（パラグラフ）で構成されたものではありません。前後の文章を大幅に省略し、継ぎはぎしながら創作したみ言です。『主要儀式と宣布式Ⅳ』（日本語訳）から、省略部分を示しながら以下、記します。

「（冒頭の書き出しから89行を省略）……ですから直接的で完全な愛の種を家庭的に受けて、父と息子が直系で連結されるのです。ここには母が必要ありません。……（56行を省略）……母子協助時代と父子協助時代は違うのです。……（9行を省略）……絶対愛によって神様が女を抱いてきましたが、そこに相対的立場に立とうとすれば絶対服従しなければならないのです。その言葉は母に対する言葉です。……（2行を省略）……母子協助時代を蹴飛ばして父子協助時代に移るので、母はここに協助しなくても絶対信仰、絶対愛、絶対服従していくことによって蕩減する為に苦労した全ての時代の祝福を天から受けることができるのです。……（最後までの34行を省略）」（注、この文章は『統一教会の分裂』の翻訳文引用）

このように、金鍾奭氏が「父子協助時代が到来したので、母は必要な（い）」と主張する根拠として引用したみ言は、前後の文章を大幅に省略し、継ぎはぎしながら〝改竄〟したものであることが分かります。そのうえ、み言の意味も、原典と比較すると、〝改竄〟していることが明白です。

結局、金鍾奭氏がみ言を大幅に継ぎはぎした目的は、真のお父様が「二〇〇〇年十一月には『母子協助時代が終わって父子協助時代が到来したので、母は必要なく、父と息子が一つにならなければならない』と語った」ものとすることで、〝真のお母様は必要がない時代に入った〟と主張したいために、その主旨に合うように〝改竄〟したのです。

(三) 悪意のある〝み言削除〟および〝み言改竄〟

次に、金鍾奭氏が引用したみ言の削除と、み言改竄に関する問題について確認していきます。以下、『統一教会の分裂』の文章と『主要儀式と宣布式Ⅳ』の文章を比較してみます。

「ですから直接的で完全な愛の種を家庭的に受けて、父と息子が直系で連結されるのです。ここには母が必要ありません」（『統一教会の分裂』70ページの訳文）

「ですから、直接的で完全な愛の種を家庭的に受けて、父と息子が直系で連結されるのです。そこには母親は必要ありません」（『主要儀式と宣布式Ⅳ』599ページ）

『主要儀式と宣布式Ⅳ』５９９ページには、「そこには母親は必要ありません」と書かれていますが、このみ言を正確に知るには、その前後を理解しなければなりません。『統一教会の分裂』が省略、隠蔽した少し前の部分に、重要なみ言が隠されています。『主要儀式と宣布式Ⅳ』５９８〜５９９ページは、次のようになっています。

「母子摂理時代ではなく父子摂理時代なのです。**真の父母が出てくる前までは、母親たちは**息子たちを育てながら迫害を受けてきましたが、神様を中心として、直接、**真の父母**を中心として、息子と娘が生まれたために、これからは**母親が**いなくてもかまいません。母の時代は過ぎ去り、父子摂理時代へと越えていくのです。それゆえ、神様を中心として**真の父が現れ**、真の父を中心として**真の母が現れ**、そこから生まれた息子と娘たちには、サタンは手をつけられないのです」（注、これは『統一教会の分裂』が省略したみ言の部分）

真のお父様は、ここで「母親」という言葉と「真の母」という言葉とを、明確に使い分けておられます。お父様は、「**真の父母**が出てくる前までは、**母親たちは**息子たちを育てながら迫害を受けてきました」と複数形で語っておられ、ここで言う「**母親が**いなくてもかまいません」とは「真の母」を指して語っておられる言葉ではありません。事実、「母の時代は過ぎ去り、父子摂理時代へと越えていくのです」

と語られた直後、「それゆえ、神様を中心として**真の父が現れ**、真の父を中心として**真の母が現れ……**」と語っておられ、〝母親〟の代わりに〝真の母〟が現れたことを明確に述べておられます。したがって、「母親がいなくてもかまいません」とは、〝真の母〟を指して語られた言葉ではありません。

次は、日本語訳の問題点について指摘します。

「絶対愛によって神様が女を抱いてきましたが、そこに相対的立場に立とうとすれば絶対服従しなければならないのです。その言葉は母に対する言葉です」（『統一教会の分裂』70ページの訳文）

「絶対愛のために神様は女性を抱いてきたのですが、そこに相対的立場に立とうとするならば、絶対服従しなければならないのです。この話は、母親に対しての話です」（『主要儀式と宣布式Ⅳ』６０３ページ）

『主要儀式と宣布式Ⅳ』は、「絶対愛のために神様は女性を抱いてきた」となっています。しかし、『統一教会の分裂』では、「絶対愛によって神様が女を抱いてきました」と訳します。「絶対愛のために」と「絶対愛によって」ではニュアンスが全く違います。

そして、前項「㈡み言を継ぎはぎすることで、意味を〝改竄〟する悪意の引用」で取り上げた『統一教会の分裂』が継ぎはぎして改竄したみ言を読めば、金鍾奭氏の意図が見えてきます。

つまり、改竄したみ言の「母」の部分を「韓鶴子《ハンハクチャ》」と置き換えて読んでみれば、彼の意図が見えます。

『統一教会の分裂』が言いたいことは、次のようになります。

今や、「父と息子が直系で連結されるのでで」、もう「ここには母（韓鶴子）が必要ありません」。母子協助時代のときは、「絶対愛によって神様が女（韓鶴子）を抱いてきましたが、そこに相対的立場に立とうとすれば（韓鶴子が）絶対服従しなければならないのです。その言葉は母（韓鶴子）に対する言葉です」。しかし、今や父子協助時代になったので、「母子協助時代を蹴飛ばして父子協助時代に移るので、母（韓鶴子）はここに協助しなくても（父と息子が）絶対信仰、絶対愛、絶対服従していくことによって蕩滅する為に苦労した全ての時代の祝福を天から受けることができるのです」


以上のように読ませたいがために、日本語訳を変えていることが分かります。

それは、『主要儀式と宣布式Ⅳ』の日本語訳の「絶対愛のためにい神様は女性を抱いてきた……」という文章では、そのようなニュアンスが弱まってしまって、真のお母様をおとしめようとする目的が十分に果たせないためだったと言えます。

㈣ 父子協助時代は、「真の母は必要ない時代」ではない

『主要儀式と宣布式Ⅳ』に掲載された「父子協助時代宣言」のみ言を理解するために、主要な部分を以下、引用します。

「先生を中心とした子女たちが生まれたために、父と息子、父子摂理時代になるのです。母子摂理時代ではなく父子摂理時代なのです。**真の父母**が出てくる前までは、母親たちは息子たちを育てながら迫害を受けてきましたが、神様を中心として、直接、真の父母を中心として、息子と娘が生まれたために、これからは**母親がいなくてもかまいません**。母の時代は過ぎ去り、父子摂理時代へと越えていくのです。それゆえ、神様を中心として**真の父が現れ**、真の父を中心として**真の母が現れ**、そこから生まれた息子と娘たちには、サタンは手をつけられないのです」（５９８〜５９９ページ）

「蕩減というものがなくなったのです。母子協助時代が完全になくなって、神様と真の父と真の息子の血筋が連結しうる解放圏の最上地点に立ったのです」（５９９ページ）

「父子協助時代に生命の種を抱いて育てようとする女性たちは、夫に対して絶対服従しなければなりません。女性たちが今まで**本然の夫**を求めてくるのに、数千年、数万年の間犠牲になってきたという、その受難の歴史を越えて**本然の夫**を迎えることができる立場に立てば、絶対信仰・絶対愛・絶対服従の道理を果たさなければならないのです」（６０２ページ）

以上の内容を整理すると、母子協助時代とは「真の父母が出てくる**前まで**」のことを言うのであり、その時代までは「**母親たちは**息子たちを育てながら迫害」を受けてきたというのです。しかし、父子協助時代は「真の父母を中心として、息子と娘が生まれた」ことで始まり、それゆえ真の父母が現れるまでの迫害を受けてきた「母親がいなくても」よく、「母の時代」は過ぎ去って「（母親たちが迫害を受けた）母子協助時代が完全になくなっ（た）」時代なのです。

また、父子協助時代とは「神様と真の父と真の息子の血筋が連結」されたことを意味します。それゆえ、父子協助時代の女性たちは、「**本然の夫**」に「絶対信仰・絶対愛・絶対服従の道理」を果たさなければならないと述べておられるのです。

したがって、父子協助時代とは、「母が必要ない」時代、すなわち「真の母は必要ない時代」なのではなく、母子協助時代のような「母親は必要ない」時代になるということです。すなわち、「息子たちを育てながら迫害」を受けてきたような、そのような「母親は必要ない」時代になったという意味なのです。

父子協助時代によって、「**真の父母**を中心として、息子と娘」が生まれました。父子協助時代だからこそ「神様を中心として**真の父が現れ**、真の父を中心として**真の母が現れ**」るのであって、それゆえに〝真の母〟は絶対に必要な時代となったのです。

第二節　存在しないみ言を騙《かた》るＵＣＩの〝虚偽〟

(一)「文顕進《ムンヒョンヂン》と一つになって真の父母に従え」のみ言は存在しない

『統一教会の分裂』は、「カリスマ伝授の失敗：文顯進追放過程」（１０７ページ）という〝虚偽のストーリー〟を描くために、以下のように述べています。

真のお父様は、顯進様を「将来の統一教会後継者」（68ページ）として立てるために「文顯進を先頭に立てて創始者の権限を伝授」（69ページ）しようとされた。二〇〇六年から顯進様はＵＰＦ世界巡回講演を行った。二〇〇六年四月一日、お父様は、顯進様を「ＵＣＩの理事長に就任させ」（89ページ）た。二〇〇六年初め頃から、ヨイド聖地開発における騒動が生じ始めたが、これは「弟の文國進《ムンクッチン》が兄の文顯進の公的責任を妨害する為に起こした」（90ページ）ものだった。同年四月二十三日、お父様は「家族会議」（90ページ）を開き、そこで「文國進は韓国維持財団の業務から直ちに手を引き、ＵＣＩ理事として文顯進理事長の下で仕事する」（90ページの脚注）ように指示された。しかし、「家族会議で決まった詳細事項は守られ」（同）ずに、真のお母様は「創始者の決定と違って文國進が財団理事長の座を維持するように」（同）した。それでも、お父様は同年十月六日、「文顯進と一つになって真の父母に従え」（１０８ページ）と言及された。そして二〇〇七年七月、顯進様は「ＵＰＦ共同議長に正式に就任」（１０９ページの脚注）し、「ＵＰＦに対する責任までも任せられた」（１０９ページ）。実際には「統一教会の全ての組織を文顯進が掌握するようになった」（同）のである。だからこそ祝福家庭は「文顯進と一つになって真の父母に従えと言及」（１０８ページ）され、それこそがお父様の願いであった。しかし、そのお父様の願いに反して、お母様と「文亨進《ムンヒョンジン》、文國進が共謀して文顯進を追放」（２３９ページ）したのであった。

　しかし、以上の内容は事実に反する、完全に〝虚偽のストーリー〟です。

　金鍾奭氏は、二〇〇六年十月六日、真のお父様が「文顯進と一つになって真の父母に従え」と言及したとするみ言を次のように引用します。

「地上ではこれから顯進を中心として一つにならなければならないのです。それゆえに皆さんは文顯進家庭を中心として一つになり、父母様に従って入っていくのです。そうしてこそ全てが終わるのです」（１０８ページ）

『統一教会の分裂』はこのみ言を「『み言葉選集』３３５巻２８５ページ、２００６・10・06」（１０８ページの脚注）からの引用であるとします。しかし、二〇〇六年十月六日のみ言は、３３５巻２８５ページには存在しません。

　マルスム選集３３５巻２８５ページを見ると、これは二〇〇〇年十月六日に語られたみ言で、金鍾奭氏が「母子協助時代が終わって父子協助時代が到来した」と真のお父様が述べられたとするよりも以前のものです。それを、彼は二〇〇六年十月六日に語られたみ言であると、六年も偽っています。お父様が二〇〇六年に「文顕進と一つになって真の父母に従え」と言及されたとするみ言の引用は、虚偽にほかなりません。

ちなみに、二〇〇〇年十月六日に語られたこのみ言は、顕進様が「二〇〇〇年三月三十一日に統一教会が主導する大学生組織カープ（ＣＡＲＰ）の世界会長」（68ページ）に就任された年のもので、その意味は真の父母様が立てた責任者（カープ世界会長の文顕進様）に従い、真の父母様のみ旨を果たすよう指導者や教会員たちを教育したものです。「将来の統一教会後継者」は顕進様なので、「文顕進と一つになって真の父母に従え」と語られたものではありません。

金鍾奭氏が、二〇〇六年のみ言であるかのように年数を改竄したのは、祝福家庭が「文顕進と一つになって真の父母に従（う）」ことが真のお父様の願いであり、本来、お父様は顕進様を「将来の統一教会後継者」として望んでおられたが、それを阻止するために、真のお母様と「文亨進、文國進が共謀して文顕進を追放」したという〝虚偽のストーリー〟を描くためだと言えます。

実際の真のお父様のご意向は、二〇〇五年一月七日、「外的に息子娘に任せるのです。アジア地域は國進であり、西洋地域は顕進であり、その次に宗教圏は末子（亨進）です」（マルスム選集４８２－21）と語っておられるように、「統一教会の全ての組織を文顕進が掌握する」ことではなく、子女に責任を**分担させ**、真の父母様のみ旨を中心に子女たちが**一体化して歩むこと**を願っておられたのです。

二〇〇六年十月六日、真のお父様が「文顕進と一つになって真の父母に従え」と言及された事実はなく、これも金鍾奭氏の**創作文**です。彼がこのように偽るのは、お父様に対する「韓鶴子の不従順」（２４５ページ）を何とか描こうと、「韓鶴子と文亨進、文國進が共謀して文顯進を追放」（239ページ）させたかのようにでっち上げるためなのです。

㈡「文顯進を中心に一つになれ」のみ言は存在しない

『統一教会の分裂』は、二〇〇八年十二月二十四日、真のお父様が亨進様に「『文顯進を中心に一つになれ』と指示」（139ページ）されたと述べていますが、そこにはみ言の典拠が表記されていません。二〇〇八年十二月二十四日に語られたみ言は、マルスム選集604巻198～213ページに「新しい聖殿と祖国光復」という題目で収録されていますが、お父様が「文顯進を中心に一つになれ」と亨進様に対して指示されたみ言はありません。

また、『統一教会の分裂』はこのクリスマスイブの晩餐《ばんさん》会のとき、真のお父様が「文顯進中心の兄弟間の秩序と摂理の進路を明確にした」（135ページ）と述べています。

金鍾奭氏は、その根拠として『統一教会の分裂』135ページの脚注349番で、「『週刊文春』48ページ」の記事を引用しています。

「（349）日本のジャーナリスト石田謙一郎は二〇〇八年十二月二十四日、文顯進を中心とした組織改編を示唆する創始者の言及……を以下のように伝えている。……『これからすべての摂理は、長兄である顕進氏が中心になっていく』」

金鍾奭氏は、前記の引用が、『週刊文春』の記者「石田謙一郎」の記事からとし、それを脚注に引用しますが、石田という名も虚偽表記で、正しくは石井謙一郎氏です。

二〇一一年当時、家庭連合はその記事に対し、事実に反する記述が多くあったため、出版元の文藝春秋社と石井謙一郎氏に対し、訂正と謝罪を求める「抗議文」を送り、「週刊文春『ねつ造・歪曲《わいきょく》』報道を糾弾する」ための抗議行動も行いました。【写真参照】

週刊文春の報道に抗議

石井謙一郎氏は、有田芳生《よしふ》氏らと共に統一教会に対する反対活動をしてきたジャーナリストです。彼らは一九九三年四月に起こった山崎浩子さん「脱会」に関連して注目されたジャーナリストで、山崎さんの強制的な脱会説得事件の一翼を担った立場において報道をした人物です（参考、太田朝久・三笘義雄共著『有田芳生の偏向報道まっしぐら』賢仁舎刊）。その反対派の人物を、『統一教会の分裂』は「石田」と名前を変えて掲載しており、これは反対派ジャーナリストだと分からないようにするための隠蔽工作と言える行為です。

もっと驚くのは、『統一教会の分裂』の原本の韓国語版の脚注では、この『週刊文春』二〇一一年九月八日号の引用文が全て削除されていることです。韓国語版の原本と、日本語版の『統一教会の分裂』とは、脚注の番号がずれており、日本語版の最後の脚注番号が729であるのに対し、韓国語の原本は726になっています。原本と翻訳本の脚注が食い違う書籍は、めったに見られない〝珍本〟です。

引用元である二〇一一年九月八日号『週刊文春』の記事を読むと、この情報源は「韓国の統一教会関係者」（48ページ）だと書かれており、おそらくUCIの関係者と思われます。これこそ〝虚偽の情報〟を提供したことに対する隠蔽工作であると考えられます。

結局、二〇〇八年十二月二十四日に真のお父様が亨進様に対し「文顯進を中心に一つになれ」（139ページ）と語られた根拠は、反対派ジャーナリストの石井謙一郎氏の記事であり、お父様のみ言ではなく、み言に根拠もありません。

『統一教会の分裂』の135ページでは、二〇〇八年のクリスマスイブの晩餐会で、真のお父様は「文顯進中心の兄弟間の秩序と摂理の進路を明確にしたという。特に新しい聖殿と祖国光復の意義を強調し、文顯進を中心に左右に文國進と文亨進を立てて、天福宮建設基金二百億ウォンを文顯進―文國進―文亨進の順に下賜しながら、創始者が持っている全てを相続し、世界万民と後世に創始者を代身して分け与えることができる伝統を守る先祖になるよう促した」と述べたとあります。しかし、マルスム選集を見ると、お父様は天福宮建設基金を下賜されながら、次のように語っておられます。

「兄を中心として（天福宮建設基金を）与えるのです。顯進が真ん中に立ちなさい。國進は左側に立ちなさい。亨進は**あなたが全体**（新しい聖殿）**に責任を持つので右側**に立ちなさい」（マルスム選集604－200～201。2008・12・24）

このように、真のお父様は亨進様に対し、新しい聖殿建設について「**あなたが全体に責任を持つ**」と語られ、「天福宮《チョンボックン》建設基金」を下賜されたのです。さらに、「新しい聖殿と祖国光復」に対する摂理の進路と兄弟間の秩序については、次のように語っておられます。

「神様を中心に、その次にアダムを中心に亨進です。**亨進は右側**に立ちましたが、**先生と対称**になっており、あなたたち（顯進・國進）は**お母様を中心に対称**になっていますが、歩く時はどうでしょうか？左足は右腕に合わせ、右足は左腕に合わせるのです。このように**歩くのと同じように**生きられる新しい目的地を探すためには、このように**入れ替わらなければならない**のです。新しい聖殿と新しい祖国光復です。祖国光復を成すにおいて聖殿を中心に成すのです」（マルスム選集604－202）

真のお父様は、亨進様はお父様と対称に、顯進様と國進様はお母様を中心に対称になっていると語っておられます。それは、歩くときの足と腕の関係のように、右足のお父様と左腕の亨進様とが歩調を合わせ、左足のお母様と右腕の顯進様・國進様が歩調を合わせて、新しい目的地を探すために、入れ替わらなければならないと語られ、亨進様をお父様から向かって左側に立たせました。そのように、兄弟間

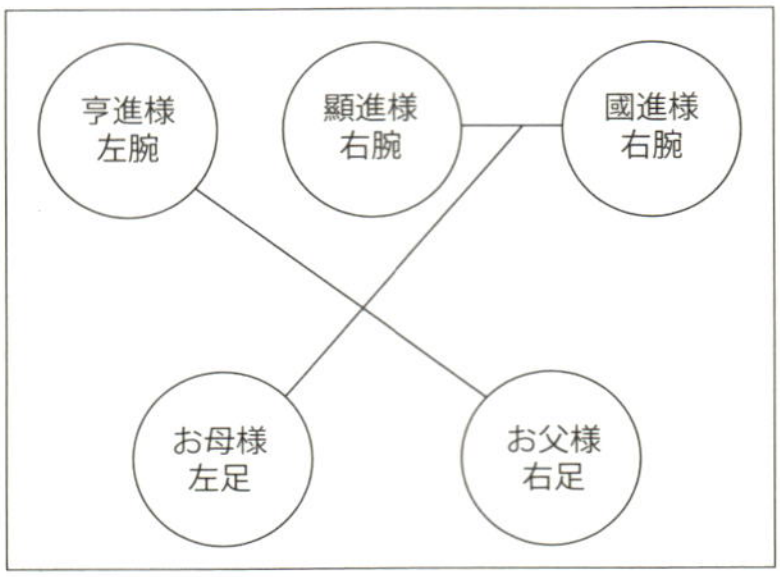

2008年12月24日、天正宮博物館で

の秩序を明確にしておられます。【写真と図参照】

この秩序は、二〇〇八年四月六日、第四十九回「真の父母の日」に、ハワイにおいて「真の母およびアベル・カイン一体化の特別式」を挙行されたときの立ち位置と同じです。すなわち真のお母様を真ん中に顯進様、國進様を両脇に立てられ、互いに手をつなぐように指示されました。【写真参照】

真のお父様はそのハワイの式典で、次のように語られました。

「あなたたちカインとアベルが、**お母様の言葉に絶対服従**しなければなりません。……あなたたち兄弟同士で争って分かれることはできません。それが父母を殺した元凶です。ですから、われ知らず憎みます。声を聞くのも嫌で、歩いていくのを見れば、後からついていって殺したい思いが出てきます。あなたたちに、われ知らずそのような思いが出てくるというのです」（『ファミリー』二〇〇八年六月号、30ページ）

このハワイの式典で、真のお父様が語っておられるように、真のお母様の言葉に子女（カイン・アベル）である顯進様と國進様が絶対服従して、一体化していくべきなのです。

「真の母およびカイン・アベル一体化の特別式」
（2008年4月6日、米国・ハワイ）

二〇〇八年十二月二十四日の晩餐会の写真だけを見ると、まるで「文顯進中心の兄弟間の秩序と摂理の進路を明確にした」ものと勘違いしてしまいます。しかし、お父様は、「亨進は**あなたが全体に責任を持つ**」と語っておられ、さらには「亨進は右側に立ちましたが、先生と対称になっており、あなたたち（顯進・國進）はお母様を中心に対称になっています」と語っておられます。「真の母」を中心として子女（カイン・アベル）である顯進様と國進様が、真のお母様に絶対服従して一体化していくことが、神様の摂理を進めていくための最大のポイントであることが分かります。

結局、真のお父様の願いは顯進様と國進様が、真のお母様の言葉に絶対服従することであったにもかかわらず、そのようにできなかったところに、今日における子女様の問題の原因があったと言わざるをえません。

二〇〇八年十二月二十四日、真のお父様が「祖国光復を成すにおいて聖殿を中心に成す」と語られたように、新しい聖殿である「天福宮建設」の全体に責任を持っておられた亨進様がその当時、家庭連合の世界会長であり、兄弟間においては末っ子でありながらも、全体に責任を持つ兄のような「中心的長子」の立場だったことが分かります。

真のお父様は「統一家において長子は誰ですか。……孝進《ヒョヂン》より先生の息子、娘」（マルスム選集１３

3－244）と語っておられ、孝進様がカープ世界会長のときに、お父様は「中心的長子」（『祝福』1985年冬季号37ページ）の責任を果たすよう願っておられました。同様に、その当時、亨進様に対しても「中心的長子」の責任を果たすよう願っておられたのです。

したがって、真のお父様が「世界会長である文亨進に二〇〇八年十二月二十四日、『文顯進を中心に一つになれ』と指示」された事実はなく、これは家庭連合に対する反対派ジャーナリストの石井謙一郎氏が書いた「捏造《ねつぞう》・歪曲」記事からの引用であり、「韓国の統一教会関係者」が提供した〝虚偽の情報〟なのです。

以上、見てきたように、『統一教会の分裂』は、み言の改竄が散見し、事実に反する虚偽のストーリーでつづられているのです。

書籍の根拠となる真のお父様のみ言の原典に当たってみると、ことごとくみ言を改竄している事実が浮き彫りになります。もし金鍾奭氏が〝宗教学者〟であると豪語するならば、彼の学者としての品格やモラルを疑わざるをえません。

さらに、UCI（いわゆる「郭《クァク》グループ」）を支持する人々は、金鍾奭著『統一教会の分裂』の虚偽のストーリーを「事実」であり、「真実」であるかのように思い込んでおり、二〇一六年の秋頃から日本で集会を行いながら広めています。

二〇一〇年七月十六日、真のお父様は故・神山威《たける》氏に対して、「彼ら（UCI、いわゆる「郭グループ」の人々）のことが、一つ聞いて、二つ聞いて、三つ聞いたら、みんなうそばっかり」であると語っておられますが、金鍾奭著『統一教会の分裂』は、うそで塗り固められた〝虚偽のストーリー〟なのです。何度も言いますが、私たちは、このような〝悪書〟に惑わされてはなりません。

第三節「真の家庭の分裂の原因が韓鶴子」という虚偽

㈠ 真のお母様が「統一教会の重要政策などを自分勝手にしている」という虚偽の主張

⑴ 信憑《しんぴょう》性のない「MHの陳述」

『統一教会の分裂』は、「創始者（注、真のお父様）の最側近であるWの口からこぼれた話の内幕」（138ページ）であるとして次のように述べます。

「創始者は二〇〇九年一月一日未明に、文亨進ではなく文顯進が『神様解放圏戴冠式』に王冠を被るようになるだろうと語ったという。この言葉を受けて真の家庭と最側近の幹部はその日、麗水に集まって非常対策会議を開き、創始者の心を変える秘策を立てたという。……韓鶴子は真の家庭を破壊して自殺すると創始者を脅かし……」（同）

これは〝虚偽の内容〟です。『統一教会の分裂』は、本来なら文顯進様が王冠をかぶるべきところを、真のお母様が「真の家庭を破壊して自殺する」と真のお父様を脅して文亨進様に代えたという話を「Wの口からこぼれた話」であると述べ、その情報元を次のように述べます。

「二〇一六.六.二:MHの陳述(MHの自宅)。MHにこの言葉を伝えた者は、WやPと緊密な関係があったKSだという。……しかしKSは後日、MHに語ったこの陳述を否認した」(138ページの脚注)

すなわち、「Wの口からこぼれた話」とは「MHの陳述」であり、さらに「この言葉を伝えた者」は「KS」であり、この「KS」が情報元だと述べます。ところが〝伝言ゲーム〟のように伝わったこの内容を、情報元の「KSは後日、MHに語ったこの陳述を否認」したとします。金鍾奭氏は「MHの陳述」が「かなり信憑性がある」(138ページ)と強弁しますが、脚注では情報元の「KSは……否認」したと悪びれることなく述べ、結局、この内容が〝根拠薄弱〟であることを自ら暴露しているのです。

「(真のお父様が)二〇〇九年一月一日未明に、文亨進ではなく文顯進が『神様解放圏戴冠式』に王冠を被るようになる」や、「真の家庭と最側近の幹部はその日(一月一日未明)、麗水に集まって非常対策会議を開き、創始者の心を変える秘策を立て……韓鶴子は真の家庭を破壊して自殺すると創始者を脅かし(た)」などという「MHの陳述」は、その情報元の「KS」自身が否認しているものであり、**全く**

根拠がありません。

(2) 「万王の王神様解放権戴冠式」は「神様と真の父母様の戴冠式」である

二〇〇九年一月二十四日、真のお父様は「万王の王、神様何ですか？（「解放権です」）解放権です。神様だけが解放権戴冠式であり、別の人ではありません。先生が中心ではないのです。このようなことを、こういう理論を説明するその何かがなくなったら『解放式を先生が全てした。神様は従っていった！』と言えますが、そうではありません」（マルスム選集607－17）と語っておられますが、『統一教会の分裂』は140ページで同様のみ言を引用して次のように述べています。

「創始者は、『神様王権戴冠式』……この行事は創始者の為のものではなく、誰の為の行事でもなく、『**神様だけの解放圏戴冠式**』だというのである」（140ページ。注、太字ゴシックと圏点は教理研究院）

このように、「万王の王神様解放権戴冠式」は「創始者の為のものではなく、誰の為の行事でもなく、『**神様だけの解放圏戴冠式**』」であると述べますが、これは〝虚偽の主張〟です。

真のお父様は、「万王の王神様解放権戴冠式」は「先生が中心ではないのです」と語っておられるだけであり、「創始者の為のものではなく、誰の為の行事でもなく」などと語ってはおられません。

二〇〇九年一月、十五日および三十一日に「万王の王神様解放権戴冠式」が行われました。【写真参照】

真のお父様はその場で、次のように語っておられます。

「私たち夫婦が、畏れ多くも天から印を受け、**神様の実体として立ち**、万王の王戴冠式を執り行うこととなり、……縦的万王の王であられる神様の実体として万有を統治する**横的万王の王、真の父母様の戴冠式**」（『ファミリー』二〇〇九年三月号、5～7ページ）

「万王の王神様解放権戴冠式」
（2009年1月31日、韓国・天正宮博物館）

真のお父様が語っておられるように、「万王の王神様解放権戴冠式」とは「万有を統治する横的万王の王、真の父母様の戴冠式」であって、「縦的万王の王であられる神様の実体」として立っておられる真の父母様の「横的万王の王」の戴冠式でもあるのです。さらに、お父様は「私たち夫婦（お父様と真のお母様）」が「天から印を受け、神様の実体」として立ち、執り行うとも語っておられます。

ところが『統一教会の分裂』は、真のお父様が「神様だけが解放権戴冠式であり、……先生が中心ではない」と語られたみ言の一部分を自分たちに都合良く解釈し、「万王の王神様解放権戴冠式」は「創始者の為のものではなく、誰の為の行事でもなく、『**神様だけの解放圏**

戴冠式』」と述べています。これは「神様の実体として万有を統治する横的万王の王、真の父母様」の宣布のみ言を歪めている〝虚偽の主張〟です。

(3) 真のお母様が「統一教会の重要政策などを自分勝手にしている」という〝虚偽〟

『統一教会の分裂』は「二〇〇九年一月十五日の『神様解放圏戴冠式』から九日後の二〇〇九年一月二十四日に創始者は、韓鶴子に底意のある話をした」（139ページ）として、真のお父様のみ言を次のように引用します。

「お母さんは、勝手にしようと思っているのです、勝手に動いてみろというのです。お母さんはお母さんの行きたいままに行き、私は私の行きたいままに行くと言ったのです。私が朝、どれほど深刻だったでしょうか。日が昇る前に日が消える真暗な世界、電灯の光が砂浜に映るような、ちょうどそういう気持ちで未明から発ちました。今日は大変革を成すだろうというのです。お母さんは勝手にしろというのです」（139～140ページ）

しかしこのみ言は、原典を忠実に訳せば以下のとおりとなります。

「お母様に（お金を）預けましたが、お母様がしっかりと握っており、お金を自分の思いどおりに使おうと思っているのです。思いどおりにしなさいというのです。『あなたはあなたが行きたいように行き、私は私が行きたいように行く』と言ったのです。私が朝、どれほど深刻だったでしょうか。日が昇る前に、日が沈んだ暗闇の世界、電灯の明かりが砂浜に映るような、ちょうどそういう心で早朝にたったのです。**今日は大変革をなすというのです。**お母様、思いどおりにしなさいというのです」（マルスム選集607－11～12、翻訳は教理研究院、以下も同じ）

『統一教会の分裂』は、前記のみ言を自分たちの主張に都合良く書き換え、真のお母様が「統一教会の重要政策などを自分勝手にしている……その内幕を知る創始者は知っていて、それは深刻だというのである」（140ページ）と述べますが、これは〝虚偽の主張〟です。

原典に当たってみると、真のお父様は「お母様に（お金を）預けましたが、お母様がしっかりと握っており、お金を自分の思いどおりに使おうと思っているのです。思いどおりにしなさいというのです」と語っておられるのであって、このみ言を「お母さんは、勝手にしようと思っているのです、勝手に動いてみろというのです」と訳すことはできません。これはみ言の改竄であり、「お金」に関する部分を意図的に削除し、改竄しています。

さらに、真のお父様は「私が朝、どれほど深刻だったでしょうか」と語っておられますが、その「深刻だった」という意味についても、『統一教会の分裂』は真のお母様が「統一教会の重要政策などを自分勝手にしている」からであると述べています。これはみ言の文脈を無視し、〝深刻な事実〟の意味を**意図的にすり替えた**悪意のある主張です。

真のお父様は次のように語っておられます。

「万王の王が何をしましたか？（「神様解放権戴冠式です」）それは全体を話したものです。ここからひっくり返ります。皆さんは恐ろしいことが過ぎたことを知りません。**先生は深刻なときなのです。ここに九番目で来て十の峠を越えたのです**。十数を越えて十二数を越えて十三数です。あと三年とどれほど残ったの？　三年三百何日？」（マルスム選集６０７‐９、二〇〇九年一月二十四日）

このように、真のお父様は「先生は深刻なときなのです。ここに九番目で来て十の峠を越えた」と語っておられます。すなわち二〇〇九年一月二十四日の早朝訓読会は、一月十五日に挙行した「万王の王神様解放権戴冠式」から十日目の朝を迎えた日であり、「十の峠を越えた」ときだったのです。そのため、お父様は「十数を越えて十二数を越えて十三数」を勝利しなければならない「深刻なとき」であると言われたのです。「万王の王神様解放権戴冠式」から「ひっくり返ります。皆さんは恐ろしいことが過ぎたことを知りません。先生は深刻」と言われ、二〇一三年一月十三日の天一国基元節まで「あと三年とどれほど残ったの？」と尋ねておられるほどでした。

また、真のお父様は次のようにも語っておられます。

「深刻な場であるのに、皆さんたちは何ですか？　ここ（ラスベガスの天和宮《チョヌァグン》）に来て暮らす生活もそうです。お母様ならばお母様を中心に『先生がこのようにしてくだされば と思います』と言いますが、私はそこに従っていかないのです。今回、神様解放権、何ですか？（「戴冠式です」）この意義を知らなければ大変なことになるのです」（マルスム選集607－10）

このように、真のお父様は、「万王の王神様解放権戴冠式」の意義を知らなければ「大変なことになる」と語っておられるように、このみ言を語っておられるのは〝摂理的に重要な峠〟を越えて勝利しなければならないときだったのです。だからこそ、真のお母様が旧正月を迎えつつある天和宮での生活に対し、お父様に「このようにしてくだされば」とお願いされたとしても、お父は「そこには従っていかない」と語られたのです。お父様は「十数を越えて十二数」を越えていく「深刻なとき」であったため、お母様にお金を全て預けられて、「『あなたはあなたが行きたいように行き、私は私が行きたいように行く』……お母様、思いどおりにしなさい」と全面的に許可を出しておられたのです。

ところが、『統一教会の分裂』は改竄したみ言を用いて、真のお母様が「統一教会の重要政策などを自分勝手にしている」ので真のお父様は「深刻だった」というように意味を正反対にねじ曲げ、〝虚偽のストーリー〟によってお母様をおとしめようとしています。

(二)「韓鶴子が創始者の血統に対して問題を提起した」という虚偽の主張

『統一教会の分裂』では、二〇〇九年二月二十八日の早朝訓読会で「創始者は、韓鶴子との葛藤を暗示する言及をした」（148ページ）と述べており、次のみ言を引用します。

「お母さんも三十八度線を越えなければならない。あなたはあなたが行くべき道があり、私は私なりに行く道があると言って行ってみなさい。……『先生が堕落の血を受けたのか、きれいな血を受けたか』などと言っている。……原理を解釈すらできない人々が、先生が純血か、何の血か、先生の血がどうだというのか、堕落前に血を汚したのか」（148ページ）

『統一教会の分裂』は前記のみ言を用いて、真のお父様が「韓鶴子との葛藤を暗示」されたと述べ、それは「韓鶴子が創始者の血統に対して問題を提起した」（148ページ）からだと主張します。

しかし、これもみ言の改竄による〝虚偽の主張〟です。マルスム選集608巻には、次のようにあります。

「原理を解釈すらできない人々が、先生が純血か、何の血か。私はそれを知っているので、この場に来ないようにしようと思いました。そこに行かないようにしようと思いました、汚らわしいことを知っているので。何、先生の血がどうだというのか、堕落前に血を汚したのか」（マルスム選集608－289、二〇〇九年二月二十八日。注、青い字は教理研究院による翻訳で、『統一教会の分裂』が削除している部分）

このように『統一教会の分裂』は、「……私はそれを知っているので、この場に来ないようにしようと思いました。そこに行かないようにしようと思いました、汚らわしいことを知っているので。何、……」という部分を、意図的に削除し、隠蔽しているのです。

真のお父様は「原理を解釈すらできない人々」が「先生が純血か、何の血か」などと言っていることを知っておられるので「この場に来ないようにしよう」と思われたと語っておられます。すなわち、「原理を解釈すらできない人々」とは**真のお母様のことではなく**、「この場」に集まった**教会員たちのこと**を指しているのです。したがって、このみ言は、お母様が「先生が純血か、何の血か」などと「創始者の血統に対して問題を提起」し「創始者の血統を疑っている」（110ページ）ものではなく、お父様が「韓鶴子との葛藤を暗示」したものでもありません。

また、『統一教会の分裂』の148ページで引用しているみ言は同書109、110ページにも記載されており、金鍾奭氏は次のように述べています。

「二〇〇八・二・二十八：創始者は韓鶴子との葛藤を暗示しながら、誰かが創始者の血統的アイデンティティを否定していることに言及した。……二〇〇八年二月に創始者にこの話をすることができる人は唯一人、韓鶴子しかいない」（109、110ページ）

『統一教会の分裂』は、二〇〇九年二月二十八日に語られたみ言を、二〇〇八年二月二十八日に語られたみ言であると日付まで捏造して、真のお母様が「創始者の血統的アイデンティティを否定」なさるという〝虚偽のストーリー〟を述べているのです。

さらに250ページにも二〇〇九年二月二十八日のみ言を記載しており、「韓鶴子の不従順」（245ページ）を裏づけるみ言の一つであるとしています。左記に主な内容を要約します。真のお父様は二〇〇九年二月二十八日に次のように語っておられます。

「『私』が神様の代身として純潔、純血、純愛の表象となって鏡とならねばならないのに、（皆さんは）そのような鏡になっていますか？……『先生は堕落の血を受けたのか、きれいな血を受けたのか？』というのです。皆さんは、そのように言う（注、純血のこと）自信がありますか？……原理を解釈することもできない人々が、何、先生は純血か、何の血か。私はそれを知っているので、この場に来ないようにしようと思いました。そこに行かないようにしようと思いました、汚らわしいことを知っているので。何、先生の血が、どうしたというのですか。堕落の前に、血を汚しましたか？……数多くの女たちが私をゴロツキにしようと、堕落させようとするので、（私は）鍵を掛けて暮らしました。**お母様に尋ねて**

みてください。……うちの家で何代の孫の中で、お母様の代身として育ちうる孫娘がいつ生まれるか？それが私の心配なのです。七代を経ても難しいだろうと考えるのです」（マルスム選集６０８－２８８～２９２）

このみ言は、韓国のパインリッジリゾートの天情苑《チョンヂョンウォン》で、朝の訓読会のときに語られたものですが、真のお母様に対して語られたものではなく、その場に参席した**教会員たちに対して**語っておられるという点が重要です。

真のお父様は『平和神経』について語られながら、教会員が「神様の代身として純潔、純血、純愛の表象となって鏡」とならなければならないのに、「そのような鏡になっていますか？」と尋ねておられます。その流れの中で、「『先生は堕落の血を受けたのか、きれいな血を受けたのか？』というのです」と語っておられるのは、『平和神経』を中心とした「純潔、純血」に関する話であり、「先生は……」という言葉で分かるように、これは、真のお母様が「創始者の血統に対して問題を提起した」ことに対する、お父様の「葛藤を暗示する言及」ではなく、教会員たちがそのように語っている言葉として、それについて述べておられるのです。

つまり、教会員が「先生は堕落の血を受けたのか、きれいな血を受けたのか？」と語っており、先生も純潔ではなく「六マリヤ」のようなことがあると思っているようだが、事実はそうではなく、「皆さんは、そのように言う（注、純血のこと）自信がありますか？」と述べられ、「原理を解釈することもできない人々が、何、先生は純血か、何の血か」と言っているが、それはとんでもない話だと語っておられるのです。

続けて真のお父様は、「数多くの女たちが私をゴロッキにしようと、堕落させようとするので、(私は)鍵を掛けて暮らしました。お母様に尋ねてみてください」と語られています。つまり、お父様がいいかげんに生きておられないという事実の〝証人〟は真のお母様であられ、そういう意味で「お母様に尋ねてみてください」と語っておられるのです。お父様の証人となられるお母様が、「先生は堕落の血を受けたのか、きれいな血を受けたのか?」とお父様に対して疑って質問することはありえない話です。もし、お母様がお父様を疑っておられるという話であるなら、「お母様が証人である」と、お父様が語られることはありえません。

そして、真のお父様は「うちの家で何代の孫の中で、お母様の代身として育ちうる孫娘がいつ生まれるか? それが私の心配なのです。七代を経ても難しいだろうと考えるのです」と語られ、真のお母様を証ししておられます。すなわち、お母様ほどの女性は何代を経ても現れないくらい、お母様は素晴らしい方だと証ししておられるのです。

以上の内容をまとめると、『統一教会の分裂』は、「創始者の血統を疑っているという言及は、統一教会の分裂の原因を理解するのに重要な手がかり」(110ページ)であり、「二〇〇八年二月に創始者にこの(注、真のお父様の血統を疑う)話をすることができる人は唯一人、韓鶴子」であると述べています。さらには二〇〇九年二月二十八日の訓読会でも、「創始者は、韓鶴子との葛藤を暗示する言及」をし、それは「再び、韓鶴子が創始者の血統に対して問題を提起した」からだと強弁しています。

しかし、検証したように、これらの主張は『統一教会の分裂』が真のお母様をおとしめるため、み言の意味を恣意的に解釈し、改竄して作り上げた〝虚偽のストーリー〟です。お母様が「創始者の血統を疑っている」ことが「真の家庭の分裂の原因」であったという、事実に反することを述べているのです。

したがって『統一教会の分裂』は、真の父母様に対する絶対信仰を失わせるために改竄したみ言でつづられた、歴史に残る〝悪書〟にほかなりません。

追記

「春が来れば、みんな解けるようになります」

一九九九年十月十五日、真のお父様は次のように語っておられます。

「み旨のために**いちばん近い側近者が**（真の父母様を）**背信します**。先生の**息子の中にも背信した者が出てくる**のです。先生を殺そうと、売り飛ばそうというのです。……先生の息子、娘が祝福を受けたことを、**離婚して一緒に住めないということまで出てくることを**心配しているのです。……サタンが神様を通過して、神様の体まで、アダム、エバの体まで侵犯したので、その後孫の復帰時代に、**その居間にまで入ってきて傷をつける**というのです。それが最後です」（マルスム選集312－180）

二〇一九年七月現在、顯進《ヒョンジン》様、國進《クッチン》様、亨進《ヒョンジン》様は真の父母様の主管圏から離れ、非原理的活動を行っています。真のお父様はこのような状況になることを、すでに一九九九年十月十五日のみ言で「先生の息子の中にも背信した者が出てくる」と預言しておられたのです。しかし、お父様は次のように語っておられます。

「顯進や國進までも、**こじきみたいなやつたちを殴り殺さなければならない**というのです。**盗賊野郎のやつら、全部みんな信じることができない**というのです。そのようなものです。（しかし）それが自分の心ではないのです。峠を越えるようになれば、**春が来れば、みんな解けるようになります**。それは神様の愛と、父母様の愛の、春の季節を迎えることによって解けるのであって、その前に父母様と神様がカインを救うための、カイン（のための）愛の時代でしょう？……ありがたいことは、サタンが先生の息子、娘をむやみに拉致できません。ありとあらゆるうわさはみんな出したけれども、（息子、娘を）**捕まえて殺すことができません**」（マルスム選集312－179～180）

真のお父様は、サタンの讒訴《ざんそ》ゆえに真の子女様に関するさまざまな問題が起きたとしても、「峠を越えるようになれば、**春が来れば、みんな解けるようになります**」と語られました。すなわち「父母様と神様がカインを救うための……愛の時代」を超えてこそ、春が来て、みんな解けるようになることを言及しておられるのです。

また、一九九八年九月二十一日、真のお父様は次のように語っておられます。

「（カイン圏の）外的な世界の人たちに愛を与えていたら、自分の家族が悲惨になってしまいました。……父母様が祭物にならなければなりません。父母様自体が、教会員自体が、祭物にならなければならないのです。一番近いところから、神様は復帰摂理の祭物としてこられたではないですか！　統一教会員たちはそれを知っているので、自分（お父様）の背に乗って越えていかなければなりませんでしたし、踏んで越えていかなければならないと考えるのです。……御旨がすべてなされた後……私たちの家庭を、世界の家庭がどれくらい尊敬するか、考えてみてください。償わなければなりません。全人類が、全世界が、私たちの家庭に感謝する日が来るということを（今は、皆さんは）知りません。……

五十年の歴史を過ごしながら、すべて悲しみで埋められているので、それを越えて来ることのできない環境にあるのが、先生の家庭であることを知らなければなりません。家庭的祭壇を積んで摂理してきたことを知らなければなりません」（『祝福家庭』一九九八年冬季号、25～26ページ）

真の父母様は、「カイン（世界）を救うため」に、より近い真の子女様を犠牲にしながら「（カイン圏の）外的な世界の人たちに愛を与えて」こられました。真のお父様が「五十年の歴史を過ごしながら、すべて悲しみで埋められている……先生の家庭である」と語られたように、真の父母様は〝神様の解放〟〝人類救済〟のために最も愛する子女様をさえ犠牲の祭物として捧げながらカイン世界を愛し、「家庭的祭壇を積んで摂理」を導いてこられたのです。

今日における真の子女様の非原理的行動は、教会員の不足な歩みによって生じた結果であり、「サタンが侵犯」し、真の父母様のご家庭の「居間にまで入ってきて傷をつける」ことが起こりうる讒訴条件によるものです。特に一九九九年、真の父母様を母の国・日本にお迎えして「祝福式」および「真の父母宣布」を挙行できなかったサタンの讒訴圏によるものです。正に、サタンが子女様を拉致して悪事を働こうとしている姿だと言えるのです。しかし、サタンは子女様を「捕まえて殺すこと」はできません。私たちは真の父母様を「踏んで越えていかなければならない」み旨の道において、今までの私たちの不足、サタンの讒訴圏を清算することで、子女様を本来の位置に取り戻してこなければならないのです。

真のお父様は「御旨がすべてなされた後……全人類が、全世界が、私たちの家庭に感謝する日が来る」と語っておられます。すなわち、最後の「峠を越えるようになれば、春が来れば、みんな解ける」ようになり、真の父母様のご家庭は、全世界の人々から愛され尊敬されるようになるというのです。そうしてこそ、「家庭的祭壇を積んで摂理して」こられた真の父母様の〝恨《ハン》〟が解かれるのです。

二〇一二年天暦七月十七日（陽暦九月三日）、真のお父様が聖和された後、真のお母様は〝中断なき前進〟を宣布され、死生決断で歩んでおられます。お母様は同年十二月九日、次のように語っておられます。

「私たちに中断はありません。前進があるのみです。全世界の真の家庭の皆さんが、絶対信仰、絶対愛、絶対服従によって新（神）氏族的メシヤの使命を果たし、天の大いなる恩賜と天運を相続する勝利者になることをお祈りいたします。天は、私たちに途方もない祝福を下さいました。その責任は、必ず私たちが、皆さんが、二世たちが完成しなければなりません」（天一国経典『天聖経』１３６８ページ）

真のお母様は、「カイン（世界）を救う」ために、全世界の祝福家庭が「絶対信仰、絶対愛、絶対服従によって新（神）氏族的メシヤの使命を果たし、……勝利者になること」を訴えられ、中断なき前進を訴えておられます。お母様は祝福家庭に「新（神）氏族的メシヤ」の勝利を何度も強調しておられるのです。

真のお父様が「峠を越えるようになれば、春が来れば、みんな解けるようになります」と語っておられるように、正に今がその「峠を越える」ときです。

一九九九年十月十五日のみ言は、真のお母様の心情、事情、願いと一つになって、祝福家庭が「新（神）氏族的メシヤの使命」を果たし、摂理的な春を迎えるようになれば、真の子女様の問題は全て「みんな解ける」という、希望のみ言、預言の内容です。

私たちは、不信をあおろうとする〝虚偽の主張〟に惑わされず、天の父母様と真の父母様に対する「絶対信仰、絶対愛、絶対服従」で一致団結し、神氏族メシヤを勝利することで、真の父母様の〝恨〟を解いてさしあげなければなりません。

ＵＣＩ側の〝虚偽の主張〟と「原理とみ言」の比較対照一覧表

以上、見てきたように、ＵＣＩ側が広める金鍾奭《キムジョンソク》著『統一教会の分裂』は、お母様がお父様の意向に反して陰謀を企て、三男の顯進様を追い出したという「真のお母様陰謀論」を主張しています。そして、二〇一九年三月二日に出版された郭錠煥《クァクチョンファン》著『事必帰正』（日本語版）も、その虚偽のストーリーと軌を一にする内容です。

以下、『統一教会の分裂』と郭錠煥著『事必帰正』の共通した非原理的主張と、それに対するお父様の「原理とみ言」とを簡潔に比較した一覧表を示します。一覧表を見れば、彼らの主張と真の父母様のみ言がことごとく食い違っていることを確認できます。

二〇〇八年四月十八日、七男の亨進様が家庭連合の世界会長に就任された頃から、三男の顯進様はお父様のご意向に反発するようになり、二〇〇九年一月十五日、真の父母様が挙行された「万王の王神様解放権戴冠式」の式典に参加されませんでした。お父様は同年三月八日、束草《ソクチョ》でそのことを指摘され、顯進様を厳しく指導されました。そして、人事措置と共に郭錠煥氏に「顯進は勉強しなければなりません。郭錠煥が『平和神経』を教えてあげなさい」（マルスム選集６０９－１３１）と指示されました。それは、顯進様が『平和神経』を学び、真の父母様について正しく理解することを願われたからです。

ところが、その日以降、顯進様はお父様と袂《たもと》を分かつようになり、やがて反旗を翻し、真の父母様と別行動を取るようになりました。さらに、郭錠煥氏も同年十二月六日の訓読会を最後に、真の父母様のもとを離れてしまったため、顯進様は真の父母様およびみ言を正しく学ぶことができなくなってしまったのです。

顯進様が主張するアイデンティティは、真のお父様が説かれるみ言および『平和神経』の思想とことごとく異なっています。それにもかかわらず、『統一教会の分裂』は、この書の結論の部分で、真のお母様の聖和後、お父様のアイデンティティを継承している顯進様によって統一教会人を再活性化できるという、とんでもない主張をしています。現在の状況は、郭錠煥氏が顯進様に対し、正しく教育できず、その責任を果たせなかったために起こったことです。

真のお父様が「顯進は勉強しなければなりません」と語っておられるように、真の子女様が真の父母様のみ言を正しく理解することが何よりも重要です。

文顯進様、郭錠煥氏を中心とするすべてのメンバー、また、文亨進様を中心とするサンクチュアリ教会のメンバーなどの非原理的な活動をする人々が、一日も早く、真の父母様のもとに帰ってきて、一つに和合していくことを切に願ってやみません。

UCI側の〝虚偽の主張〟と「原理とみ言」の比較対照一覧表

テーマ	「目次」の参照項目	郭錠煥氏の『事必帰正』	金鍾奭著『統一教会の分裂』およびUCI側の主張	「原理」とお父様のみ言
摂理の中心は誰か？	第一章　第一節　(一)「復帰摂理の中心が創始者ではない」の誤り	「『摂理の中心は誰か』という質問では、顯進様は**神様が中心であること**を明らかにされました。……祝福家庭が摂理の中心が**真の父母様であると間違って理解**し、さらに神様さえも忘れて生きているからです」(p511)	「彼（注、文顯進様）は、復帰摂理の中心が**創始者（注、お父様）ではなく、創造主である神様であること**を主張する」(p63)	「**メシヤを中心として**、復帰摂理は完成される」（『原理講論』p282） 「**救いの摂理の中心は神様ではありません。**創造の時は神様が中心でしたが、堕落は人間がなしたために、人間に責任が伴うようになるのです。罪を犯したならば、刑務所に行くのは……罪を犯した本人なのです。それと同じく、堕落は人間がなしたために、人間を中心として再創造過程を経て、堕落しなかった、それ以上の峠を越えてのみ人類の解放と平和の世界が訪れることを、誰よりもよく知っておられるのが神様なのです」（『祝福』1992年夏季号p16）
メシヤを神格化している？	第一章　第一節　(二)「創始者を神様の実体として崇拝」と批判する誤り	「私たちは**メシヤも『人』である**という原理を学びながら、いざ実生活では、しばしばメシヤを**神格化し、またこの誤った信仰**をそれとなく誇示する間違いを犯したりします」(p65) 「真の父母様を**神格化すること**は、み言葉や原理の教えと**一致しません**」(p67)	「統一教会が創始者を創造主・神様と一体を成した存在、**神様の実体として崇拝してきたのと違い、**文顯進は創始者を創造主・神様の理想を実現する為に一生を捧げた『息子』として認識し、創始者をこうした次元のメシヤとして定義している」(p63)	「**アダムとエバ**は、人類の始祖であると同時に、**天地を主宰する神様となるのです。実体をもった神様**、すなわち永遠の無形世界の神様の形状を代わりにもって現れた立場で、父母の立場で世界を統治する責任がアダムとエバにあったのです」（八大教材・教本『天聖経』p124） 「今、（霊界に）行ってみれば、（神様が）霊界の父母の立場で、**文総裁夫婦の顔が現れて、きらびやかな光で見える**……」（『ファミリー』2003年5月号p27）

UCI側の〝虚偽の主張〟と「原理とみ言」の比較対照一覧表

「真の家庭」とは子女様家庭のことか？	第一章　第一節㈢ (1) 真の家庭を、真の子女様家庭とする誤り	「真の家庭の長子である**顯進様**」(p20) 「神様のみ旨と本然の創造理想は、神様と真の父母様と**真の子女の三代圏を成した真の家庭**を中心に、神様の真の愛、真の生命、真の血統が実体化されることです。そこに祝福家庭の中心がつながっていなければなりません」(p124)	「真の家庭を統一教会創始者の**直系の家庭と定義**」(p64) 「『神様の血統』が『神様→真のお父様(創始者) **→真の家庭(文顯進家庭) →**統一教会の祝福家庭→人類』につながる『血統復帰信仰』」(p315)	「天国においては、神の命令が**人類の真の父母を通して、**すべての子女たちに伝達されることにより、みな一つの目的に向かって動じ静ずるようになるのである」(『原理講論』p69) 「四位基台の完成は何かというと、真の家庭を完成することです。**真の家庭には、真の父母がいなければならず、**真の男性と真の女性がいなければならず、真の夫婦がいなければならず、真の子女がいなければなりません。これは理論的です。**最も中心は、**個人の目的も**真の父母**であり、男性と女性の目的も**真の父母**であり、赤ん坊の目的や兄弟たちの目的も**真の父母**だということです」(マルスム選集287-140)
「三大王権」の中心は誰か？	第一章　第一節㈢ (2)〝三代圏〟の中心は真の父母である	「神様の理想家庭実現を中心とした真の愛、真の生命、真の血統の新たな歴史を出発させなければなりません。また、神様－父－**長子**とつながる三大王権の縦的な軸が確立されなければならないのです」(p105) 「『神様－真のお父様－**顯進様**』としてつながる三大王権の縦的軸」(p106)	「祝福家庭として皆さんのアイデンティティは神様、真の父母様、そして**真の家庭の縦的な軸**に連結されることによって始まる」(p65) 「**真の家庭**の中でこそ、真の愛、真の生命、真の**血統を実体化**することができる」(p78)	「**いつでも『真の父母』と共に、『真の父母』の子女になる因縁**を中心として、**三代圏を成さなければなりません。**神様、父母、そして皆さん、このように三代でしょう？」(八大教材・教本『天聖経』p228) 「神様のみ旨とは何でしょうか……神様の創造目的を成すことが神様のみ旨です。**その目的の中心は誰でしょうか。アダムとエバ（真の父母）でした。**……アダムとエバを中心とした理想を実現すること……四位基台を成すことです」(『祝福家庭と理想天国Ⅰ』p403)

祝福家庭は養子・養女？	第一章　第一節 (四)「祝福家庭を〝養子養女〟」とする誤り	「私たち**養子・養女である祝福家庭**は、直系の真のご子女様から認められなければ生きる道がないのです」（『祝福家庭』2000年冬季号p110） 「天一国主人となった祝福家庭は、必ず**真の家庭の三代圏、**四位基台に根差さなければなりません。その根を絶対に離してはならないのです」（p126）	「文顯進は自分を神様の血統が復帰された人類最初の真の家庭の一員として自分の血統を絶対的次元で認識しており、祝福家庭を真の家庭に『接木されて神様の血統』に復帰された拡大された真の家庭であり、**養子養女の家庭**であると認識する」（p65）	「イエスは、原罪のない、神の血統を受けた直系のひとり子として来られ、堕落したすべての人類を彼に接がせて一体となることにより、彼らが原罪を脱いで**神の直系の血統的子女として復帰する**ことができるように摂理しようとしてこられたのである」（『原理講論』p430〜p431） 「**真の父母の血族にならなければなりません。**血統が連結されたものは、父子関係です。真の父母の真の子女にならなければなりません。**それが祝福家庭です。**アダム家庭で堕落してこのようになったので、反対にひっくり返したのが祝福家庭です」（天一国経典『天聖経』p929）
お父様の使命は特定の宗教の創設ではない？	第一章　第一節 (五)「創始者の使命は特定の宗教の創設ではない」の欺瞞	「お父様は確かに言われました。『私は新しい宗派や教派を設立するために、この道を出発したのではない。**一日でも早くこの教会の看板を下ろす日を待っている**』多くの人がその大きな意味を理解していませんでした」（p88） 「摂理的に**責任を果たせなかった家庭連合**の使命を継続するために、『家庭平和協会を創設すること』を宣言されたのです。……家庭平和協会創設大会が盛大に開催されました。この日、顯進様は亡き文鮮明総裁のみ旨と理想を、家庭平和協会を通して継承していかれることを宣言され、目頭を熱くされました」（p545）	「文顯進は、自分の父である創始者の使命を**特定の宗教や教派の創設ではなく、**『真の父母と真の家庭の実体的な基盤を通じて、人類を天の血統に転換させることによって人類救援を実現すること』と規定する」（p64） 「FPAは、創始者が世界平和統一家庭連合を通して実現しようとしていたものを目標としている」（p314）	「今日は協会創立27周年になる記念日です。……我々の団体が創立されたのはある個人の目的を達成するために創立されたのではありません。**神様のみ旨の完成のために、神様のみ旨成就のためにこの団体が始まり、**出発されたことは言うまでもないのです」（マルスム選集113－92） 「後天時代には、神様御自身が真の父母の姿で万人の前に顕現します。したがって、**真の父母に侍る統一教会の地位は、世の中のどのような力や勢力とも比較できない天の権勢として現れる**ようになるのです」（『平和神経』295ページ）

人類一家族世界の中心は？	第一章　第一節 ㈥真の父母の存在しない 「One Family Under God」の誤り	「お父様は『**神様を中心とする**一家族』こそ、本来の宗教が追及しなければならない重要な目標」（p91） 「家庭連合の出発は、摂理の中心が『宗教から家庭に移ったこと』を意味するのです。また、宗派や教派とは関係なく、神様を父母として認識し、真の愛を実践して真の家庭を成せば、**『神様を中心とする**人類一家族』の一員になることができる時代圏に入ったことを意味しています」（p92）	「創始者は、家庭連合創設と共に宗教時代が終わり、本然のアダム家庭が完成して、神様の創造目的を成していく時代になったことを宣言した。……救世主、メシヤ、真の父母の使命が完遂された状態は、救世主、メシヤ、**真の父母の存在する必要がない**ことを意味する」（p46〜p48） 「**『神様を父母として**侍る一つの血縁関係の大家族世界を志向する』という意味である」（p62）	**「再臨の主を父母として頂く**、一つの大家族による理想世界」（『原理講論』p603〜604） **「神様と真の父母のもと、人類が一つの大家族を築き、**互いにために生きて和合するとき、すべての問題が解けます」（『真の父母経』4篇1章1節12、p303） **「真の父母がいなくては、地上天国の中心が定まらない**のです。地上天国ができなければ天上の**天国も形成されない**のです」（『ファミリー』1982年9月号p10）
血統転換・接ぎ木は誰によってなされる？	第一章　第二節㈠ ⑴櫻井正実氏の「祝福家庭特別セミナー」の主張の誤り	「私たちは普段、『真の父母様から祝福を受ける』と言います。しかし、神様の天道である根本原理を中心として、理論的により正確に説明するなら、**『真の家庭に接木されて祝福を受ける**』のです」（p110）	「真の父母様だけでは、祝福は行うことができない。真の父母様に**真の子女様がいてこそ祝福を行うことができる**。真の家庭に、祝福を通して**真の家庭に接ぎ木される**んだということなんですね。真の父母という言葉自体も、真の子女様を前提にしている言葉であります」（櫻井正実氏の主張） 「『神様の血統』が『神様→真のお父様（創始者）**→真の家庭（文顯進家庭）**→統一教会の祝福家庭→人類』につながる『血統復帰信仰』」（p315）	「天の真の血統をもってこられた**真の父母様を通して祝福結婚を受ける**ことが、正に真のオリーブの木に接ぎ木される恩賜です」（『平和神経』p34） **「血統は、父母が子女だけに与え得る特権中の特権」**（『平和神経』p39） 「真のオリーブの木であられる**真の父母を通して**真のオリーブの芽を植える」（マルスム選集478-286）

「祝福権」の移譲の問題・顯進様に移譲？	第一章　第二節㈠ (4)「祝福権限の移譲」に対する歪曲したみ言解釈	「2000年9月24日、お父様は霊界と地上の祝福権を各々、興進様と**顯進様に委譲**する『祝福権移譲宣布式』を清平の天城旺臨宮殿で行いました。これは、摂理的に大きな意味をもつ宣布でした。……お父様の代わりに霊界と肉界で**祝福を行うことができる権限**を受け継がれ、その土台の上に祝福家庭たちにも、その子女たちと一族を祝福することができる道が開かれるようになったからです。……『顯進様には祝福権がない』とまで言っています。本当に残念な限りです」（p149～p150）	「お父様は直系の長子、長孫へと祝福の権限を相続され、お父様の聖和後は、長子、長孫が真の父母様の名によって祝福を行っていくことを意図されていることが分かります。現在、**お父様が祝福の権限を相続して下さった『息子』**とはどなたでしょうか？（顯進様）」（UCIを支持する人物の主張）	「2000年9月24日、午前11時30分、韓国の天宙清平修錬苑にある天城旺臨宮殿にて、第一次『三時代大転換四位基台入籍統一祝福式』に参加するために修練中であった約四千名が参加する中、**天上の興進様に真の父母様の祝福権を移譲する**『祝福移譲宣布式』を挙行なさった」（『主要儀式と宣布式Ⅳ』p471） 「今後、祝福は、地上で先生がしてあげなくてもかまいません。……お父様の祝福を今後**長子圏の立場にある興進君が、地上でも祝福を行うことができ**、霊界でも行うことができるのです。……地上のお父様が**霊界の息子の前に伝授式をしてあげる**のです」（『主要儀式と宣布式Ⅳ』p474）
〝後継の秩序〟について	第一章　第二節㈠ (5)　真のお母様に最も近い息子・娘が「第三の教主」	「**顯進様は**誰よりも原理に精通し、生活原理に明るい方です。神様の摂理に関する確固たる観とお父様のみ言葉に対する研究、理解は、誰もついていくことができないと確信します。この方こそ、疑いの余地なく、真の父母である**文鮮明総裁の正統性を備えた長子であり、後継者なのです**」（p547）	「創始者の後を引き継ぐ後継者候補として最も先に**頭角を現したのは、文顯進**であった。長男の文孝進は悲劇的な家庭事件の中心にあり、次男の文興進は交通事故で他界していたため、公式的な肩書で活動する前から**自他が公認する統一教会の後継者は3男の文顯進**であった」（p58） 「彼（注、文顯進様）は1998年7月19日に30歳で世界平和統一家庭連合の世界副会長になる……この当時、**統一教会の誰も創始者を引き継ぐ指導者としての文顯進**を疑うものはいなかった」（p59）	「**先生が霊界に行くようになればお母様が責任を持つのです**。その次には息子・娘です。息子がしなければなりません。息子がいなければ、娘がしなければなりません。後継する者が誰だということは既に伝統的に全て（準備が）なされています」（マルスム選集318－260） 「先生が一人でいても真の父母様の代身であり、**お母様が一人でいても真の父母様の代身**です。『レバレンド・ムーンが古希を過ぎて七十を超えたので後継者が現れないのか？』そんな言葉はやめなさい。……先生が第一教主、その次に、**お母様は第二教主**だということです」（マルスム選集201－126） 「私（注、お父様）がいなくても、**お母様の前に一番近い息子・娘**が第三の教主になるのです」（マルスム選集202－83～84）

創造目的の中心は誰なのか？	(1) 神の創造目的の中心は、「真の父母」 第一章 第二節(二)	「真の父母の相対格は真の子女です。**真の子女の誕生がなければ、真の父母も真の家庭もありえません。**初めてお父様と韓総裁を真の父母の格位に立たせたのは、直系の子女である真の子女なのです」(p111)	「三位一体は夫と妻が子女を生み家庭的四位基台を成す過程の条件であるに過ぎず、家庭的四位基台を成すことができない**三位一体では決して創造目的を完成することはできない**」(p258) 「最近の家庭連合では**『三位一体』という言葉を持ち出して真の父母様の価値のみを大きく強調します**が、『三位一体』の目的は、実体の四位基台を完成させることではないでしょうか？」(顯進様を支持する有志の会の主張)	「**アダムとエバが完成された夫婦として一体となったその位置が**、正に愛の主体であられる神と、美の対象である人間とが一体化して、**創造目的を完成した善の中心となる位置**なのである。ここにおいて、初めて父母なる神は、子女として完成された人間に臨在されて、**永遠に安息されるよ**うになるのである」(『原理講論』p61) 「神が**アダムとエバを創造された目的は**、彼らを人類の真の父母に立て……神を中心とした四位基台をつくり、**三位一体をなさしめるところにあった**。もし、彼らが堕落しないで完成し、神を中心として、真の父母としての三位一体をつくり、善の子女を生み殖やしたならば、彼らの子孫も、やはり、神を中心とする善の夫婦となって、各々三位一体をなしたはずである」(『原理講論』p267)
「血統」とは何か？ 男性だけが血統をもつ？	(2) 男性だけでなく、女性も「種」を持っている 第一章 第二節(三)	「自然界において、全ての生命体のアイデンティティは種を中心に決定されるのです。オリーブの木は、どこに植えてもオリーブの木になります。**それは種ゆえであって、**植える場所が変わったとしても、他の木が生えるのではありません。**真の血統の種を持ってきた方はお父様であるため、**お父様によって真の子女のアイデンティティが決定されるのであり、祝福家庭のアイデンティティが決まるのです。決して、お**母様によって決まるのではありません**」(p443)	「実体の神の**血統の種を持った男性の子女様**に連結されることを通して真の父母様によって重生される」(UCIを支持する人物の主張) 「創始者の『種』を持つ**三人の息子**」(p239)	「**子供の種は、お母さんの腹中にあります。お父さんにもあるでしょう。**お父さんのものは、骨の中にあります。ですから、お父さんの骨の中を通って、お母さんの腹の中を通って、子供が生まれてくるのです。では、子供はどのようにしてつくられますか。**お父さんとお母さんを通して**つくられます」(『祝福家庭と理想天国Ｉ』p689) 「血統は夫婦が愛するその密室、奥の部屋で結ばれるのです。そして、**精子と卵子が出合って生命体として結合するとき、血統が連結される**のです」(『ファミリー』1995年3月号p22) 「一人で血統が連結されますか？ この**血統は、男性の血だけでは連結できません。**男性と女性が、一つにならなければなりません」(『ファミリー』2001年3月号p21)

長子とは誰なのか？	第一章　第二節㈣ (2)　息子だけを「長子」とする主張の誤り	「1998年7月19日、文顯進様の世界平和統一家庭連合世界副会長就任式で**長子権を付与され**、相続構図を確定されました」(p106) 「1998年7月19日に米国ニューヨークのマンハッタンセンターで、顯進様が、世界平和統一家庭連合世界副会長に就任しました。前に言及したように、この行事は、摂理的な脈絡において、**顯進様を**お父様の使命と権威を継承する**長子として継承し**祝福する場でした」(p143)	「創始者のカリスマ伝授は、1998年から**文顯進に**試みられた。この試みは、統一教会の宗教的伝統**(長子相続)**と当時の状況に適合し、大多数の統一教会人はこれを認めた」(p176)	「尹博士、統一家において**長子は**誰ですか。(「孝進様です。」) 孝進より**先生の息子、娘です。12支派 (の全て) が長子**なのです」(マルスム選集133－244) 「私は孝進に尋ねるが、これからはお父さんの代わりに、この統一家のいかなる食口にも負けないように、**中心的長子の責任**を果たして行かなければなりません」(『祝福』1985年冬季号p37)
最終一体なのか、分裂か？	第二章　第一節㈡ (2)『統一教会の分裂』に書かれた〝極秘文書〟に関するみ言隠蔽	「神山会長は自らの凄絶な心境をこのように明かしました。**『最近、お母様の言行がお父様と一つになっているとは考えられません。**お父様に絶対服従の基準を立てておられた頃のお母様を知っている者として、私は最近のお母様の心変わりが残念です』」(p437)	「2010年7月の状況で……**創始者は**この日まで**韓鶴子と一体になれなかったことを吐露**していた。『創始者と一つになる』という言葉の意味は、韓鶴子が創始者の志に絶対服従することを言い、真の家庭の真なる母として、真のお父様の真なる妻として、人類の前に真の父母としての責任と使命をはたすことを言う」(p178～p179)	「**すでに真の父母様ご夫妻は最終一体を成して**、完成、完結、完了の基準で、全体、全般、全権、全能の時代を奉献宣布されたのです」(『トゥデイズ・ワールドジャパン』2011年天暦5月号p20)

お父様は未完のメシヤか？	第二章　第一節 ㈢お父様を「未完のメシヤ」におとしめるみ言解釈	「基元節は主人公が聖和され、**未完の状態のまま**、地上の子女権と後世の責任分担として残ってしまいました」（p125） 「お父様から全てのことを相続した真の家庭の子孫たちと、天一国の主人たちが……遺業を引き受けて責任だけ果たせば、お父様の使命と事が全て成されるという意味が込められています」（p129）	「お父様がで『すべてを成し遂げました』と祈られたのは、決してメシヤの使命すべて（創造目的完成）を**成し遂げたという意味ではなかった**ことが分かります」（UCI側の主張） 「お父様は、私たちが子女様たちを中心として氏族的メシヤの責任を果たし、世界の国々を天一国化していくことで全てが終わると祈られています」（UCI側の主張）	「きょう、**最終的な完成、完結を成し遂げて**お父様のみ前にお返しし、今までの一生をお父様にお捧げすることを知っておりますので、そのみ旨のままに、今は、精誠を捧げてすべての生を終了する時間を迎え、**堕落のなかった本然のエデンの園に帰り**、エバが過ちを犯し、アダムが引っ掛かった責任分担を、**すべて超越できるようになりました。**……あらゆることを、**すべて成し遂げました。すべて成し遂げました。**アーヂュ」（天一国経典『天聖経』p1645）
いわゆる「束草事件」の真相について	第二章　第一節 ㈤「お母様が顯進様を追放した」の虚偽	「**お母様は、……お父様を孤立させ、**顯進様を長子の座から追い払い、その座に内的・外的準備がまだ整っていない亨進様を立てました」（p137） 「私は顯進様を止めようと、舞台の裏門を通して外に出ました。そして、凍りついた顔で裏門の前にたたずむ訓母を通り過ごして顯進様に追いつき、『もう一度お父様のところに行きましょう』と切実にお願い申し上げました。ちょうど朱東文氏がついてきたので、私は『顯進様を連れて戻るように』と頼み、再び訓母のところへ行きました。『訓母様！いったい何のためにそうされたのですか。これは何をしようという	「**韓鶴子と文亨進、文國進が共謀して文顯進を追放**」（p239） 「文顯進は『余りにも呆れました。私は到底こんなことはできません。そして、このようにしようとするのであれば、私は行きます』という言葉と共に、全てに責任を持って退くと言って退場した。この時、外で出くわした金孝南（注、訓母様）は内幕を尋ねる文顯進に対し、自分は文孝進の**霊界書信とは無関係**であり、**『訓母様報告書』も作成していない**と答えた」（p151） 「束草霊界メッセージ事件の場合、**創始者を完璧に欺く為に**……文顯進除去の巧妙な道具として利用したというのが正に、	「UCI指揮下にいるすべての食口たちに次の事項を指示する！まず、全食口は、永遠・永生の世界にたった御一人である**真の父母様の指示と命令に絶対に服従しなければならない**ことを忘れてはならない！これが統一家の永遠の伝統であり、信仰である！この点については、天宙的に真の子女も、一般食口も同様である」（真の父母様宣布文） 「3月7日の訓読会で、**訓母様が『私が昨日、孝進様から手紙を一つ簡単に受け取りましたが**、読んで差し上げましょうか？』と真のお父様に尋ね、お父様が**『そうだ！そういうものを皆、（地上と）連結しなければならない』**（マルスム選集609-81）と語られた」 「（束草で）3月8日朝……敬拝後、お父様は直ちに訓母様に、**訓母様が手に持っておられた黄色い『封筒を梁昌植会長に渡して読むよ**

いわゆる「束草事件」の真相について	第二章　第一節 (五)「お母様が顯進様を追放した」の虚偽	ことですか』『会長、私は何も知りません。**私は関与していません**』心が凍てつくような瞬間でした」(p221～p222) 「顯進様から内幕を伝え聞いた金慶孝氏は、その翌日、司会を担当した梁昌植会長とウォーカーヒルホテルで、会ったそうです。その場で**『訓母が報告書を作成していないと顯進様に直接白状した』**という」(p222) 「2009年3月8日、いわゆる束草霊界メッセージ捏造事件まで起こして、顯進様を追い出す事件が起こりました」(p379)	束草霊界メッセージ捏造事件であった」(p152)	**うに』と命令**されました。当時、一番前の席の右側に座っていた本人（注、梁会長）は、**訓母様から渡された封筒を開いて訓読を始めました。**初めのページには孝進様のメッセージがあり……同じ封筒の中に真の子女様たちの使命に対する**お父様の指示事項**（のメモを私がまとめた「報告書」）、この整理された内容がありました。……本人（注、梁会長）が**父母様の命令によって3月6日頃に作成して報告を差し上げた内容そのままでした。**孝進様のメッセージは……霊界メッセージとしなければならないでしょう。……（しかし）二番目の内容は霊界で作成したものでなく、当時、協会長として公的な命令を受けて本人（注、梁会長）が作成して父母様に差し上げた『報告書』の内容です。したがって、この内容は霊界とは全く関連がないことを（ここに）あきらかにするものです」(2009年3月8日、束草報告書p16)
真の家庭の血統を排除？	第二章　第一節(五) (2)天一国最高委員会は「法統」だと主張する誤り	「お父様の聖和後、お母様を前面に立てて教権を掌握した家庭連合の指導部は、根本のない天一国憲法を作り、**ついには真の家庭の『血統』中心ではなく**、教権中心のいわゆる『法統』を先立てて行こうとする魂胆を現わしました」(p137) 「『真の家庭の**血統中心ではなく**、家庭連合を押し立てた法統中心に進むことができる道』を開いたのです」(p425)	「韓鶴子は**血統信仰に基づいた後継者選択を放棄した**為、いわゆる『法統』という新しいアイデンティティをもって合理化しなければならない」(p239)	「第29条（構成）1.天一国最高委員会は、13名で構成される。第30条（委員長・副委員長）1.**委員長は、真の父母様の家庭の中から真の父母様が任命**し、天政苑の世界会長職を兼ねることができる」(『天一国憲法（教会法）』p26)

お父様の聖和後は、誰を中心として？	第二章　第二節 ㈠ＦＰＡの人物による非原理的主張	「**長子は父を継ぎ、**摂理の中心人物として、責任をもって神様の摂理を導き、そのみ旨を果たさなければならず、後代にそれを完全に伝授しなければならない極めて重大な立場にあります」（p139）	「**〝父〟の伝統を受け継ぐ〝息子〟を立てること**こそ〝母〟の最も本来的な使命」（櫻井正上氏の主張）	「**父の伝統に従って、母の伝統に従って、三番目に息子である。**それを知っているの？　母は伝統を立てる過程です。終わっていません。母の伝統を立てる前に息子の伝統を立てることができないことを知っているの？」（マルスム選集323-83） 「**先生が霊界に行くようになればお母様が責任を持つのです。**その次には息子・娘です。息子がしなければなりません。息子がいなければ、娘がしなければなりません」（マルスム選集318-260）
誰が長子を継ぐのか？	第二章　第二節㈠ (3)長子権が付与されたという恣意的解釈	「長子権は生まれた順序によって自動的に決定されるものではありません。……お父様の家庭に最初の息子が生まれたからと言って、その方に長子権を伝授しませんでした」（p139）	「**長子権は真のお母様が決めることができるものではなく、**認める認めないという問題でもない。長子権は生まれた順序によって決定されるのではなく、資格のある息子が自然に立てられるものである。真の家庭の場合、孝進様が生きておられた時、神によって既に顯進様に長子権が付与され、真のお父様がそれを公布された」（柳慶明氏の主張）	「私は孝進に尋ねるが、これからはお父さんの代わりに、この統一家のいかなる食口にも負けないように、**中心的長子の責任を果たして**行かなければなりません」（『祝福』1985年冬季号、p37） 「私（注、お父様）がいなくても、**お母様の前に一番近い息子・娘**が第三の教主になるのです」（マルスム選集202－83～84）

一つ目の「宣布文」について	第二章　第二節 ㈡一つ目の「真の父母様の宣布文」の真実	「顯進様を長子の座から除去しようと、お父様の手でご自身の**息子を審判する文**（最初の「宣布文」）」（p260） 「真のお父様の宣布文が作成される過程がそっくり記録された、正にその**動画に映し出された場面**です。……**私も胸がつぶれる心情**でその動画を見ました。過去数十年間、貫く守ってきた父母様の位相が、ただの一瞬で崩れてしまうとは、これほど虚しいことはありませんでした」（p258）	「（最初の「宣布文」は）統一教会から**文顯進を完全に除去するために作成**された作品」（p173） 「創始者の宗教的生命はこの**動画と宣布文の拡散によって殺害された**のである」（p175）	「お父様：『広がれば、**天がほっておかない**。連れて行ってしまうよ。すべて』お母様：『**はい。その前に悔い改めていけるように**』」（宣布文作成中の父母様の会話のやり取り） お父様のみ言：「**これを宣布しなくては**、誰が保管するの。**これを宣布しなさいというのです**」（宣布文作成中の会話のやり取り）
ブラジル教会の事件について	第二章　第二節㈡ ⑵「最初の宣布文」は、顯進様を「除去するために作成された作品」ではない	「サンパウロ本部教会に、この日は顯進様に会おうと、千人近い食口たちが集まって来たのです。顯進様が教会に来るという知らせに、韓国の家庭連合本部は非常事態となりました。彼らは**顯進様の集会を妨害するために**、5月27日付で世界本部公文を発信しました。実に**呆れ返るような恥ずかしい公文**でした」（p256） 「翌日の訓読会で、顯進様は大陸会長の指導者らしくない行動に対して強く叱責されました。 家庭連合側ではこの場面を隠れて撮影し、その映像を韓国に送り、『**顯進様の暴力**	「文顯進がブラジル教会を訪問した際、責任者である申東謀が**韓国本部の指示により**文顯進が教会の壇上に立てないように物理的力を行使した」（p165） 「早朝訓読会で文顯進は申東謀とフェラボリ協会長の非常識な行動を激しく責める過程において、彼の頭を小突き、座っている申東謀の足を蹴るような行動を見せた。彼らは事前に準備させておいた人を通して、このシーンを撮影し、後に6分間のビデオに編集して創始者に報告、インターネットにも上げた。全世界の統一教会人に文顯進を	「**真の父母様の許諾なく公式的な食口集会で説教をできない**」（2010年5月31日に真の父母様の特別指示、「世界宣教本部の公文」2010年6月2日付） 「**真の父母様はこのような暴力は絶対に容認できず、**今後、顯進様は**真の父母様の裁可**を受けずしては、絶対に公式的な集会や教会で講演や説教を行ってはならない」（再度、真の父母様の特別指示、「世界宣教本部の公文」2010年6月2日付）

		的なイメージを演出』するための巧みな編集を加えた後、インターネットに流しました」（p256～p257）	暴力的な人物として悪宣伝するためであった」（p166）	
一つ目の宣布文の目的	第二章　第二節㈡ (3) 亨進様が、「自身が創始者の『代身者・相続者』」と主張する誤り	「お父様の寝室で**お母様の強要によって作成された**文書」（p145） 「夜明け前に、整頓もできていない父母様の寝室で、**無理やり強要されて**宣布文を書かれるそのお姿」（p259）	「韓鶴子の**強力な要求**に応じて、創始者は最初の宣布文を作成した」（p173） 「文教祖は、鶴子夫人に促されるがまま文書を読み上げ、ペンを取ってサインしようとしている」（『週刊文春』2011年9月8日号 p48）	「世界統一教宣教**本部の公文のみ認定する**」ために作成 「ありがとうございます。何度も、二度三度、申し上げて、申し訳ありません。**事が、さらに広がることができないように**しようと」（宣布文作成中における会話のやり取り） お父様のみ言：「**これを宣布しなくては**、誰が保管するの。**これを宣布しなさいというのです**」
仁進様の米国総会長就任について	第二章　第二節㈢ (2)「米国総会長であった文顯進の地位を剥奪し、代わりに文仁進を米国総会長に発令」したという虚偽	「10年以上公的生活から遠ざかっていた仁進様を急に引き入れた理由は明らかに見てとれます。『米国で**顯進様を牽制するため**』でした」（p204） 「（2008年）7月29日、お母様を中心とした家庭連合指導部は仁進様を米国総会長に任命する発令を出しました」（p204） 「当時の金炳和および朴正海共同大陸会長は、お父様を訪ねて直接伺いましたが、お父様の答えは明らかでした。『**仁進は総会長ではなく**牧会にだけ責任を持つ祝司長だ』」（p204）	「米国総会長であった**文顯進の地位を剥奪**し、代わりに文仁進を米国総会長に発令」（p120） 「文亨進は、2008年7月29日に**創始者の意思とは無関係に**文仁進を米国総会長として発令した」（p142） 「米国総会長は文顯進であり、文仁進は祝司長（牧師）である」（p128）	「2008年7月29日、**真の父母様の指示により**米国総会長に対する人事発令（新規）をお知らせします」（「世界本部の公文」2008年7月29日付） 「顯進様は米国の総会長として南北米事業とUCI傘下ワシントンタイムズ、トゥルーワールドなど各種摂理機関を総括指揮……**仁進様は**真の家庭で初めて任命を受けた祝司長として**米国家庭連合に対する総括責任**」（「真の子女様の使命に対する真の父母様のみ言整理報告書」p9～10）

米国教会理事会乗っ取り未遂事件の経緯	第二章　第二節 ㈣「米国教会理事会乗っ取り未遂事件」の真相について	「顯進様は、お父様が1月に指示された通り、(2009年) **2月27日から**世界巡回に出発しました」(p217) 「理事会騒動の**直後、顯進様は韓国に立ち寄って**お父様にお会いしましたが、称賛ではなく叱責を受けました。お父様は、顯進様が米国資産を統制しようと直接理事会を変えたものと誤解していたのです。……『なぜ理事会を全て変えたのか！』激しく叱責された顯進様が『自分は何もしていない』と申し上げましたが、お父様は聞こうとはされませんでした。『あなたが米国責任者なのに何もしていないとは何だ! 全員元通りに入れ替えろ!』」(p205〜p206) 「顯進様は……釜山のボンネッコル聖地を7年ぶりに訪れた際に、『統一家の葛藤は神様のみ旨と摂理を守る“天宙史的な闘い”だ』と語られました。『神様の摂理の方向性をめぐって起きた衝突』であり、……『神様のみ旨を果たすために生きてこられた、お父様の生涯と業績を守るための闘いだ』と見なしました」(p135)	「顯進様は翌日の(2009年) **2月27日**、GPFの世界ツアーのために日本に出国されました」(金炳和氏の証言) 「**理事会騒動が起きた直後**、文顯進は韓国に立ち寄り創始者に会って苦境に立たされた。創始者は文顯進が米国の資産を統制しようと自ら直接理事会を替えたと考え、『何故、理事会を全て替えたのか』と大目玉を食らったという。何もしなかったと申し上げると、『お前が米国の責任者なのに、何もしなかったとは何ごとか。もう一度、全て替えろ』と指示した。K氏の証言」(p123の脚注) 「一連の出来事は即ち、『長子』を潰し、世界摂理を破壊し、統一運動の方向性を見失わせようとする『サタンの業』……顯進様はこれを『**天宙史的葛藤**』として見つめられた」(櫻井正上氏の主張)	「(2009年) **2月28日午後**、韓国から日本に出国」(顯進様の日程) 「(2月27日、韓国で開会された国際電話による米国教会の理事会の会合でオブザーバーとして参加した亨進様は、) 真のお父様の命令が『**現理事会を開かずに束草にまず集結するように命じられた**』というお父様の意を伝えながら、『理事会の強行自体が父母様の意に逆らっている』ということを警告しました」(梁昌植氏の束草報告書) 「責任を負った人たちがそこ (理事会変更) に加担して、扇動し手を挙げたならば、**その手を挙げたこと自体が問題**であって、誰が挙げさせるようにしたと言う必要はないのです」(マルスム選集609-126)

基元節で三度目の聖婚式が成就	第二章　第二節 (五) 2013年天暦1月13日の「基元節」の真の意味	「真の父母様と真の家庭がモデル的家庭として定着し、彼らを基盤として、神様の主権が国家と世界に広がらなければなりません。つまり、モデル的平和理想家庭を通して、平和理想世界王国を建設する必要があるのです。それがまさに天一国時代であり、2013年の基元節の約束の意味なのです」（p103）	「真の父母様と真の家庭が定着し、それを基盤に神の主権が国家、そして世界に拡大されなければならない。つまり、モデル的平和理想家庭と平和理想世界王国を建設しなければならないのである。それがまさに天一国時代であり、2013年の基元節の約束の意味である」（柳慶明氏の主張）	「父母様の聖婚式を何回かすると言ったでしょう？　うそではありません。……先生も一次、二次の祝福はしました。三次が最後です。皆さんが知らなければならないことは、真の父母様の結婚式は歴史以来、どんな王や、どんな王の記念日よりも、その百倍を超えなければならないということです」（『トゥデイズ・ワールドジャパン』2011年天暦9月号、13～14ページ） 「2013年天暦1月13日の『基元節』の式典は完成的聖婚式」
お母様も無原罪で誕生	第二章　第二節 (六)「独り娘」のみ言に対する誤った批判	「**お母様の血統**までも、お父様によって、**サタンの血統**から神様の血統に転換されるのです」（p443～p444）	「お母様は**無原罪で誕生された方ではない**」（UCI側の主張） 「絶対者の血統として生まれた創始者によって**韓鶴子の血統が復帰され**、創始者と韓鶴子の家庭が絶対者の血統として復帰された最初の家庭になる」（p23）	「三人目のアダムが堕落前のアダムの立場で来て、**堕落前のエバを探し出さなければなりません。堕落していないエバを探し出して**、小羊の宴会をしなければなりません。結婚して人類の父母となるのです」（『祝福家庭と理想天国Ⅰ』p585） 「完全なるプラスが現れた場合には、完全なるマイナスは**自動的に生まれてくる**ようになっています。それは創造の原則です。……**完全なる男性が生まれた場合には、完全なる女性が生まれるようになっている**」（『祝福家庭と理想天国Ⅱ』p708）
もう真の母は不要？	第四章　第一節 (四) 父子協助時代は、「真の母は必要ない時代」ではない	「お父様は2000年初めから『母子協助時代は過ぎ、父子協助時代が出発する』とおっしゃいました」（p474）	「2000年11月には『母子協助時代が終わって父子協助時代が到来したので、母は必要なく、父と息子が一つにならなければならない』と語った」（p70）	該当するみ言は存在しない

顯進様が中心に？	第四章　第二節 (二)「文顯進を中心に一つになれ」のみ言は存在しない	「**（顯進様を中心に）『一つになれ』**というお父様の願いのみ言葉は、2008年12月24日、クリスマスイブの行事の時にも続けられました」（p203）	「日本のジャーナリスト石田謙一郎は2008年12月24日、文顯進を中心とした組織改編を示唆する創始者の言及……を以下のように伝えている。……『これからすべての摂理は、**長兄である顯進氏が中心**になっていく』」（p135の脚注）	該当するみ言は存在しない
万王の王神様解放権戴冠式	第四章　第三節(一) (2)「万王の王神様解放権戴冠式」は「神様と真の父母様の戴冠式」である	「その後1月25日、顯進様はラスベガスに泊まっておられたお父様を直接訪ねて単独面談し、言葉を交わしました。『神様の戴冠式ということだ。**先生の戴冠式ではない**。神様の戴冠式は歴史上初めてだ』お父様は初めにそのように行事の重要さを語られながら、顯進様の不参加を叱責されました」（p210）	「創始者は、『神様王権戴冠式』……この行事は創始者の為のものではなく、誰の為の行事でもなく、**『神様だけの解放圏戴冠式』**だというのである」（p140）	「縦的万王の王であられる**神様の実体として**万有を統治する横的万王の王、**真の父母様の戴冠式**」（『ファミリー』2009年3月号p7）
「最終一体」について	第四章　第三節(一) (3) 真のお母様が「統一教会の重要政策などを自分勝手にしている」という〝虚偽〟の主張	「統一家の葛藤の本質は何でしょうか。端的に言えば、それは**お母様がお父様と一つになることができず**、ご自身の定位置を離れて、非原理的で反摂理的な立場に落ちたことです」（p136）	「**韓鶴子が**『真の家庭』の家庭の事だけでなく統一教会の重要政策などを**自分勝手にしている**」（p140） 「2009年2月16日に創始者は真の家庭の**分裂の原因が韓鶴子**だと考える内心をほのめかした」（p142）	「すでに真の父母様ご夫妻は**最終一体を成して**、完成、完結、完了の基準で、全体、全般、全権、全能の時代を奉献宣布されたのです」（『トゥデイズ・ワールドジャパン』2011年天暦5月号p20） 「**真の父母は全てを完結し**、終えました。全て過ぎ去ったというのです」（『トゥデイズ・ワールドジャパン』2012年天暦6月号p6～8）

お母様が追い出したという〝虚偽のストーリー〟	書籍全体のストーリー	「顯進様を長子の座から追い払い、……お父様の聖和後には、亨進様さえ追い出し、統一家全体の基盤を独占」(p137) 「顯進様を追い出す事件が起こりました。その背後には正にお母様の後援があった」(p379)	「文顯進を急いで追い出したのは、韓鶴子と文亨進、文國進、文仁進、そして統一教会の指導者がそれほど文顯進を恐れていた」(p152) 「文顯進を完全に除去した状態で、韓鶴子が文國進と文亨進を追い出すシナリオを既に稼動させていた」(p211) 「韓鶴子と文亨進、文國進が共謀して文顯進を追放し、文國進と文亨進は韓鶴子が追い出した」(p239)	「(顯進は) **もう、ずっと前に離れたんだよ、十年前に**」「顯進は先生と同じ方向に向いていない。逃げ回っている。顯進が先生の方向に来なければならないんだよ」(2010年7月16日、いわゆる「ボート会議」のみ言) 「彼ら (UCI、いわゆる「郭グループ」の人々) のことが、一つ聞いて、二つ聞いて、三つ聞いたら、**みんなうそばっかり**」(2010年7月16日、いわゆる「ボート会議」のみ言) 「**顯進、おまえも別の所に行かず**、父の所に来て、父に付いて回りなさい」(マルスム選集609-133)

虚偽に満ちた金鍾奭著『統一教会の分裂』
——軌を一にする郭錠煥著『事必帰正』

2019年8月10日　初版発行

著　者　世界平和統一家庭連合　教理研究院

発　行　株式会社　光言社
〒150-0042　東京都渋谷区宇田川町37-18
電話　03(3467)3105
https://www.kogensha.jp

印　刷　株式会社　ユニバーサル企画

ISBN 978-4-87656-211-4